HOW TO OWN THE WORLD

如何配置全球资产

[英] 安德鲁·克雷格
（Andrew Craig）
/ 著
周露 李蝶
/ 译

A Plain English Guide to Thinking Globally and Investing Wisely

中信出版集团 | 北京

图书在版编目（CIP）数据

如何配置全球资产 /（英）安德鲁·克雷格著；周露，李蝶译 . -- 北京：中信出版社，2024.5
书名原文：How to Own the World: A Plain English Guide to Thinking Globally and Investing Wisely
ISBN 978-7-5217-6332-4

Ⅰ.①如… Ⅱ.①安…②周…③李… Ⅲ.①资金管理－研究－世界 Ⅳ.① F830.45

中国国家版本馆 CIP 数据核字 (2024) 第 017986 号

How to Own the World: A Plain English Guide to Thinking Globally and Investing Wisely by Andrew Craig
First published as Own the World in Great Britain in 2012 by Plain English Finance Limited
This revised and updated edition published by John Murray Learning in 2019.
An Hachette UK company.
Simplified Chinese translation copyright © 2024 by CITIC Press Corporation
ALL RIGHTS RESERVED
本书仅限中国大陆地区发行销售

如何配置全球资产

著者：[英]安德鲁·克雷格
译者：周露 李蝶
出版发行：中信出版集团股份有限公司
（北京市朝阳区东三环北路 27 号嘉铭中心　邮编　100020）
承印者：北京盛通印刷股份有限公司

开本：787mm×1092mm 1/16　印张：22.75　字数：255 千字
版次：2024 年 5 月第 1 版　印次：2024 年 5 月第 1 次印刷
京权图字：01-2023-4114　书号：ISBN 978-7-5217-6332-4
定价：85.00 元

版权所有·侵权必究
如有印刷、装订问题，本公司负责调换。
服务热线：400-600-8099
投稿邮箱：author@citicpub.com

精彩推荐

这本书扣人心弦、诙谐且具有启迪性,是一本独一无二的好书。对任何不想成为金钱的奴隶和想让钱为自己工作的人来说,这本书绝对值得阅读……毫无疑问,这是我过去五年里读过最好的一本书。

——艾玛·卡尼(Emma Kane)
纽盖特公关咨询公司(Newgate Communications)首席执行官,卵巢癌目标基金会(Target Ovarian Cancer)和巴比肯中心信托机构主席

这座城市(伦敦金融城)最大的失败之一是过度使用复杂的精英语言。《如何配置全球资产》用简单明了的语言,带领读者在投资的世界里经历了一次有教育意义且鼓舞人心的旅程。这是一部成功的作品。

——伊恩·皮科克(Ian Peacock)
IG 集团(IG Group plc)董事总经理

这本书通俗易懂、可操作性强,且不失趣味性,揭开了通常难

以看透的金融和投资世界的面纱。这本书还极有可能引来金融城的憎恶情绪。

——蒂姆·普莱斯（Tim Price）
屡获殊荣的基金经理

在鱼龙混杂的金融理财书籍市场中，如果你只想选择一本书来读，这本书再适合不过了。

——迈克尔·梅内利（Michael Mainelli）
教授，《鱼的价格》（*The Price of Fish*）作者

能找到一本为外界人士阐明神秘的投资世界的书，真是令人振奋。（读完此书后）你与你的理财顾问交谈时，他们或许会对你的见解印象深刻。这本书将引导你获得更好的财务生活体验。

——史蒂夫·托马斯（Steve Thomas）
金融学教授，卡斯商学院 MBA 项目院长

这本书是让理财变得更智慧的简单的方法。对拥有银行账户的人来说，《如何配置全球资产》非常值得阅读。这本书没有任何炒作或猜测，只是用浅显易懂的语言来描述金钱、投资和金融。

——迈克尔·基伦（Michael Killen）
《从单一到规模》（*From Single to Scale*）作者，Sell Your Service 公司创始人

目录

中文版序言 // IX

原版序言 // XIII

译者前言 // XV

原版前言 // XVII

第 1 部分
从大局出发：我们为什么要关心这些问题

第 1 章　我们为什么要管理自己的财富 // 003

关于投资理财的 8 个基本事实 // 004

为什么要时刻关注世界的变化 // 005

不要恐慌，危机就是机遇 // 007

为什么必须了解自己的财务状况 // 008

这本书不是关于…… // 013

这本书是关于…… // 015

小结 // 015

第 2 章　你比许多金融专业人士做得更好 // 017

有效市场假说 // 020

你能比理财顾问做得更好的 6 个原因 // 026

小结 // 037

第 3 章　关于金融的两个惊人事实 // 039

事实 1：复利是"世界第八大奇迹" // 039

事实 2：你可以获得比以往更好的金融产品和信息资源 // 048

快速前进 // 049

第 4 章　关于投资的两个重要主题 // 051

你需要了解的有关经济增长和通货膨胀的知识 // 051

世界经济持续增长 // 053

严重的全球通货膨胀 // 058

他们如何逃脱责任 // 070

小结 // 071

第 2 部分
你需要掌握的基础知识

第 5 章　如何利用房地产积累财富 // 075

房地产对创造结余的关键作用 // 076

锚定问题 // 080

评估房地产价值的关键指标 // 081

房地产缺乏流动性且管理成本较高 // 090

房价收入比 // 091

利率是如何影响房价的 // 098

禀赋效应 // 100

放松金融监管使借贷成本大大降低 // 102

租房是在浪费钱吗 // 106

应该花多少钱在买房上 // 107

你处于负资产状态吗 // 108

你可能还有其他债务 // 109

马上采取行动 // 109

小结 // 110

第 6 章　关于养老，你应该做的规划 // 111

活期存款账户 // 111

你的养老金都有哪些类型 // 113

政府养老金 // 114

私人 / 职业养老金 // 118

一个颇具争议的建议 // 122

账户投资优先级 // 127

遗产税和自动注册 // 128

3 类养老金规划 // 129

关于养老金的总结 // 130

ISA/NISA // 131

点差交易账户 // 136

小结 // 137

第 7 章　常见投资工具 // 139

十大投资工具 // 139

基金的重要性 // 140

你必须重视的资产配置 // 141

投资所有资产类别时的注意事项 // 142

现金 // 143

房地产 // 144

债券 // 146

股票 // 159

大宗商品 // 168

基金 // 172

保险 // 190

外汇 // 191

衍生品 // 193

加密资产 / 区块链 // 194

小结 // 211

第 3 部分
有效运用你掌握的知识

第 8 章　我们将何去何从 // 215
1. 制订计划 // 216
2. 保持简单 // 216
3. 更进一步 // 218

第 9 章　制订你的财务计划 // 221

第 10 章　保持简单，配置全球 // 227
配置全球资产的优势 // 228
跑赢通货膨胀的优势 // 231
最聪明的投资者都在多元化投资 // 232
这些数字对你的财富意味着什么 // 233
如何同时配置全球资产和跑赢通货膨胀 // 237
保持简单的 3 个步骤 // 239
配置全球资产 // 243
跑赢通货膨胀 // 246
为什么黄金和白银是最值得持有的大宗商品 // 246
为什么你现在应该持有黄金 // 251
关于贵金属的建议 // 261
盈亏平衡谬误 // 263

乌龟打败了兔子 // 264

最后需要考虑的事情 // 268

小结 // 271

第 11 章 更进一步 // 275

投资流程自动化对大多数人来说是最好的吗 // 275

坚持你的计划 // 277

3 个重要目标 // 279

投资成功的 4 个关键 // 285

理解人性 // 286

自上而下分析 // 291

自下而上分析 // 297

与第三方机构合作 // 321

小结 // 322

参考书目 // 323

中文版序言

通读这本书，我发现其最大的特点是指出了宏观经济和个人财务的紧密联系。正如书名《如何配置全球资产》所示，我认为这本书的精髓就是投资需要全球化视野。

作为一名国际商贸的老兵，我在土耳其、美国、英国等国都做过大量的商贸对接，也和非常多从事国际贸易的同行成了好朋友。无论来自哪个国家，我发现他们的共性是：逻辑清晰，善于沟通，而且非常豁达。投资是一件相对复杂的事情，但是当我们具备了全球视野后，会更容易看清楚事情的本质。另外，当我们出门甚至出国多了，我们也逐渐掌握了简短而准确的表达方式。沟通是解决争端最有效的手段。无论是国家还是个人，与正确的对象，在对的时间说对的话，是很重要的一项技能。投资有时候拼的也是一种信息差，那到底"差"在哪里？实际上一部分是经验和眼界。当我们见识多了，信息渠道丰富了，这种信息上的不对称会相对少一些，我们作为个人投资者也能少走一些弯路。投资也需要好的心态，其实人生也是这样。亏钱的时候出门散个心，赚钱的时候带家人去旅游。见识广了，经历多了，就没有过不去的坎儿，大大小小的决定也不难做了。所以投资不只需要全球化的视野，还需要大家走出去，拥有全球化的阅历。

当前国际关系日渐复杂，地方保护主义不断兴起。很多人都在问全球化还能不能继续下去，其实这是一个正常现象。国际关系也像经济一样有周期性。人类文明也并不是一直往前的，有时候甚至是前进一步，倒退三步。另外，全球化的概念也在扩展，本土化和去全球化是两个不同的事情。我个人觉得，做好本土化有益于实现全球化，但是全球化本身是不可逆的。因为人类社会在发展，科技已经打破了地域的界限，缩短了距离。就好像这本书中提到的，我们中国的高铁让世界震惊。互联网、人工智能、生命科学等，这些都是全球化的科技，也必须是在全球化的环境下才能发展。股神巴菲特说"某处总有牛市"，在这本书中被多次引用，我们中国也有句老话，叫"东方不亮西方亮"，这表示的是一个意思。这些都在告诉我们，在全球范围内分散投资的好处。

这本书让我觉得非常有道理的一个观点是：个人必须对财务予以重视。《孙子兵法》曰："兵者，国之大事，死生之地，存亡之道，不可不察也。"对个人来说，财务是个人的生死大事，存亡之道，所以一定要慎重对待。英国学者亚当·斯密在《国富论》中也提到，人是经济动物。但是无论中西，我们的教育中的确忽略了一些经济金融基础知识的传授。通胀、利率、汇率和国家债务，这些宏观经济范畴的概念实际上和我们个人的财务状况息息相关。这本书中建议，我们不但要充分重视这些宏观指标，而且可以利用这些知识来增加我们的财富。因为在海外工作多年，我个人对汇率是很敏感的。比如英国的汇率在 20 年前兑人民币为 15∶1，但是目前为 9∶1，最低时大概为 8∶1。这意味着如果 20 年前在英国工作挣钱，会比现在赚得更多。当然我们还需要注意通货膨胀的问题。国际惯例是，通过提高利率来控制通胀。英国 2022 年通胀率超过 10%，所以英格兰央行就把基本利率从 0.25% 拉到了 5.75%。英国通胀率目前已经降到了 4.6% 左右，但是国债、个人抵押贷款和企业贷款仍然承受巨大压力。所以通过利率等手段调控经济，是一把双刃剑，这对我们个人的理财投资也是影响重大。这本书的作者安德鲁多次提到要跑赢通胀，透过购买大宗商品类基金等方式来跑赢通胀，这个方法是新颖的，也把专业期货的概念融入个人理财层面来。《如何配置全球资产》这本书的投资逻辑，也体现了我们中国朴素的辩证法，比如安德鲁在书中对"危机"两字做出了"危中有机"的阐述，正如老子说过的"福祸相依"。英文中 crisis 和 opportunity 是两个单词，这两个概念是各自独立的。但是投资界的"组合"与"对冲"是具有东方色彩的投资逻辑，我们中国投资者更要好好加以应用。

  我喜欢这本书的另一个原因是，它强调通过学习来提高自己。实际上，最好的投资就是投资自己。也许你希望通过理财来实现财富自由，也可能希望通过积累财富来实现阶层跃迁。实际上，教育是最好的途径。我这里说的教育，更准确地是指"终身学习的态度"。就像安德鲁描述的，他通过订阅《经济学人》《金融时报》和众多免费的新闻邮件，来获得最新的数据和资料。投资本身就是一场考试，收益率就是最后的成绩单。所以我们需要不断、主动学习，提高自己的技能并对自己的财务负责。

  虽然《如何配置全球资产》是一本个人理财类图书，但是我觉得它适合各种类型的读者。目前通信交通都非常发达,这个世界被称为"地球村"。所以我想这本书也是希望告诉大家,只要你具备全球视野,掌握适当的工具,并不断努力学习,我们在"村"里做投资理财,也是可以运筹帷幄,决胜千里之外的!

金旭
中国国际贸易学会会长
前中国驻英国大使馆公使衔商务参赞

原版序言

与别人分享自己的知识和经验，可以使我们自身受益，对金融从业人员来说尤为如此。

然而，尽管现代西方社会享有更多的财富和更优质的教育，我们仍然面临的一大挑战是如何普及金融知识，提升社会整体的理财认知，让人们更好地管理自己的财富和人生。我们凭直觉就能感受到，普通人对金融知识的了解是参差不齐的。过去十多年来，一系列学术出版和调研结果证实了这个结论，就是大多数人并不了解金融，也无法运用金融知识为自己的财富保驾护航。这些调研结论具有深远的意义，因为它对世界上多数大学仍在教授的传统经济学理论提出了巨大的质疑。当前流行的经济学理论假设人是理性的，并且掌握完整的信息。而现实情况是，大多数人对金融市场知之甚少，因此往往（至少就他们的经济行为而言）是非理性的。

这在很大程度上解释了，为什么2008年金融危机时真正的经济专家如此短缺。这本书的作者（也是我的前同事）安德鲁·克雷格，将广泛普及金融知识视为灵丹妙药，可以在很大程度上帮助解决社会中的许多重要问题——我同意他的观点。

对个人而言，真正掌握金融知识，可以帮助他们摆脱贫困，走向小康，幸运的话，还可能扩大他们的财富视野。更重要的是，金融知识可以为整个社会做出贡献，帮助人们理性参与市场交易，为真正解决社会问题提供资金，如建设更好的基础设施、更高效的居住和交通方式，让我们摆脱石化燃料，帮助我们以更负责任的方式发展经济——甚至让生物技术和制药行业找到所需的资金，来开展治愈癌症或阿尔茨海默病等疾病的研究。

安德鲁和我都热衷于为实现上述理想而努力，我们希望通过改变现状来让世界变得更美好。金融服务从业者需要以清晰易懂的语言，更有效地表达和解释自己从事的工作。人们需要了解，金融服务可以提供巨大的社会价值。安德鲁已经着手通过这本高质量且能满足高需求的书，来实现这个目标。

金融知识可以为我们个人和整个社会带来巨大的红利。让我们通过阅读安德鲁的书并传递其中包含的信息，让金融尽可能地被广泛理解和应用。

罗杰·吉福德爵士（Sir Roger Gifford）
伦敦金融城前市长

译者前言

  这本书的作者安德鲁·克雷格，自2017年起与我在伦敦金融城共事。在闲暇时谈论自己对于投资的理念和操作时，他向我提及此书。这是一本面向普罗大众的理财书，它摒弃了复杂难懂的专业术语和公式，掀开了金融投资的神秘面纱，向读者做了简单直观且实用性强的说明。

  这本书的英文书名是"*How To Own The World*"，可以直译为"如何拥有全世界"。初见书名的时候，我以为这是一本对国际局势侃侃而谈的书，又或者是关于国际富豪在金融市场上翻云覆雨的故事，但是作者在书中着眼全球经济形势的同时，想要对读者说明的是，我们并非这风云变幻的金融世界的局外人，国际金融其实与我们每个人的财富息息相关。税收、养老金、利率、汇率、通胀，这些看似离我们很远的专业术语实际上会决定我们当下以及多年以后的财富。如果我们想让自己的财富增值，又或者不想被时代抛下、财富缩水，那么便不可对此避而不谈。作者希望通过自己清晰、简明、可操作性高的建议，鼓励每个普通人关注自己的财富，重视资产管理，并拥有全球化的视角来进行投资。这也是将此书翻译成中文的重要原因之一：在中国经济早已成为全球经济不可或缺的组成部分的当下，这本书可以为中国读者展示整个金融世界。

这本书的翻译秉承了作者的语言特色，尽量避免使用过于专业的术语，用直白生动的语言为读者打开金融领域的大门。但是作为金融类的著作，书中还是不可避免地出现了一些专业金融术语、英美相关政策等。尽管我们付出了种种努力，译文中出现疏漏、笔误，甚至错误仍在所难免，希望读者能够批评指正，使我们的翻译工作能够更进一步。

最后，我要感谢作者和中信出版集团，使这本语言风趣、内容丰富的个人理财书的中文版得以面世。我还要特别感谢我的同事们为此书面世所付出的努力，他们帮我多次校对文本，查询对比各种金融和政策术语，并针对中国的情况做出相应的分析。希望读者能够通过这本书建立自我财务管理的信心，并通过不断的学习玩转各种金融工具，真正做到配置全球资产。

周露

原版前言

在深入阅读本书之前，你可能很自然地想知道，为什么我觉得有资格帮助你，以及为什么我与从事金融行业的其他人（如理财顾问）有所不同。大量金融行业从业者承诺要拯救世界，却始终无法兑现——那我为什么会有所不同？

我和普通的理财顾问之间最根本的区别是，我的目标是让你学习如何管理你自己的钱。至于为什么我觉得自己有资格帮助你实现这个目标，显然传统的方法是告诉你我的教育和专业背景来建立可信度，这些我稍后会谈及。然而，我想先说明一点：我热切希望，当你阅读以下内容时，你会发现这些内容本身就足够引人注目，以至于对你来说，我的背景是什么或我是谁并不重要。本书提供的信息应该非常符合你的认知，易于理解，以至于你根本不在乎书是谁写的。

出于惯例，我接下来还是要占用一些篇幅谈谈，为什么我觉得自己有资格写这本书。如果你对"关于作者"的介绍感到无聊，请随意跳过。

我从小就对经济学、经济史、政治和金融产生了浓厚的兴趣。我的父亲在我很小的时候就带我浏览《经济学人》(*The Economist*) 和《星期日泰晤士报》(*The Sunday Times*) 财经版等经济类报刊。

我在大学时不出意外地选择了经济学和国际政治专业，并于1997年毕业。期末考试结束的第二天，我前往华盛顿特区成为一名美国国会议员的实习生助理。令我难以置信的是，当时国会办公室的参谋长坚信，虽然我年纪尚小，但像我这样的半英国半爱尔兰人在写作方面天生就比她雇用的任何一个美国人都要好。这是一个了不起的信息，几乎从第一天开始，我就从负责拆信件和倒咖啡的杂活实习生，迅速晋升为为国会议员撰写政策演讲稿的重要员工。可以想象，这是一次不可思议的经历。在华盛顿的实习经历，让我初步了解了政治和政治家在金融和投资领域的重要性。

令人高兴的是，我在美国国会的任职经历，让我之后轻松获得伦敦的投资银行、管理咨询和会计师事务所，以及政府等许多公司和机构的面试邀请。我最终选择了瑞士银行[①]（现为瑞银集团投资银行）。从那时起，我在伦敦和纽约的多家金融公司一工作就是近20年。其中包括前面提到的瑞银、巴黎盛富证券[②]、法国农业信贷银行（法国最大的银行）的欧洲股票部门、瑞典北

[①] 瑞士银行于1997年与瑞士联合银行合并。这是一桩当时引起全球银行业轰动的合并案例，合并的直接结果是产生了一家既有悠久的历史传承，又有崭新的品牌形象的瑞士联合银行集团。
[②] 盛富证券总部设于巴黎，是法国东方汇理银行的全资子公司。盛富证券在欧洲大陆各主要国家从事股票经纪业务，在10个欧洲国家设有分支机构。截至2010年年底，盛富证券的总资产为78亿美元，净资产为3.41亿美元。于2011年被中信证券收购。

欧斯安银行[①]（瑞典领先的银行之一），以及现在我作为合伙人的一家精品投资银行。我在瑞银的债券交易部门开始了我的职业生涯，之后调换到股权交易部门。我在本书后面指出，许多金融专业人士在其职业生涯的早期（通常是从第一天开始）就变得高度专业化。像我这样同时从事债券和股权工作的情况当属罕见，这意味着我对金融行业的各个领域较为了解，而不像一些金融专业人士对其他金融同业分支充满偏见。

也许更重要的是，当我进入股票市场时，我擅长的领域是泛欧中小型股。我的工作需要与来自欧洲和英美各地的公司打交道，这些公司的市值范围在2亿~30亿英镑。这意味着我能够环游欧洲和英美，并会见来自各个领域的数百家公司的首席执行官、首席财务官和董事长。我参与了数十家知名公司的IPO（首次公开募股），包括巴宝莉、金巴利、易捷航空、HMV媒体集团、欧洲在线旅游服务公司lastminute.com、连锁餐厅Carluccio's和英国碳信托有限公司等。

与规模较小的公司合作意味着两件事。首先，我被授予高级管理团队的高级访问权限，这是非常难得的学习体验。其次，这些公司的股价往往比富时100指数（FTSE100）[②]中家喻户晓的大公司（如马莎百货、英国石油公司、壳牌和沃达丰）波动性更大，我目睹了一些公司的市值上涨了几十个甚至几百个百分点，我也看到很多公司一夜之间股价大跌。

---

① 瑞典北欧斯安银行是瑞典银瑞达集团核心投资的银行之一，也是北欧最大的金融集团之一。
② 伦敦金融时报100指数，简称富时100指数，创立于1984年1月3日，是在伦敦证券交易所上市的排名前100家公司的股票指数，由伦敦《金融时报》编制。

这段经历对我来说尤为重要，因为它培养了我对投资的信念，让我切身体会到投资能够创造的多种可能。我目睹了最优秀的投资者能够赚到很多钱，数额之巨对普通民众来说难以想象。我也近距离地看到，投资失败导致投资者在极短的时间内损失巨额资金。这种落差使我产生了一种强烈的愿望，尽可能地找出方法去减少甚至避免投资损失。于是，我开始广泛学习有关投资的知识，并用自己的钱投资。得益于这些投资所带来的回报，在过去 20 年中，我有 5 年的时间可以不用依赖工资生活。这让我有时间阅读大量有关金融、贸易、经济学、历史和经济史的书。

　　事实上，如果你要问我为什么我觉得自己有资格向你介绍书中的内容，首先就是因为本书末尾列出的参考书目，以及近 20 年来我几乎每一天都在认真研读金融和经济相关资料的事实。真正使这本书产生价值的，不是我的学位或在银行业的多年工作经验，而是我几十年如一日地阅读投资和经济的资讯和经典读物，以及对这些内容的深层思考和实际应用。

　　我在 2007 年 11 月首次产生了写作本书的想法。度假时，我与几个非常聪明、工作出色的朋友进行了沟通，他们告诉我他们对金融和投资一无所知，对金融投资这个行业非常害怕和不信任，以至于永远无法把钱投在房地产以外的任何产品上。很少有人意识到，学习如何管理自己的钱其实是很容易的，这让我感到失望和痛心。我决定必须为此做点什么。

　　我又工作了 3 年，直到 2010 年年中，我有了足够的钱提供财务保障，使我在之后的几年能够全身心投入本书的写作中来。

　　我希望本书能为你带来有用的信息，甚至改变你的人生。我希望你从中受益。

从大局出发：
我们为什么要关心这些问题

第一部分

- 如今全球经济状况如何？
- 世界越来越富有，为什么很多人却觉得自己越来越穷？
- 有关投资、通货膨胀、财富和经济，有哪些谜团？

第 1 章　我们为什么要管理自己的财富

　　学校没有教给我们一项重要且基本的生活技能，即管理我们的财富，投资使其增值，从而为我们的未来提供源源不断的保障。

马克·希普曼（Mark Shipman）
《小努力，大财富》（*Big Money, Little Effort*）

　　马克·希普曼是一位对冲基金管理人，也是金融投资畅销书《小努力，大财富》的作者，他在 35 岁那年退休了。之所以退休，是因为他已经通过钱生钱获得了丰厚的收益，可以自由地做他想做的事情。他的余生可以每天打打高尔夫球或随时去旅行，或者做些他认为更有意义的事。如果马克可以做到，你也一样可以，你完全可以掌控自己的财富，赚很多钱，实现财务自由。

　　接下来，我将根据投资理财的 8 个基本事实，提出一个改变你财富之路的框架。

关于投资理财的 8 个基本事实

1. 没有人比你更适合将自己的钱发挥出最大的作用。
2. 与金融专业人士相比，你在管理自己的财富方面拥有更显著和与生俱来的优势。
3. 钱生钱（投资），要比你想象的容易得多。
4. 投资可以为你带来超预期收益。
5. 让你的钱去赚钱，比你通过工作赚钱更实际可靠（这几乎是所有富人都熟知的秘密）。
6. 无论你现在的收入水平如何，你都能够实现上述目标。
7. 好消息：不断进步的科技使普通人管理自己的财富不再困难，触手可及的强大理财工具可以帮助个人实现理财目标。
8. 坏消息：如果你未满 50 岁，退休生活仅靠政府养老金是远远不够的。你应该从现在开始认真负责地管理自己的财富，刻不容缓。

或许，"有钱人"的定义应该以一个人能否以钱生钱的方式获取财富，而非以工作生钱的方式，让自己过上舒适的生活为依据。如果你购买了商业养老保险，那么你已经在像一个有钱人那样规划了——只是你的目标是在退休后而不是更早就依靠"钱生钱"产生的收益作为生活来源。

富人与穷人之间最大的区别是理财观念。传统的理财观念存在两个问题：首先，想要在退休后过上宽裕的生活，仅靠政府养老金是不够的。比如在英国，当前社会现状是绝大多数人的退休金和其他投资收入，不足以支撑起他们的退休生活。其次，很少有人敢于想象自己能在法定退休年龄之前的一二十年就实现退休的目标，从而更早提高自己的生活质量。

这本书的目的之一就是，告诉你提前退休的目标是可以实现的，并为你提供正确方法。你要做的就是持之以恒地花时间学习，了解更多关于投资理财的知识，并采取必要的措施来优化你的财务状况。如果你这样做了，便会发现实现财务自由其实没有想象的那么难，而且时间也比预期的要短。值得注意的是，不要因为你已到或接近法定退休年龄而放弃对投资理财的学习和实践，因为管理自己的财富什么时候开始都不算晚。

对许多人来说，上述 8 个基本事实似乎有些空泛。但我相信，你会在后面的内容中找到足够的证据来支撑这些观点。区别于一些复杂难懂的金融专业类图书，普通人仅凭常识就足以读懂本书。

从本书中，你将：

- 对自己的财务状况充满信心。
- 学习如何钱生钱——无论你的财务现状如何以及未来将发生什么。
- 采取必要的步骤改善自己的财务现状。
- 收获通俗易懂的知识，而非深奥复杂的金融大道理。

为什么要时刻关注世界的变化

我们将依次分析上述 8 个基本事实。我们先来看最后一个：

管理自己的财富，刻不容缓。

> 我很严肃地告诉你：如果没有深刻了解这个世界正在经历的变化，那么你将越来越穷，并且这个过程会越来越快。

其实了解正在发生的事情并做出应对，并不像我们想的那么难。我们这一代人正在经历世界经济结构的根本性变化。其中，国家的养老金状况对我们未来的生存和发展将产生深远的影响。

2008年爆发的金融危机，只是世界经济运行方式发生的巨大结构性、内在变化的一部分。这不是暂时的周期性波动，也不仅仅是正常商业周期的一部分。情况不会恢复正常，经济也不会复苏，至少不会像1945—2007年那样。实际发生的是，我们正在经历经济、金融以及货币运作方式的彻底范式转移。这种变化的种子是在20世纪70年代初就播下的。从那时起，政治家和央行行长的行动以及快速的技术变革的影响将我们推向了今天。

不难看出，这场经济、金融的范式转移已经对社会和政治产生了巨大影响，而且变化的速度只会越来越快。如果你的目标是在未来几年至几十年取得更好的发展，就必须要掌握这个世界正在发生的事情，并对此采取行动。

诚然，对世界经济、金融局势做预测是一件非常困难的事情，但如果对经济史有基本了解，并且对当今世界正在发生的事情保持敏感并深入理解，那么就有能力判断某些事情在未来发生的可能性。在这些分析的基础上,你就可以对自己的投资进行相应的规划。

举个例子:如果政府、企业和私人债务水平是有史以来最高的,那么你就可以利用该信息做出假设,从而获得更高的投资成功概率。经济学并不高深(尽管有些经济学家希望你这么认为),经济史为我们提供了大量与现在正在经历的变化极其相似的例子,帮助我们更成功地管理财富。

传统观点认为,没有人可以预测到 2008 年金融危机,其实不然。简单浏览一下本书末尾的参考书目,你就会发现当时很多人预见将要发生的事情,并因此赚了很多钱。他们赚到的这些钱可以被称为聪明的钱。本书的目标就是让你有机会在未来几年赚到聪明的钱。

已经发生的变化是无法逆转的。事态发展得太快,对我们产生的影响也是永远的。我们唯一可以做的就是,付出一点点努力来掌控当下。我们要学会拥抱变化,面向未来,并充分利用已有的资源来创造价值。

不要恐慌,危机就是机遇

值得庆幸的是(也许有点讽刺),许多导致金融危机发生的力量,都可以用来帮助我们从危机中获得机会与财富。

对那些懂得判断时局的人来说,正在发生的危机是将知识转化为财富的最佳时机。好消息是,获得这种能力并不像你想的那么漫长或困难。这本书将帮助你从金融和理财的角度去看待和理解这个世界，渡过理财学习的难关。读过这本书后，你会对自己在理财能力上取得的积极进展而感到欢欣鼓舞，因为它才是你真正的财富。

"危机"一词由两个字组成，其中"机"就表示"机会"。纵观历史，那些懂得观察和研判时局的人总能化险为夷，因祸得福。

所以，我们要开始行动并做出有意义的改变，善于洞察世界和周围正在发生的事情，并从中寻找可以做些什么来为自己创造价值。

为什么必须了解自己的财务状况

认识金融从未像现在这样重要，这其中有两个主要原因：通货膨胀和政府养老金供应不足。

真实的通货膨胀的故事

今天的实际通货膨胀率远高于你的想象，它正在破坏你致富的能力。我稍后会更详细地解释这一点，但现在有一点你必须牢记，许多政府提供的通胀数据具有高度误导性，这对你的财富来说是个坏消息。

许多人自认为他们了解什么是通货膨胀，但很少有人真正了解通货膨胀的真实状况，通胀对自己的财富将产生多大的负面影响，以及CPI（消费价格指数）和RPI（零售物价指数）等数据有多大的误导性。

2019年，全球几乎所有主要股票市场指数都处于或接近历史最高点，众多房地产市场也是如此，如伦敦、纽约、悉尼、温哥华等。尽管其中一些地区开始显露失去动力的迹象，但它们都处于或接近历史最高点——这种现象对我在本书中提出的观点来说至关重要。

众多股票和房地产市场在过去几年中都上涨了数十个百分点，在某些情况下甚至上涨了数百个百分点，但政府公布的通胀数据一直低至个位数，媒体不断谈论"低通胀"的话题。

图1.1是一个说明政府公布的通胀数据与现实相差甚远的例子。图中显示了2010年一些大宗商品价格上涨的情况。

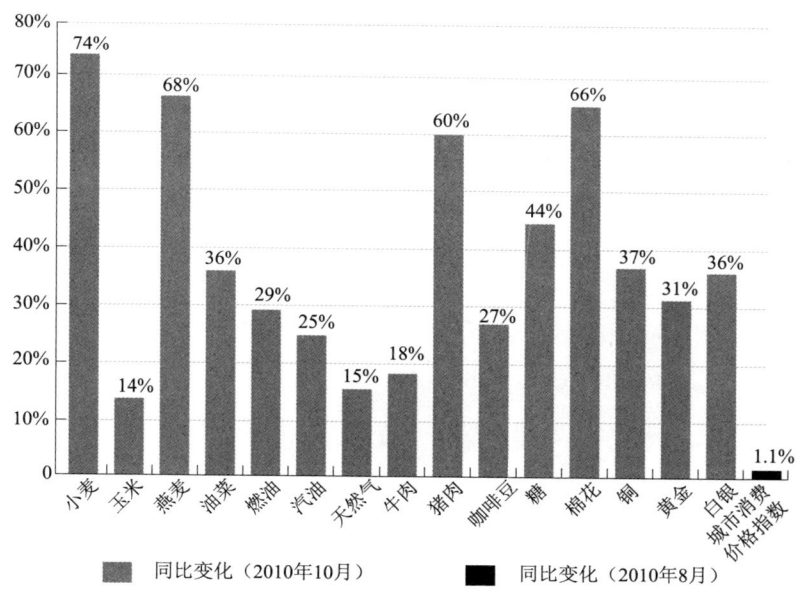

图1.1　真实生活成本

资料来源：凯西研究（Casey Research，2010年）。

重要的是，图1.1中的消费价格指数是政府官方公布的通胀相关数据。当其他大宗商品价格都增加很多时，它怎么可能只有1.1%？我承认这张图是10多年前的数据，从那以后许多大宗商品的价格都出现了下跌，但这并不影响我的判断，也不会改变我的观点：实际的物价上涨水平与应该公允反映商品价格变化的通胀数据之间，存在巨大差异。

我承认，许多商品的价格非常不稳定，通常不会直线上涨，但过去几十年的总体上升趋势是非常明显的。尽管股票和房地产市场以及大多数消费品的价格大幅上涨，但大西洋两岸各国政府的通胀数据仍然保持在较低的个位数。这些官方数据可能足以摧毁人们的财富，但实际情况比这还要糟糕。为什么会出现这种情况？为什么许多金融分析师、记者和政治家似乎并不了解真实的通胀水平？

事实上，除了极少数的消费品（如消费电子产品），几乎所有生活中实际需要的东西，如食物、燃料、住房、医疗、保险、教育等，价格都在高速上涨，而且远远超过大西洋两岸各国政府所公布的通胀数据（CPI 或 RPI）所暗示的水平。

就世界各国大多数货币而言，金融市场和居民消费变得越来越贵，这意味着，除非你的薪水保持同水平上涨或者你能从投资中赚钱，否则你每天都比前一天更穷。

而且，情况只会变得更糟，你所有的财富都在逐渐被摧毁。如果你在银行里有存款，那么你每天都在失去真正的财富，而且实际损失比你想象的更多。这就是人们感到自己无缘无故变得越来越穷的原因之一。

除去英美最富有的 1% 的人，剩下 99% 的人实际上在近 40 年里一直在变穷。在美国，平均工资在 1973 年已经达到顶峰，随之而来的是不断下降的趋势，英国也不例外。今天，美国最富有的 1% 人口的财富总和已经超过底层 90% 人口的财富总和。这就是目前有超过 4 500 万美国人靠食品券生活的原因之一，这种情况实际上比大萧条时期还要糟糕。在英国，估计目前有超过 100 万人需要依靠食物银行①来满足食物方面的需求（这两个数据是截至 2015 年的数据，但对于今天仍然有参考价值）。

全球多国养老金面临破产

这是一个有争议的话题，但符合事实。除了少数国家（如挪威和澳大利亚），大多数国家的居民在退休后都很难依靠政府养老金过上高质量的生活。国家的养老金供应不足，但这是大多数人退休后赖以为生的资金来源。

几乎每个西方政府的财政都濒临破产，其中也将包括英美，以及最近经常被提及的热门国家，如希腊、爱尔兰、西班牙、意大利和葡萄牙（2012 年美国的人均债务为 44 215 美元，而希腊的人均债务为 39 937 美元。现在美国的债务情况更糟了，但美国的媒体常常忽视这一现实）。

这些国家很可能完全没有能力为未来几十年即将退休的数亿人支付养老金和医疗保险。这是数学上的必然性，而不是一些存在争议的灰色地带。这些国家的国债现在如此之高，以致许多政府不印钞票就无法支付利息，更不用说偿还全部债务了。一旦走

---

① 食物银行，英文名称为 food bank，指专门为接济当地穷人，发放食品的慈善组织。——译者注

到这一步，政府偿还债务的唯一方法就是凭空创造货币（有时被称为"量化宽松"）。但是当政府发行货币时，就会导致通货膨胀，这正是前文所描述的。

西方政府管理不善，以致无法为退休人员提供保障，但与此同时，人们自己的个人养老保障也完全不足。在英国，超过 50% 的成年人根本没有建立起有效的个人养老金，他们完全依赖正供应不足的国家养老金体系。可悲的是，剩下 50% 的成年人中许多人连政府养老金都没有，他们退休后的生活水平可能远低于工作期间的水平，特别是考虑到实际的通货膨胀水平。令人惊讶的是，这个群体也包括一些富人。虽然不同统计机构预测的数据有差异，但目前英国至少有 150 名前职业足球运动员入狱。在他们的职业生涯中，至少有几年每周能赚取数万甚至数十万英镑，但这些球员并没有为退出足坛后的生活做出任何财务上的准备，导致他们在职业生涯结束后走向犯罪，犯罪类型通常是毒品交易。这些事件真是非常可悲，因为只要一些非常简单的信息就可以帮助这些球员，至少从财务上变得更加自律。这个案例可以说明，人们贫穷的原因通常不是收入，而是对理财一无所知。

英国许多人，甚至是相当比例的前英超足球运动员，过着非常贫困的退休生活。英国成年人平均拥有约 50 000 英镑的退休储蓄［根据英国养老金保险公司全球保险集团（AEGON）的数据，女性约为 25 000 英镑，男性约为 73 000 英镑］。以英国近年来的年金利率计算，这种规模的退休储蓄可以获得每年约 2 500 英镑的养老金收入，每月收入超过 200 英镑。在生命的最后 30 或 40 年里，大多数英国人一定希望每月拥有远远高于 200 英镑的生活费。

大家可以想象，这种灾难性的事实带来的后果非常可怕。历史一次又一次地告诉我们，贫困人口是不稳定的因素。近年来，我们已经看到这种悲剧在北非和中东上演，在希腊、西班牙甚至加拿大等国也时有发生。

我由衷希望这种情况最终不会出现。我认为，有效处理这些问题的唯一方法便是，人们从现在开始对自己的财务状况承担起责任。这本书将帮助你实现这个目标。

这本书不是关于……

这不是一本让你快速致富的书，尽管最终你会变得富有。相反，它将向你展示如何获得丰厚的金钱回报，并随着时间的推移变得真正富有，这个过程比你想象的要容易。必要的信息并不是特别复杂，但普通人很少能真正接触到。

在我看来，实用的金融知识应该作为每个中学生的必修课。尽管这可能会在未来发生，但目前的现实情况是，这些知识更多是在投资银行和基金公司才能真正获取。在本书中，我将尽我所能为你更透彻地讲解这些基础知识，并且本书关注那些最相关的和具备可操作性的信息，从而为你节省大量时间。

假如大多数人都能理解本书想要传达的信息，那么金融危机发生的可能性就会小很多。我们可以将金融危机更多归因于贪婪妄为的银行家和腐败无能的政客，但如果不是另一个关键因素——大多数人实际上是"金融文盲"，这些银行家和政客就无法让我们陷入目前的困境。年复一年，全世界有数以百万计的人对自己的财务做出错误决策。银行家之所以能获得巨额薪酬，是因为几十年来金融业一直在销售高成本的劣质产品。如果汽车行业一直向我们出售质量糟糕的汽车，比如总是抛锚，但价格不菲，我们还会购买它们吗？但自从金融产品问世以来，我们居然一直允许大多数金融服务商这样做，也就是说，即使需要付出高昂的代价和承受巨大的风险，我们仍在不断地购买它们提供的产品。

为什么会出现这种情况？答案很简单，因为许多人从来没有花时间来理解金融及金融产品。回到上文提到的汽车购买：很多人对汽车感兴趣，他们会购买关于汽车的杂志，并在购买汽车前做足功课。如果我们在购买包括房地产在内的金融产品之前也这样做，我们可能就不会是今天的样子。可悲的是，出于恐惧和懒惰，大多数人不下这样的功夫。正如古罗马哲学家塞涅卡（Seneca）所说："不是因为困难，我们才不敢冒险。正因为我们不敢冒险，事情才变得困难。"

这就是我想要改变的。一旦花一点时间去学习理财，你会发现它比你预期的更容易和更有趣。还值得强调的是，如果你愿意像买新车那样花同样的精力购买金融产品，那么用不了多久，你就会不用贷款也能买到非常好的汽车。

很少有人通过优化财务而变得富有，这是因为很少有人愿意花时间研究，也从不认真地尝试投资。熟练掌握金融知识和致富之间有着非常高的相关性。如果你阅读本书，你会很快发现，只需付出相对较少的努力，就可以用手里的钱完成出色的理财工作——而且很可能比你过去求助那些金融专业人士效果更好。

这本书是关于……

当你在阅读过程中有许多灵光乍现的时刻并发现自己恍然大悟时，这本书就算成功达到目的。你要对自己的理财能力充满信心，这将对你的余生产生巨大而持久的影响。你设立的最低目标应该是在退休时建立至少能为你提供高质量生活的资金池。

实际上，一个更理想的目标是在你达到退休年龄之前就实现这样的财富积累，并且在退休时实现更高的目标，这样你就可以更快地开始享受你的财富。这是完全可能实现的目标。为此，你所要做的就是阅读这本书并做到：

1. 意识到金融和理财比你想象的更容易，并理解为什么大多数人从来没有解决这个问题。原因非常明显：大多数人没有花时间学习金融和理财。学习如何管理自己的财务是一项生活技能，必须将其列为对生活质量产生积极影响的最佳技能之一。
2. 了解有关金融的两个惊人事实（详见第3章）。
3. 了解当下两个重要的投资主题（详见第4章）。
4. 采取简单的步骤来做理财规划，并开始用钱生钱。

小结

"重复是学习的开始"，让我们通过重复马克·希普曼的话来结束本章：

　　学校没有教给我们一项重要且基本的生活技能，即管理我们的财富，投资使其增值，从而为我们的未来提供源源不断的保障。

我坚信，如果我们能够改变这一点，不仅会对个人的生活产生巨大的影响，而且可以对整个社会的发展产生巨大的影响。

第 2 章　你比许多金融专业人士做得更好

> 没有人比你更关心你的钱。有了对投资的基本了解并保持自律，你完全有能力管理自己的资金……通过管理自己的资金，你将获得更高的回报并节省数以万计的投资成本。
>
> 亚历山大·格林（Alexander Green）
> 《走向财务自由的投资组合》（*The Gone Fishin' Portfolio*）

大多数人对自己的理财能力没有信心。扪心自问，你最近一次研究买新车（或比萨外卖，或衣服）所用的时间，是否比你学习理财或阅读一本可靠的投资书的时间更多？当听到"债券""股权""大宗商品"等专业词汇时，你是否会一头雾水？

如果你的回答是"是"，请不要担心，有许多人的答案和你一样。令人难以置信的是，这些人中有许多理财顾问和从事金融服务工作的人，原因我们将在稍后讨论。

这种现状真是一大遗憾，因为历史上几乎所有真正富有的人的致富秘诀，就是了解金钱的本质以及如何用钱生钱。

随着时间的推移，让你的钱（资本）为你赚钱，实际上比你从工作（劳动力）中赚钱要容易、快捷、省事得多。很明显，拥有企业的人往往比为他们工作的人赚得更多。这种现象在今天比历史上任何时候都更加真切，主要是因为资本比以往任何时候都更具流动性。最近的数据显示，目前资本在世界总财富中相对于劳动力的份额是有史以来最高的——这是著名经济学著作《21世纪资论本》（Capital in the Twenty-First Century）的重要内容。这就是拥有企业的富人比为这些企业工作的员工更富有的原因之一。

有一个好消息，但很少有人能意识到，那就是股票市场和其他形式的投资实际上可以使任何人都能成为"老板"（投资的企业还有可能是世界上最好的企业之一），这是一个伟大的发明，无论这位投资者是从多么小的资本开始"创业"的。此外，由于成本低廉而功能强大的在线工具的出现，投资从未如此简单。

一个人的工作时间是有限的，所以用钱生钱最终比通过工作赚钱更容易，是完全合乎逻辑的。这正印证了那句老话，"金钱永不眠"。如果你知道自己在做什么，金钱也会像兔子一样繁殖。即使是身家千万的演员、商人和摇滚明星，他们通过投资所赚的钱也常常要比他们的演出费、薪水或唱片销售收入多得多。

毫不夸张地说，历史上几乎每一个非常富有的人都从他们的投资中获得了远远多于他们的工作报酬。值得注意的是，与追求事业所付出的努力或激情相比，他们花在赚钱上的时间相对少得多。一旦钱开始生钱，你就会发现自己有更多的时间去做任何自己想做的事情——那些你并不在意能否获得报酬的事。要想变得富有，你需要拥有这种心态。

然而遗憾的是，大多数人对此并不理解，这也正是许多人在经济上陷入困境的主要原因之一。

大多数人从未研究过金融理财，所以他们对金钱的运作方式抱有令人遗憾的、错误和局限性的认知："股市是赌场""投资有风险""现金才是安全的"。这3种说法在某种程度上都是不正确的，富人通常很好地理解这一事实。（我要补充一句，"金钱是万恶之源"这句话同样无益——在我个人看来，这句话给相信它的人带来了极大的痛苦。）

令人难以置信的是，"投资房子永远不会错"也是一个危险的说法。纵观历史，包括过去几年，许多人在投资房地产方面都犯了可怕的错误，未来还会有更多人重蹈覆辙。我们将在第5章中更详细地讨论这个问题。而考虑到如今实际的通货膨胀情况，可以说持有现金也远没有人们想象的那么安全。

许多人相信"股市是赌场"的原因很简单，因为他们大多对股市知之甚少甚至一无所知。令人惊讶的是，其中也包括许多股票投资者。

我已经记不清这些年来我究竟遇到了多少在几乎不了解任何股市基本常识的情况下就去买卖股票的投资者。这就是为什么"平均"的投资业绩没有任何意义，你应该忽略它。一个能在10秒内跑完100米的顶级短跑运动员，并不在乎普通成年人到底能在几个10秒里跑完100米。大量慢跑者拉低百米速度平均值这件事，对职业运动员保持最好成绩和能力没有任何影响。当我们认为投资很困难时，就会忘记这个逻辑，因为"平均"回报率这个数字包括了大量并不知道自己在做什么的人。

有效市场假说

那些在大学学习金融或经济学的人，或者在金融服务行业工作的人，可能在阅读了上述内容后并不同意我的观点。他们可能会参考所谓的"有效市场假说"（Efficient Market Hypothesis，简写为 EMH），以表明我上面所说的内容是不正确的。鉴于这种可能性，我必须简短地离题来处理这种反对意见。

有效市场假说是一种关于金融市场的理论，已经存在多年并且非常流行（可以说是灾难性的结果）。基本思想是，没有人可以通过选择正确的投资来跑赢股市。也就是说，平均值在金融市场中很重要。无论投资者接受多少培训，永远不可能获得超额利润。这与我用职业短跑运动员的例子得出的结论正好相反。

该理论认为，任何资产的价格都将始终处于其"应该"的位置，因为在任何特定市场中都会有许多聪明、专业的人对有关该资产"应该"在哪个价格点位交易的大量可靠信息做出反应。然后，该假说提出，没有任何投资者能够通过信息获取上的优势来进行交易，从而获得高于市场平均水平的回报。

仍然有很多人相信有效市场假说。每个人都有权发表自己的意见，但我坚信该理论已被广泛质疑。已有大量研究和学术论证对此理论表示质疑。关于有效市场假说的文章很多，此处不再赘述。

我希望通过几个简单的例子来支持我的观点，即每个人都有可能成为投资者中的专业短跑运动员。无论你是否拥有财务或金融学的专业背景，我希望这些观点对你有意义。

非对称信息

有效市场假说在现实中不起作用的主要原因（以及为什么投资者仍然有很多机会用钱生钱，从而获得丰厚的回报），与人性和所谓的"非对称信息"有关。这里的关键是，参与市场的人显然没有掌握关于他们所投资对象的全面信息，即现实市场并非像有效市场假说所阐述的那样。有些人比其他人掌握更多的信息，也就是说，信息是不对称的。正如前文说过的，许多投资者几乎不知道自己在做什么。因此我强调，正是这种现实导致互联网出现繁荣的泡沫，泡沫破灭后陷入萧条、次贷危机爆发以及人类历史上其他的大繁荣和大萧条。

> **示例 2.1：互联网泡沫**
>
> 在第 7 章，我们将学习股票估值的基础知识。理解并掌握估值的基本概念，如"市盈率""股息收益率""账面价值"，能帮助我们判断某只股票价格是被市场低估还是高估，从而相应地买入或卖出。虽然我们的分析不可能总是完全正确，但如果能熟练运用这些分析方法，我们的投资判断就会更为准确，也就更容易赚到钱。
>
> 明智的投资者往往已经掌握了这些估值技巧，然而市场上大部分投资者并不了解这些必要的分析技术。比如，

在互联网泡沫时期[①]，互联网公司的股价远远高于股票投资历史上任何上市企业的股价。聪明的投资者能觉察到股市中产生的这些泡沫，并了解这些高估值是完全不可持续的。而那些业余投资者仅仅因为从朋友那里得知这些热门股的名字就跟风投入，根本无法正确判断市场发展的形势。历史总是不断重复，业余投资者狂热跟风产生的亏损，最后变成了聪明投资者的收益。在我看来，加密货币领域正在发生同样或更糟的情况。本书第7章会对加密货币进行更多介绍。

  我在本书的上一版中写道："脸书的上市为我们提供了股市疯狂的另一个例子。脸书的估值基于市盈率和市销率，这两个比率是估值的主要方法。从长远来看，这么高的估值是不可持续的，因为它们已经脱离了公司的内在价值。脸书之所以能够实现这样的估值，主要是因为大量投资者根本不了解估值的方法，当然也有很多买入脸书股票的专业投资者赌的恰恰是，不了解估值的人群所进行的投资行为将对脸书的股价产生的巨大影响。这是一个危险的游戏，可以称之为赌博而不是投资——尽管某些人确实在一段时间内获得了收益。"我写这段文字之后，脸书股价大幅上升（尽管中途遭到"剑桥分析丑闻"的打击），因此我的这一观点（脸书被严重高估了）被很多人认为是错误的，然而

[①] 互联网泡沫时期，指自1995—2001年的投机泡沫，在欧美及亚洲多个国家的股市中，与科技及新兴的互联网相关的企业股价高速上涨。

我很乐意为这个不一样的观点发声。

脸书和少数其他热门科技股，如亚马逊和网飞，确实为某些幸运的投资者带来了高额的回报（至少在短期内，我认为脸书的股价不会跌落神坛，但不要忘记，2008年之前很多人对聚友网也抱有同样的看法[①]）。但这些情况不会改变我的观点，即多数情况下，基本面被高估的股票更有可能让投资者赔钱。因此在投资之前我们应该认真分析投资标的的基本面，而不应该跟随市场，随波逐流。

我坚持自己关于脸书的观点。它的股价一路飙涨，然而每家类似脸书的高估值上市企业背后，都有数十家甚至数以百计的"明星"企业跌落神坛。我们只看到了它们享受虚高估值的辉煌时刻，却遗忘了狂热过后，公司估值回归理性时的股价下跌。随便举几个曾经的"明星"企业股价严重下跌的例子：安然、雷曼兄弟、世通、爱立信、北电网络、诺基亚、朗讯、思科、高通……我最近关注的一个典型案例是色拉布公司，它已从2017年3月的每股27美元跌至2019年的每股9美元。

像脸书、亚马逊和极少数其他公司的市场表现是非常罕见的。至少，投资那些高估值公司并盈利是相当困难的。另一个能说明此观点的例子是，苹果公司的估值一直比脸书更合理，虽然苹果公司是一家更大的公司，但它的估值

[①] 聚友网（MySpace）曾是炙手可热的互联网公司。2005年该公司以5.8亿美元的价格被收购，却在2011年以3 500万美元的低估值被抛售。

没有像脸书那么虚高。在估值过高的公司中赚钱是可能的，但要困难得多，风险也要大得多。

对那些将退休后的希望寄托在这些大概率会下跌甚至赔钱的资产上的中小投资者来说，这是非常糟糕的事情。值得注意的是，如果有足够多并不了解估值基本面的投资者继续购买同一家公司的股票，股价可能会继续上涨一段时间。这些投资者会认为他们做了正确的选择并进行了一笔可靠的投资。后来入局的投资者（他们可能也并不了解股票估值）看到股价上涨，并决定也要加入，以免错失良机。越来越多的投资者将股价推到了疯狂的高价，这正是互联网泡沫时期发生的事情，也是2019年发生的事情。

这有力地说明了有效市场假说理论在现实世界是不合理的。市场有其自身的引力，某些股票尽管疯狂上涨，但长期来看，其最终结果是不可避免的，即估值如果超出合理水平，必然会下降。如果查看过去10年的股市数据，任何公司的估值都不应该是25倍的市销率或几百倍的市盈率。正因为有足够多的投资者不了解这个事实，导致他们在高估值时进行交易。但公司价值最终会回归理性，大多数投资者因此损失很多钱。购买这类公司根本不是投资，而是赌博。因此，聪明的投资者不理会这些公司，因为还有其他数以千计的公司以供我们进行理性的分析，并做出明智的投资决策。我们将在第10章详细介绍如何做到这一点。

这种高估值现象在第 7 章对加密货币的讨论中表现得更加明显。

示例 2.2：次贷危机

次贷危机向我们展示了非对称信息如何使一部分人赚得盆满钵满，而使另一些人血本无归。关于次贷危机最好的书，可能是迈克尔·刘易斯（Michael Lewis）的《大空头》（*The Big Short*）。它讲述了一群聪明的投资者如何在次贷危机前夕，通过大量且详细的研究，发现当时一款畅销的金融产品——住房抵押贷款证券（mortgage-backed securities）存在巨大风险，因为这款金融产品的定价是完全错误的！他们利用这个鲜为人知的信息做空了这类金融资产，并因此赚得盆满钵满。这个例子告诉我们，有效市场假说的不合理性。还有一点要注意，财富永远不会消失，只是从"不太聪明的钱"转移到"聪明的钱"。

在不知道自己在做什么的情况下投资股市，就如同在不会开车的情况下驾车上高速公路一样。

有的人很幸运，能安全到达目的地；但更多人会发生严重的车祸，以此警示大家驾驶有多危险。正是因为投资股市的很多人不知道自己在做什么，所以很多投资者赔钱之后就开始相信"股市是赌场""投资有风险"。

你能比理财顾问做得更好的 6 个原因

你能比许多理财顾问更好地管理自己的财富，这种说法之所以能成立有很多内在原因。当然，你就一些理财内容会寻求他们的专业建议，比如安排房贷，购买保险产品，遗产筹划等。而此处我想跟大家讨论的是：理财顾问对你的个人投资是否真正有用？或者说，这些顾问给出的建议能否真正有效地提高你的投资收益？

本书想告诉你的是，你必须管理好自己的财务。有时虽然你有信心这样做，但可能仍希望将自己的理财工作外包给专业人士。这么做看似节省了你的时间，但实则浪费了你做出正确投资决策的机会。

我的感觉是，我们选择一些相对不太重要的金融产品变得越来越容易了。比如近年来，金融产品比价网站等在线资源激增，人们可以很轻松地按自己的意愿购买高价值的保险产品。

你是选择自己理财还是聘用理财顾问，显然完全取决于你自己。而我希望你在读完这本书之后，至少会知道自己有能力做出投资决策。归根结底，尽心尽力地做好投资是个人理财最基本的组成部分。存钱当然是至关重要的（稍后会详细介绍），但我要强调的是，大多数富人对投资和提高投资收益的关注度，与他们对如何省钱的关注度相比，只多不少。到处收集优惠券的人，或者冬天把暖气关掉的人，和那些对金钱更积极、更有激情的人相比，变富的可能性要小得多。道理很简单，花3个小时了解和整理自己的投资情况对长期财务状况所产生的影响，要比花3个小时节省20英镑的汽车保险费、电话费或取暖费大得多。可惜能这样想的人太少了。

重大利益冲突和缺乏相关知识

与理财顾问相比，许多英国人可能会发现自己理财获得的收益更大，其中一个关键原因与英国金融业的传统结构有关。

大多数人对自己的投资能力没有信心，因此他们倾向于寻求理财顾问的帮助。这种现象存在问题的主要原因在于，大多数英国理财顾问接受的培训以及他们过去获取薪酬的方式。当今投资最好的条件之一是，可供投资者选择的产品种类繁多：债券、股票、大宗商品、货币（外汇）、房地产、基金等。

以上这些投资产品每一种都有其特性，我们将在第7章更深入地研究这些投资产品。成功的投资者应该选择所有（或至少大部分）产品构建投资组合。可以说，大多数人投资失败的重要原因就是，他们缺少足够多元化的投资产品。来自世界各地的股票、房地产、债券和大宗商品，为你提供了持续获得投资收益的最佳机会。很少有人这样做，即使是那些金融从业者。

很少有理财顾问会向客户推荐多元的投资组合，他们更多推荐的是基金和保险产品。这是合乎逻辑的，原因主要有两个：

- 大多数理财顾问都从他们销售的产品中收取佣金，而简便可行的两个主要产品就是基金和保险。

- 许多理财顾问对其他产品知之甚少。

在过去几十年里，大多数理财顾问都是以佣金的形式获取报酬。也就是说，无论他们建议客户购买哪种产品，他们都会获得一定比例的报酬。

可以想象，这种状况导致令人担忧的利益冲突。你可能知道，英国金融行为监管局[①]是英国金融业维护消费者权利的机构。金融行为监管局认证金融行业从业人员资质的机构之一是，特许证券与投资协会[②]，该机构承认："中介（顾问）有动机推荐（给客户）那些佣金率最高的产品。"

2006年6月，当时的金融行为监管局意识到这一问题的严重性，加之媒体曝光了一系列不当销售的丑闻（养老抵押贷款、支付保护保险等），其发表了一篇关于如何向英国消费者出售金融产品的评审报告，结论是：

许多投资者非常依赖理财顾问……顾问的利益与投资者的利益并不一致。（因此）存在损害投资者利益的重大风险。

由此可见，即使是负责监管金融服务行业的政府机构也坦率地承认，投资者有可能从理财顾问那里得到糟糕的财务建议。我的亲身经历以及10年中与我讨论这个问题的许多人的经历都证

[①] 金融行为监管局（Financial Conduct Authority，简写为FCA）总部设在英国伦敦，其前身为金融服务管理局（Financial Service Authority，简写为FSA）。
[②] 特许证券与投资协会，英文名为Chartered Institute for Securities & Investment，简写为CISI。

实了这一点。虽然我承认这也是部分现象，但这个话题无疑会引起许多人的共鸣。

好消息是，一旦我们了解了这个情况，就可以努力为此做点改变。

按照英国传统的理财顾问服务模式，理财顾问倾向于给客户推荐那些有可能使自己获取更高佣金的产品，而不是最适合客户需求的产品。不仅如此，我认为该行业还存在更严重的结构性缺陷。例如，许多理财顾问只能向客户推荐一些公司（与他们有关联）的产品。比如，如果你从高街银行①寻求投资建议，它们的员工通常只能推荐自己银行能提供的产品。

由此可见，你只能从整个投资世界中极为微小的一部分做出选择。此外，你还要支付更高的费用，因为这些投资产品往往价格不菲。一位受限的理财顾问确实有可能在自己所触及的产品范围内尽力为客户着想，但无论如何，客户错过的是整个世界。

另外，英国财务咨询行业的另一个普遍问题是，该行业的许多顾问对金融缺乏足够的理解。过去，成为一名合格的理财顾问并不需要详细了解金融市场及其发展历史。

许多理财顾问只接受过公司有关产品销售的培训，对具体的金融产品并不太了解，更不用说了解如何评估股票或债券的价值了。当我第一次与高街银行的理财顾问会面时，对方甚至不知道除了自己公司出售的产品之外还有其他产品。真是令人惊讶！要知道，这家银行位于世界上最大的金融中心之一——伦敦金融

---

① 高街银行（high street bank），主要指在英国的商业大街（high street）上遍布的银行，其提供便民服务。——编者注

城的中央。

举个例子，世界上许多聪明的投资者都认为，我们的资产中应当有相当大比例的黄金。为什么这个投资建议可能是个好主意？表2.1显示了2003—2018年这15年里黄金相对世界主要货币的表现。请特别留意英镑的表现。

表2.1 2003—2018年黄金相对世界主要货币的表现 （单位：%年度变化）

年份	美元	澳元	加元	瑞士法郎	人民币	欧元	英镑	印度卢比	日元
2003	19.7	−9.5	−0.4	7.7	19.7	0.5	8.6	13.6	7.7
2004	5.3	1.8	−1.9	−3.4	5.3	−2.7	−2.3	0.6	0.7
2005	20.0	28.9	15.4	37.8	17.0	36.8	33.0	24.2	37.6
2006	23.0	13.7	23.0	14.1	19.1	10.6	8.1	20.9	24.3
2007	30.9	18.3	12.1	21.7	22.3	18.4	29.2	16.5	22.9
2008	5.6	31.3	30.1	−0.1	−2.4	10.5	43.2	28.8	−14.4
2009	23.4	−3.0	5.9	20.1	23.6	20.7	12.7	19.3	26.8
2010	29.5	13.5	22.3	16.7	24.9	38.8	34.3	23.7	13.0
2011	10.1	10.2	13.5	11.2	5.9	14.2	10.5	31.1	4.5
2012	7.0	5.4	4.3	4.2	6.2	4.9	2.2	10.3	20.7
2013	−28.3	−16.2	−23.0	−30.1	−30.2	−31.2	−29.4	−18.7	−12.8
2014	−1.5	7.7	7.9	9.9	1.2	12.1	5.0	0.8	12.3
2015	−10.4	0.4	7.5	−9.9	−6.2	−0.3	−5.2	−5.9	−10.1
2016	9.1	10.5	5.9	10.8	16.8	12.4	30.2	11.9	5.8
2017	13.6	4.6	6.0	8.1	6.4	−1.0	3.2	6.4	8.9
2018	−3.0	2.6	2.9	−1.3	−3.1	0.3	−1.0	3.0	−5.4
平均	9.6	7.5	8.2	7.3	7.9	9.1	11.4	11.7	8.9

资料来源：Goldprice.org。

图 2.1 显示了 20 年间以英镑计的黄金价格变化。黄金的价格已经从每千克 6 000 英镑涨到每千克超过 30 500 英镑。

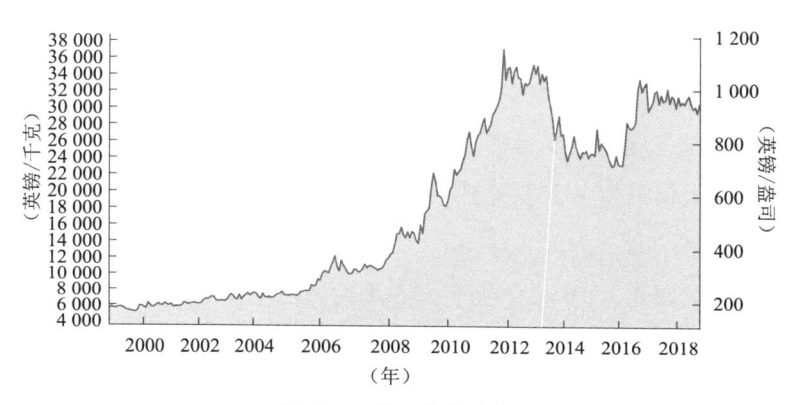

图 2.1 黄金价格走势

资料来源：Goldprice.org。

在过去的 20 年里，持有黄金会为英国投资者的财富增加做出巨大贡献，但出于本章所述原因，英国很少有理财顾问会建议客户投资黄金。许多人不知道该怎么做，即使是那些知道哪种工具可以让客户接触黄金的理财顾问，也没有动力将其推荐给客户，因为他们不会从中赚取任何佣金。

当然，有些理财顾问非常称职，并且会为客户做好服务工作——前提是我们要知道如何找到这样的顾问。阅读本书将帮助你识别最好的理财顾问，充分了解他们所提供服务的收费结构（关键点），并通过他们的服务获得最大利益。

许多人因为太忙而没有时间管理自己的财富，在这种情况下，一位好的理财顾问的服务当然值得付费。好的理财顾问所提供的服务实际上可以增加很多价值，他们可以让客户以更优惠的价格买入靠谱的基金，帮助客户处理对许多人来说可能相当艰巨的程序事务。在处理一系列复杂问题时，他们也非常有资格为客户提供帮助，例如优化税务事务、进行遗产筹划，或利用本人的公司来增加个人财富。一个好的理财顾问可以处理一大堆可能会出现的问题，这可以为客户节省大量时间和精力。从本质上讲，他们在财务规划以及投资方面所提供的服务特别有用，尤其是对于拥有大量财富、需要处理特别复杂事务或即将退休（当事情变得更加复杂时）的人。

话虽如此，我认为一旦你知道如何识别顶级理财顾问，那么也就基本具备管理自己财富的能力了。你来管理自己的财富，会为你节省大量金钱，并且会让你越来越自信，轻松掌控自己的生活。

你可能在上面的内容里发现了一个悖论：我怎么能抱怨理财顾问没有花足够的时间学习，然后又说并不需要花那么多时间学习就能做好理财呢？答案是，那些不想花太多时间学习的人，仍然可以使用本书介绍的公式化方法成功理财。但是，要想全面了解金融，以便向人们提供专业的建议，应该是一条更长的路。

通过了解如何管理自己的财富，你可以确保当今世界上可用的各种金融产品都在选择范围内，从可用的最佳投资方法中受益，并有机会最大限度地节省佣金/服务费。你可以比许多理财顾问做得更好。

费用、佣金和成本

正如《财经周刊》（*MoneyWeek*）所言："如果证据能起到任何指导作用，那么所有投资者在投入资金之前都应该注意一件事：成本。"

与任何其他产品或服务一样，财务建议和金融产品也要花费成本。奇怪的是，大多数投资者付费时实际上并不了解他们是如何被收费的。如果你有养老金或ISA[①]，你是否准确了解机构每年收取多少百分比的费用？如果你曾雇用过理财顾问，你是否确切知道他们到底收了你多少钱？

如果你的回答是"否"，请不要担心，大多数人都这样——虽然这种现象很奇怪。为金融服务支付的费用是否适当，将对你未来的财富产生巨大影响。举个例子，如果你将你的最高ISA津贴投资30年并获得10%的收益率，那么你最终会得到略低于285万英镑。如果你的收益率达到8%，这个数字大约是187.5万英镑。如果你的收益率能达到12%，那么这个数字将超过440万英镑！

如果你为你的金融产品支付了过多的费用，那么在你的投资生涯中，由此造成的损失实际上可以达到七位数。对金融咨询和金融产品的行业收费方式有一个基本的了解，将为你节省大量资金。

职业风险

许多专业理财顾问业绩不佳的第三个原因被称为"职业风险"。假设你已经去找理财顾问并根据其推荐买入一只基金，

[①] ISA，是Individual Savings Account的缩写，译为个人储蓄账户，是英国政府为了鼓励居民储蓄而设立的一种免税储蓄方案。——编者注

很有可能这些基金中最好的也比不上你自己在掌握了投资知识后做的投资决策的业绩。

简而言之,一个做其他人都做的事情的基金经理被解雇的风险往往较低。例如,如果这个人在2008年这样糟糕的年份中持有大型蓝筹股,那么他将与其他持有大型蓝筹股的人损失相同。待在牛群里总是安全的。由于每个人都度过了糟糕的一年,造成损失的原因归结于"市场",每个人都保住了自己的工作。这对谨慎的基金经理有好处。但如果你投资了这些基金,损失的钱是你的,你是最终的受害者。

几乎所有专业投资者都仅限于某些投资类别。例如,有的理财顾问可能专门负责英国股票基金或全球债券基金。我们将在第7章中详细讲解这些金融产品。如果在英国经济不景气的年份里,无论专业投资者在自己的领域有多出色,投资英国的基金都是会亏钱的。但这个问题可以通过投资全球范围内不同资产类别来解决。我们稍后将学习如何做到这一点。

示例2.3:托尼·戴的职业风险

关于职业风险问题,托尼·戴是一个很好的例子。戴是20世纪90年代的顶级基金经理。在互联网泡沫时期(20世纪90年代后期的繁荣时期),他明智地提出,科技和互联网公司的股价上涨是疯狂的。因此他拒绝买入任何此类公司的股票。可悲的是,对于戴来说,此举意味着他的投资回报率明显低于他的同行,因为其他人已经加入了投资互联网的狂潮。尽管戴的分析最终是正确的（互联网和科技股被疯狂高估了），但具有讽刺意味的是，他在2000年——市场见顶然后崩盘前一个月——丢掉了工作。在20世纪90年代后期，投资业绩优于戴的基金投资者，在市场反转时损失了大量资金。基金经理的群体安全思维，可能会使你的资金面临风险。

流动性问题

与非常成功的专业人士相比，你也有机会成为业绩更好的投资者，其中的第四个重要原因是，相比之下，你个人管理的资金总量要小很多。如果你只有几千英镑（甚至只有几百万英镑）来投资，你在进行投资时不会导致市场价格产生大幅波动。

而如果一个拥有数十亿英镑的投资者决定出售某一项资产时，他可能需要几周时间（或更长时间），并压低价格。你我或许能够买入一只小型生物技术或矿业股票，并从价格的短期剧烈波动中受益。大资金量的专业人士很少能买卖足够多的此类股票从而对整只基金产生丰厚回报。这意味着如果你投资了这只基金，你也不能获得理想的收益。

金融专业人士过于专业化

杰克·迈耶，是哈佛大学数十亿美元基金的投资经理。他的基金15年来平均年化收益率为15.9%（910%的复合收益率）。引用他的陈述可以说明，为什么你自己理财会比许多专业人士做得更好。

金融服务行业从业者，即使是那些在顶级投资银行获得巨额奖金的从业者，几乎从他们职业生涯的早期开始就非常专业了。这意味着，有大局观的人相对较少，而这种大局观恰恰是持续投资成功所需要的特质。

多年来最成功的投资策略之一，就是适当多元化。这意味着你应该确保自己持有各种类型的资产，而不仅仅是股票或房地产。前文的一个例子，在过去20年左右的时间里，黄金的表现异常出色（即使它最近表现有些疲软）。然而，令人惊讶的是，很少有专业人士去投资黄金。

分析方法的战争

金融专业人士变得过于专业化的另一个缺点是，几乎所有人的分析方法都集中在选择基本面分析和技术面分析，而且这两种分析方法的支持者常常互相质疑。

我将在第11章详细介绍这两种策略，但这里我想说的是，世界上许多优秀的投资者会同时使用这两种分析方法。英国最著名的基金经理之一安东尼·波顿（Anthony Bolton）就是一个很好的例子。综合使用这两种分析方法，他在28年内平均年化收益率为19.5%，复合收益率为14 460%（即1万英镑变成146万英镑）。是的，你没看错。随着时间的推移，始终如一的高收益率确实可以将数千英镑变成数百万英镑。

令人惋惜的是，大多数专业人士倾向于单一选择基本面分析或技术面分析，并将两种方式完全对立起来，其实将两者结合使用显然更有效。

小结

- 大多数非专业投资者都面临业绩亏损和投资失败的风险，因为他们真的不知道自己在做什么。
- 专业投资者也可能面临诸多不利因素。
- 如果你是一个见多识广的"业余爱好者"，那么相较于这两个群体你在管理自己的财富方面有巨大的优势。你其实处于管理投资的最佳位置。

这是一个非常令人兴奋的消息，更令人兴奋的是，拥有理想的理财能力比你想象的要容易得多。花一点时间了解金钱的人，通常会发现生活变得更轻松，也更有趣。

第 3 章　关于金融的两个惊人事实

> 那些领悟复利力量的人注定会得到它，那些不理解复利的人注定要付出代价。
>
> 汤姆·加纳和大卫·加纳（Tom and David Gardner）
>
> 傻瓜投资指南（The Motley Fool）网站创始人

有两个关于金融的惊人事实需要引起人们的注意。一旦了解了这些事实，你就会领悟到有效投资为你所提供的可能性是多么令人难以置信。

事实 1：复利是"世界第八大奇迹"

每当我兴奋地与人们分享投资世界的美妙之处时，我听到的一个主要反对意见是："这对我不起作用，我赚得太少，没有足够的闲钱来投资。"

这是对投资最大的误解！

许多人认为，他们需要拥有一大笔存款或每月存下一大笔钱，才能使投资产生收益。许多人认为投资是针对富人的，与普通人无关。这是对投资的错误理解。投资就像现实版的"龟兔赛跑"，最终往往是乌龟赢得比赛，而不是兔子。

> 那些了解金钱本质并最终拥有很多钱的人，往往是那些明白"成功是坚持不懈地点滴积累"这个道理的人。

现在存一小笔钱，比你在未来某个时间存一大笔钱要容易得多。我相信你对这种心态很熟悉——去健身房、复习考试、做家务等也是如此。正如你即将看到的，时间是你致富的最佳盟友之一，因此你应该立即采取行动。从小处着手，但要尽快开始行动。无论付诸的行动多么微小，你都可以立即从复利的魔法中受益。

什么是复利？为什么它如此重要？

如果你在这本书中除了复利什么也没学到，不要失望，你已经成为少数幸运者中的一员。爱因斯坦将复利描述为"世界第八大奇迹"。复利是一种免费资金……随着时间的推移，它会像杂草一样生长。

但这是怎么实现的呢？

假设你今天投资1 000英镑，且无论你投资什么品种，今年都上涨 10%。在这种情况下，一年后你将拥有 1 100 英镑：你的原始资金，加上在股票或其他投资上获得的 100 英镑的收益或利息。现在我们来看看免费资金部分。假设你又投资了 1 100 英镑并再次实现了 10% 的收益率。第二年，你将获得 1 210 英镑（1.1 × 1 100 英镑）。这次你获得了 110 英镑的利息，但其中 10 英镑利息的本金实际上是免费获得的。这是收益带来的收益。

乍一看，这似乎没什么大不了，但随着时间的推移，这种复利的效应非常强大。

复利的力量

假设你已经决定尝试投资。为计算方便，我们从 5 000 英镑开始，然后每月定投 250 英镑。这些数字看起来太小了，不足以让你成为百万富翁，但确实是这样吗？

让我们看看当你是一个储蓄者 / 一个投资者时，这笔钱未来几年会发生什么变化。

储蓄者会将 5 000 英镑一次性存入活期账户，该账户不支付任何利息[①]。接着，每月在同一个账户存入 250 英镑。一年后，储蓄者的账户总额达到 8 000 英镑：账户初始的 5 000 英镑，加上 12 笔 250 英镑的存款（总计 3 000 英镑）。

正如伦敦金融城的交易员说的那样，这种情况肯定"比（投资失败）当头一棒要好"。但现在让我们看看储蓄者与投资者的

---

① 2019 年，英国央行基准利率长期处于接近 0 的状态。2021 年年底起，由于能源价格上涨，带来的通货膨胀导致基准利率不断上升。——译者注

收益差别。为了说明问题，我们假设几种不同的收益率场景，查看投资者与储蓄者一年后的收益差异：

- 当收益率为 0 时，储蓄者将有 8 000 英镑。
- 当收益率为 8% 时，投资者将有约 8 584 英镑。
- 当收益率为 10% 时，投资者将有约 8 737 英镑。
- 当收益率为 12% 时，投资者将有约 8 893 英镑。
- 当收益率为 20% 时，投资者将有约 9 544 英镑。

我们可以清楚地看到，投资者一年后的收益与储蓄者有显著差异。然而，更令人惊讶的是多年累计下来发生的事情。表 3.1 说明了复利的惊人力量。

表 3.1 复利的力量　　　　　　　　　　　　　　　　（单位：英镑）

n 年后	收益率为 0 的储蓄者	收益率为 8% 的投资者	收益率为 10% 的投资者	收益率为 12% 的投资者	收益率为 20% 的投资者
1	8 000	8 584	8 737	8 893	9 544
5	20 000	25 991	27 816	29 796	39 568
10	35 000	57 214	65 286	74 752	132 538
15	50 000	103 731	126 936	156 423	383 182
20	65 000	173 035	228 370	304 794	1 058 910
30	95 000	430 117	669 845	1 064 024	7 792 017

注：假设账户初始资金为 5 000 英镑，每月存入 250 英镑。
资料来源：简明英语金融网站（Plain English Finance）。

如果你从 30 岁时开始每月存入 250 英镑，坚持下去并将其投资于表现最佳的资产（收益率按 20% 计算），那么到 60 岁时，你可能会拥有近 800 万英镑。

时间是关键

另一个例子可以说明复利作用有多么强大：如果祖父母或富有的亲戚在孩子出生的那一天投资 5 000 英镑，并且该投资的收益率达到每年 10%，当这个孩子 55 岁时，这笔投资的成本与收益总和将增长到约 100 万英镑 [如果按每年收益率 10% 计算，则约为 94.5 万英镑；如果按每月收益率 0.83%（10%/12）计算①，则约为 120 万英镑]。

这就是为什么世界上许多顶级对冲基金都有一个明确的目标，即每月赚取 1% 的收益率。

随着时间的推移，这种看似温和的目标将为他们的投资者带来显著的收益。反观那些波动剧烈的攻击型基金——每年都试图"射出子弹"，但实际情况往往是一年上涨 30%，下一年下跌 20%。在投资方面，缓慢、稳定和始终如一的投资方式将最终赢得比赛。随着时间的推移，小数字积累起来会变成非常庞大的数字。

当我们可以在收益率相对较低的情况，将 5 000 英镑变成 100 万英镑时，我们怎么会出现养老金危机呢？

成本也是关键

至关重要的是，随着时间的推移，收益率的微小变化会产生

---

① 按月利率进行复利计算。

巨大的差异。例如，20年后，12%和10%收益率带来的差额接近76 500英镑。你的收益率只需2%的变化，就会产生巨大的影响。如果是30年后，差额将接近300 000英镑。这就是如第2章所述，关注你购买的任何金融产品的成本非常重要的原因。然而，很少有人了解自己选购的金融产品真正的成本是多少，或者如何了解这些成本，更不要说有多少人知道这些成本对投资收益带来的巨大影响了。这是许多人的投资收益表现不佳的一个关键原因。

许多人认为，这些收益率是很难实现的。确实不容易，但如果你能用正确的方式认识世界并保持学习，完全有可能实现上文提到的收益率。许多专业投资者已经实现了这样的收益率。表3.2列出了一些知名专业投资者的收益率，实际上还有很多案例。简单起见，这个表格展示了这些投资者在开始时一次性投资1万英镑并持有几年后的资金总额。如果你一直在定期投入资金，那么你的资金总额将大大超过右侧栏中的数字。

我在2012年撰写本书第一版时制作了这张表格。在随后再版的两个版本中，我都保留了它，因为它仍然能阐明我的观点。

最近几年还涌现出许多类似的例子。如Fundsmith基金公司的特里·史密斯（Terry Smith）在过去8年中的收益率接近300%，基金成立以来平均每年收益率为19.3%。

同样，柏基（Baillie Gifford）投资旗下的苏格兰抵押贷款投资信托基金的汤姆·斯莱特（Tom Slater）和詹姆斯·安德森（James Anderson），在过去5年中将该基金的价值提高了220%以上。我特别提到这两个例子，是因为我一直很幸运地在推荐他们的基金产品。

上述这些专业投资者在过去几十年中取得了令人难以置信的回报。尽管我在第 2 章中描述了专业投资者所面临的固有劣势，但他们都成功避开了这些劣势。

因此，你可以看到将钱存入储蓄账户或藏在"床垫里"的方式，与将钱进行合理投资之间有多么大的收益差距，这种差异可以完全改变你的生活，即使你从相对少量的资金起步。

表 3.2 全球一些知名专业投资者的收益情况

专业投资者	所属机构	平均收益率（%）	时间范围	累计收益率（%）	投入 1 万英镑的资金总额（英镑）
沃伦·巴菲特	伯克希尔–哈撒韦	20.20	1965—2010 年	394 000	39 400 100
安东尼·博尔顿	富达伦敦	19.50	1979—2007 年	14 660	1 466 100
乔尔·格林布拉特	戈坦资本	50.00	1985—1995 年	5 766	576 700
吉姆·罗杰斯	索罗斯量子基金	38.00	1969—1980 年	3 456	345 700
大卫·史文森	耶鲁捐赠基金	16.20	1985—2008 年	3 160	316 100
彼得·林奇	富达（波士顿）	29.20	1977—1990 年	2 795	279 600
塞斯·卡拉曼	Baupost Group	20.20	1982—2012 年	2 076	207 700
大卫·埃因霍恩	绿光资本	21.60	1996—2012 年	1 879	188 000
本杰明·格雷厄姆	哥伦比亚大学	14.70	1936—1956 年	1 553	155 400
杰克·迈耶	哈佛捐赠基金	15.90	1990—2005 年	915	91 600

资料来源：简明英语金融网站。

试想一下，如果你每年能够投入 20 000 英镑（每月约 1 666.67 英镑）的 ISA 津贴，你将可以实现怎样的收益。ISA 津贴指的是在英国每月免除收益纳税的投资金额，具体如表3.3所示。

表3.3 每年投入20 000英镑ISA津贴的收益　　　　　　　　（单位：英镑）

n年后	收益率为0的储蓄者	收益率为8%的投资者	收益率为10%的投资者	收益率为12%的投资者	收益率为20%的投资者
1	25 000	26 339	26 687	27 039	28 503
5	105 000	130 776	138 432	146 651	186 127
10	205 000	318 114	357 900	403 897	674 217
15	305 000	597 218	718 993	71 235	1 990 092
20	405 000	1 013 040	1 313 102	1 720 247	5 537 651
30	505 000	2 555 525	3 898 874	5 054 712	40 886 331

注：假设初始资金为5 000英镑，每月投入1 666.67英镑。
资料来源：简明英语金融网站。

忽略平均值

请花点时间研究一下本章中的3个表格。你需要深入理解投资对你的财富产生的影响有多大。很少有人意识到，自己可以随着时间的推移获得巨大的投资回报。

有些人会说，上述例子具有误导性，因为大多数投资者远远达不到这种收益率。但在此我只希望你能对自己理财有可能获得丰厚回报抱有信心。大量研究表明，平均而言，从长远来看投资者无法击败市场。对我来说，这就像在说："研究表明，成年人跑完100米平均需要35秒。"

请忽略平均值，尽自己所能去找出投资界里"跑得最快"的人，并向他们学习如何投资。有一些方法可以持续获得上文提到的收益率——你只需要找到这些方法。

不要借钱

复利是双向的，所以尽可能不要借钱。因为如果借钱投资且出现亏损，复利的力量会反过来打击你——随着时间的推移，你最终会向债主支付越来越多的钱。英国知名快餐品牌Pizza Express背后的企业家、英国电视四台（Channel 4）前主席卢克·约翰逊（Luke Johnson），将此称为"可怕的反向杠杆数学"。这就是为什么你必须尽快消除债务，并在需要时改变生活方式。

几乎所有的债务都是"昂贵"的。获得15%或20%的收益率未必能实现，但可以肯定的是，你至少会为你的债务支付这样百分比的利息。许多人在金钱游戏中失败的一个重要原因是，他们在生活中使用了太多的债务杠杆。请注意，我在这里谈论的债务只是信用贷款，而不是抵押贷款或学生贷款。抵押贷款和学生贷款是债务中的特例，我们稍后会更详细地介绍。

结论

从复利的威力中可以看出，如果我们的钱能保持一个基本的投资收益率，即使是相对较低的收益率，有了时间的催化也能变成非常可观的金额。这是关于金钱最重要的认知。

明白了这一点以后，让我们继续讨论关于金融的第二个惊人事实，看看如何很轻松地从辛苦赚来的现金中获得这笔免费资金。

事实2：你可以获得比以往更好的金融产品和信息资源

过去几年的悖论之一是，人们过于关注全球金融危机，以至于他们错过了整个金融业一些非常有趣的发展。现在，随着金融业的发展，任何人都可以在几乎任何国家和地区投资任何资产类别，并且可以轻松、快速、低成本地进行投资，尤其是在英国。

假设你判断石油价格会上涨，你只需点击鼠标就可以拥有一些石油类的资产，而且费用比过去低得多。你甚至可以通过金融产品押注油价会下跌来赚钱，如果你对未来油价下跌很有把握。或者你认为巴西农产品的价值未来会增加，因为世界人口已经增长到80亿，对农作物的需求也在增加，你可以在舒适的家中通过这种合理判断而获得收益。

不久前，进行这类投资还非常困难，甚至不可能实现。如果你想从印度、中国或新加坡等地的快速增长中受益，或者想从黄金、石油或巴西农产品中赚钱，你不仅需要大量资金，还要与瑞士等地的私人银行家建立关系，支付高额费用并与律师打交道。在过去的几年里，由于互联网和全球金融业的大力创新，这些障碍几乎都消失了。因此，投资对我们这一代来说要比我们的长辈所处年代简单得多。

现在，如果你对自己的投资行为有一个基本的了解，就可以轻松且低成本地投资各种资产来赚钱。而且现在是最好的时机。如果你知道自己投资的方向和目标，那么会有很多绝妙的投资机会在等你。关键是选择正确的投资标的，知道如何购买它们，并支付合理的价格。这个过程当然不像在公园里散步那么轻松，但也并不像许多金融从业者形容的那么困难。你比许多金融专业人士更有能力去解决这些难题。只要具备相当的知识储备，你就可以快速上手管理自己的财富，从多样化的投资机会中受益。得益于现代化的信息社会，我们可以在投资过程中保持低成本，最大限度地减少税款支出，并在资产价格下跌和上涨时都能找到赚钱机会。

快速前进

现在你已经了解了复利的力量，以及如今投资为何比以往任何时候都更容易。仅仅知道这两个事实，就可以使你比大多数人拥有更明显的优势。现在，我们将把注意力转向两个非常重要的宏观投资主题。

第 4 章　关于投资的两个重要主题

除非发生不可预见的灾难，否则商业前景将持续向好，并且随着时间的推移会变得更好。

保罗·盖蒂（J. Paul Getty）
《如何致富》（*How to Be Rich*）

保罗·盖蒂，20 世纪 60 年代的世界首富，他的这句话表明其在大萧条时期（1929—1939 年）对金融的看法。就像今天的许多人一样，当时人们对世界以及自己的财务状况感到失望。虽然当时很多人并不像保罗·盖蒂那样对未来充满信心，但今天的我们回望历史会发现保罗的话是多么正确……

你需要了解的有关经济增长和通货膨胀的知识

如果你对第 3 章中我们讨论的两个惊人事实有所了解，并且能够掌握现在讨论的这两个主题，那么你对金融的理解已经超过了大多数人，你也将因此获得丰厚的回报。有关投资我们需要关注以下两个关键主题。

1. 世界经济持续增长。忘记"金融危机"或"衰退"，事实是，整个世界的经济都在继续增长。如果你基于这一事实进行投资，你将受益匪浅。沃伦·巴菲特指出了投资的一个基本事实，他说："某处总有牛市。"
2. 世界处于明显的通货膨胀中。我在前言中谈到了这一点，接下来会更详细地讨论这个观点。近年来，许多国家在发行大量虚拟货币，所有这些新钱都会造成通货膨胀。

重要的是，我们要了解这种情况正在发生，并知道如何应对。通货膨胀对不了解它的人来说是坏消息，但对少数真正了解它的人来说可能是好消息，因为他们可以通过投资从中受益。

正如我们在第 2 章中看到的，黄金多年来的市场表现异常出色——在过去 20 年左右的时间里，以世界上所有主要货币计价的收益率都达到了高个位数或低两位数。这种市场表现是我所说的直接结果。了解通货膨胀的人倾向于持有黄金，因此，自 2000 年年初以来，投资黄金的年均收益率（以英镑计）超过 11%。现在，让我们更详细地了解这两个主题。

世界经济持续增长

世界变得越来越富有……

今天的世界比 10 年前富裕得多（当然也比 20、50 或 100 年前富裕得多）。事实上，在过去的 10 年里，人类创造了整个人类历史上所有经济产出的 25%。令人难以置信的是，在创造了这笔巨额财富的同时，发达国家的许多人仍然认为自己身处的世界是有史以来最糟糕的。但总体来说，人类社会处于有史以来最富有的阶段。由于人口增长以及经济和技术的发展，世界将继续变得更加富有。

……但你可能越来越穷

近年来，许多西方国家的人忽略了世界变得越来越富裕的事实。这是可以理解的，因为发达国家的许多人正在过着比以前更穷的生活，他们遭受了互联网泡沫和房地产崩盘、2007—2008 年的金融危机、工作越来越不稳定，以及我们正在讨论的隐性通货膨胀。

事实上，大多数西方人认同经济正在变得越来越艰难。正如前文指出的，如果剔除最富有的 1% 人口，那么几十年来，英美等发达国家的其他 99% 的人实际上一直在变得更穷。自 1973 年以来，美国人经通胀调整后的平均工资就一直没有增加，英国也不例外。

为什么会这样？

全球化意味着世界其他地方的数十亿人终于能够加入分享地球有限资源的行列，这些资源包括石油、淡水、农产品、木材、金属等。几个世纪以来，所有这些资源的市场完全由发达国家主导。这是因为发达国家最先实现了工业化，它们利用自己的技术和军事优势建立了帝国，并获得了远远超过"公平份额"的利益。

然而，技术和社会的发展意味着在过去的几十年里（大约自二战结束以来），发展中国家越来越有能力与发达国家在就业和资本方面展开竞争。这增加了社会生产的实际成本。中国在20世纪70年代后期实行改革开放，10年后东欧剧变，全球化的进程加快。这是我在本书前面提到的范式转变的关键部分。不管你喜不喜欢，富裕国家的人不得不将相对和绝对经济权力分享给世界其他地方数十亿有抱负和勤奋工作的欠发达地区的人。

二战结束后，随着全球自由贸易的力度加大，国际贸易和全球航运业迎来爆发式增长。起初，发展中国家只能在相对不成熟的农业部门以及采矿等初级采掘部门赶上发达国家；后来，它们在越来越多利润丰厚的制造业领域也取得了长足的进步。想想战后的日本，之后的亚洲"四小龙"经济体——中国香港、中国台湾、韩国和新加坡，以及最近的新兴市场国家，包括巴西、印度、越南和土耳其等。我们都意识到，这些国家和地区已经变得多么成功——想想你家中物品都产自哪里。今天，新的技术发展主要是在电信和旅游领域，意味着来自几十个不同国家和地区的人正在与发达国家的人竞争那些高薪工作：IT、工程和商业服务，如财务和咨询。

所有这些都推动了发展中国家强劲的经济增长势头，尤其是金砖国家——巴西、俄罗斯、印度、中国和南非，许多其他国家也是如此，如薄荷四国（MINT）——墨西哥、印度尼西亚、尼日利亚和土耳其，泰国、新加坡等亚洲地区，多个南美洲和中美洲国家，中东的几个地区，以及最近一些较为稳定的非洲国家。

以前根本没有中产阶级的国家，现在拥有数千万甚至数亿人口的中产阶级。统计数据显示，中国和巴西等国家的汽车保有量增长惊人，人们的生活水平已开始赶上发达国家。如今，巴西的总体经济规模与英国已经相差不远（实际上巴西在最近一段时间内经济规模比英国更大）。中国人购买的汽车数量比美国还多，还拥有4.2万公里的高铁营业里程（截至2022年），居世界第一。而20年前，中国的高铁还没有开通。这一切发生得非常快。

用数据说话[①]

为了用数字表明发生的变化，全球GDP，即世界上所有经济活动的总量，在2000—2010年从大约32万亿美元增至74万亿美元。换句话说，世界经济作为一个整体在10年内增长了131.25%。只要你能配置全球资产，那么你的财富将至少增加131.25%（如果利用复利，即你将所赚取的收入再投资，那你的收益还会显著增加）。

此外，由于人口增长和技术发展，世界经济增长的趋势似乎很有可能会继续下去。2010—2011年，国际货币基金组织（IMF）

---

① 此处使用的数据与本书的第一版一致，未有更新。因为无论全球GDP是82万亿美元还是85万亿美元，对于此处所提出的结论没有太大影响。

曾经估算，2015 年全球 GDP 将达到 82 万亿美元。事实上，2012 年的全球 GDP 就已经达到近 85 万亿美元了。

因此，正如书名所提示的，本书将教给读者的关键内容之一就是如何配置全球资产。如今金融产品的改进和互联网的发展，配置全球资产变得前所未有的简单。

题外话：环境问题

对我们这些关心环境的人来说，全球经济增长的数据可能被视为潜在的坏消息。毕竟，世界人口和经济增长得越多，人类社会使用的自然资源就越多，产生的污染和废物也就越多。长期以来，环境一直是我非常关心的问题。

讨论全球经济增长对生态和环境的影响超出了本书的范围，但我想指出，经济增长可能会真正改善我们的环境，也就是所谓的"可持续发展"。这方面的一个例子是共享汽车公司的出现。欧美一家线上租车服务商 Zipcar，巧妙地使用 IT，使用户可以方便使用汽车，而且只为使用的时段付费。到 2018 年 6 月，Zipcar 已在英国、美国和加拿大的 50 多个城市开展业务，并扩展到欧洲。如今，Zipcar 已分布在包括土耳其在内的 300 多个国家和地区。

据 Zipcar 估算，它的每辆车至少可以让 20 辆私家车免于上路。Zipcar 模式在日益扩展的城市网络中得以复制，在世界范围内，线上汽车租赁公司的增长将有助于 GDP 的增长，同时有益于保护环境。

IT 系统的进步有望促进这些共享消费的商业模式，在人类活动中得到更广泛的发展。自 2012 年以来，已经出现很多引人注目的商业案例，其中最著名的是优步和爱彼迎，它们彻底改变了旅游业和酒店业。

这些新兴领域的发展，让我们比以往任何时候都更有信心，相信人类的聪明才智和科学突破，将使整个世界在不破坏环境的情况下实现经济增长。关于这些问题，我要特别推荐以下著作：

- 《理性乐观派：一部人类经济进步史》，马特·里德利著。
- 《富足：改变人类未来的 4 大力量》，彼得·戴曼迪斯、史蒂芬·科特勒著。
- 《第六次浪潮：一个资源为王的世界》，詹姆斯·穆迪、比安卡·诺格拉迪著。
- 《共享经济时代：互联网思维下的协同消费商业模式》，雷切尔·博茨曼、路·罗杰斯著。

我们能做什么呢？

尽管西方许多人有不一样的感受，但世界经济确实仍在增长，而且很可能会继续增长。发展中国家的人会变得相对富裕，而发达国家的许多人反而会变得相对贫穷。发达国家与发展中国家日益激烈的竞争，是不可避免的。

可悲的是，在过去的 20 年里，西方的政府和民众秉持"做鸵鸟"的思路从发展中国家借入巨额资金，避免了由于全球竞争加剧而导致自身生活水平的下降。这是我们处于当前困境的原因之一。

与其过度借贷，更好的选择是投资这些发展中国家的活力、独创性和民众的辛勤工作。当今西方最富有的 1% 的人，通过这种模式变得比以往任何时候都富有。这 1% 的富人成为新兴世界爆炸性增长的"股东"。

> 你需要配置全球资产，才能获得丰厚的回报。

严重的全球通货膨胀

我认为约翰·梅纳德·凯恩斯的以下名言值得反复强调，因为其中蕴含的观点很重要：

> 通过持续的通货膨胀，政府可以秘密地、不为人知地没收公民的大部分财富……要颠覆现有的社会基础，没有比滥发货币更巧妙、更可靠的方式了。持续通胀过程动用了经济规律背后所有隐藏的力量，使之变成破坏性力量，而且以一种百万分之一的人都无法洞察的方式进行。

自 20 世纪 70 年代初以来，世界各地的中央银行一直在以越来越快的速度印钞。或者，更准确地说，它们一直在发行货币而不是印刷货币。如今，它们实际上并没有印刷太多货币，而只是在中央计算机的账户中添加了一些零。近年来，货币发行加速的绝对规模是非同寻常的。美国货币供应量变化如图 4.1 所示，英国公共净债务如图 4.2 所示。

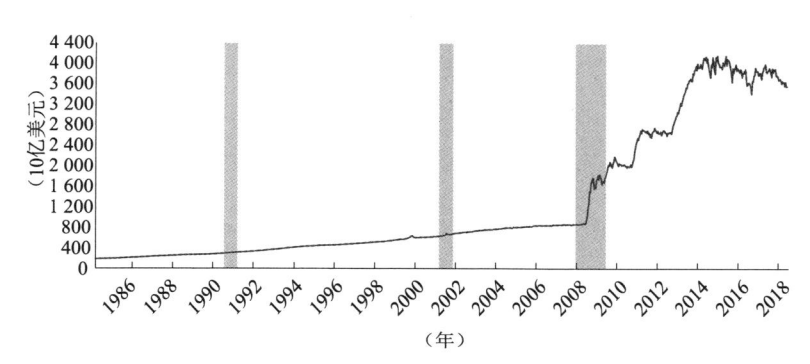

图 4.1　美国货币供应量加速增长（1984—2018 年）

资料来源：圣路易斯联储。

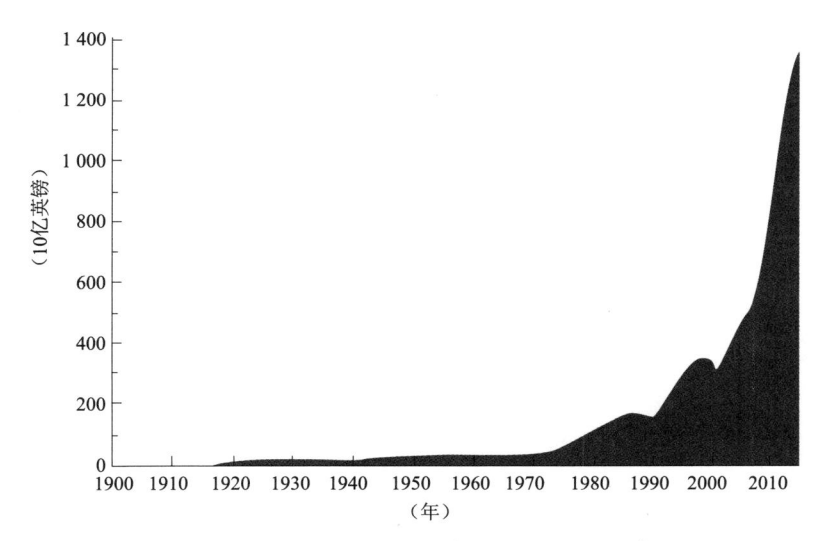

图 4.2　英国公共净债务（1900—2015 年）

资料来源：www.ukpublicspending.co.uk/。

货币发行加速会导致通货膨胀。虽然没有必要完全理解通货膨胀发生的原因或方式，但了解它的现状对我们未来的财务规划非常重要。

当我还年少时……

想一想你所需要购买的最重要的东西的价格，并将其与 10 年前的价格，甚至是你儿时的价格进行比较。你就能真切了解正在发生的事情，以及我想要表达的观点。

你父母买第一套房子花了多少钱？如果你是房主，你的房子花了多少钱？那房子现在值多少钱？这种价格增长是否仅仅因为"实物资产投资永远不会出错"的理念，还是有更复杂的事情发生？想一想你人生中的第一条牛仔裤要多少钱，或者你的第一辆车，或者你能记得的第一次购买的任何东西：一根巧克力棒、一盒牛奶、几条面包。如果仔细想想，你就会发现几乎所有东西的价格都在大幅上涨。唯一的例外是，电视和电脑等消费电子产品。这就是通货膨胀在起作用。许多人认为自己了解通货膨胀，但实际上大多数人只有一个模糊的概念，没有真正理解通货膨胀的规模及其对自己的长期财务状况意味着什么。

这对没有真正理解通货膨胀的大多数人来说是坏消息，但对少数理解通货膨胀的人来说是好消息。自 1971 年以来，1 英镑或 1 美元的价值（购买力）下降了约 90%。更糟糕的是，由于一些国家发行大量新货币，加速了货币贬值的趋势。在英美，这种做法被称为量化宽松（QE）。

什么是通货膨胀？

"通货膨胀率仍然非常低——2%左右，不是吗？"一些人可能会说。

是的，但政府报告中的"通货膨胀"是什么呢？这里有一个小故事，有助于解释为什么官方通货膨胀数据对我们用处有限。了解这一点对我们的财务规划非常重要。

20世纪80年代，英国政府多次改变对失业的定义。每次做出改变时，失业人数都会"下降"。不难发现，每次变化中去掉的（失业人口）是被我们最有可能理解为失业的人，例如没有工作但想要一份工作的成年人，政府决定不再以这种方式定义失业，因此他们不再被纳入统计数据。

有些人被重新归类为残疾人（那些获得残疾福利的人）——现在这部分人口数量在英国是一个庞大的数字，而其他人据说正在接受青年培训计划，或以某种可疑的方式重新归类，以使他们不再计入媒体热议的失业数字。

2012年，英国有大约270万失业者（幸运的是，从那时起这个人数已经下降了很多）。但实际上英国有数百万人没有工作，但被分为不同的类别，以使他们不在主要失业人口的统计范围内。美国也在玩着类似的游戏，任何在美国失业超过1年的人，都不再被纳入统计数据。根据美国政府的定义，这部分失业的人不再有资格获得任何国家政策的支持，于是他们不再失业。这导致一个荒谬的情况，就是美国政府报告失业率"下降"，股市反弹（上涨），而失业人数"下降"的唯一原因是有30万人失业超过1年。失业的人仍然失业，但不再被纳入媒体讨论的统计数据。2012 年 2 月，又有 120 万人"退出"了失业人口的统计数据，而市场并没有大惊小怪。这些人仍然没有工作——但官方失业率再次下降。

到 2015 年左右，美国政府通过这种统计方式声称其失业率约为 8%。但如果你真的能计算出没有工作并可能需要工作的适龄成年人的百分比，实际失业率则接近 16%（或者 20% 出头，如果你使用的是 20 世纪 80 年代初的统计方法）。图 4.3 清楚地说明了这一点。

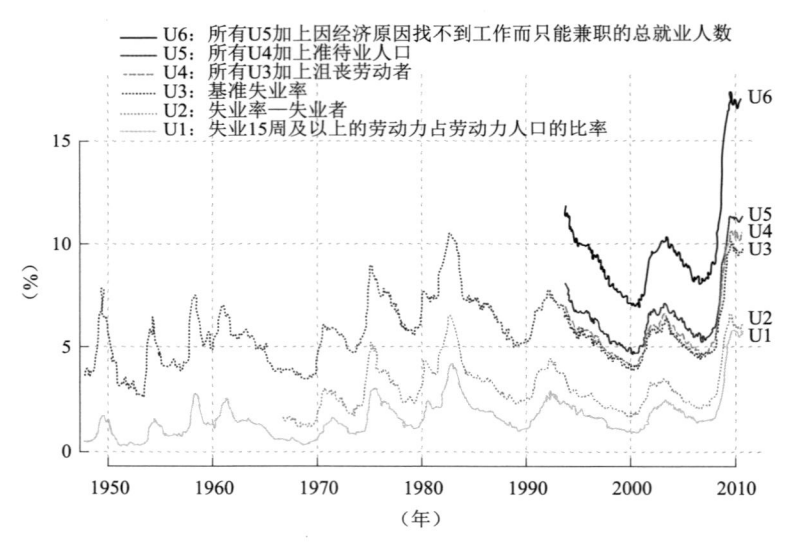

图 4.3 美国失业率统计（1950—2010 年）

资料来源：ShadowStats.com。

令人惊讶的是，美国甚至没有试图隐藏更高的数据。相反，它将其称为 U6。官方公布的失业率 8%，被称为 U3。我一直对媒体和政客关注 U3 而忽视 U6 感到震惊。根据定义，U6 似乎更好地说明了失业的实际情况（没有工作但可能想要一份工作的人）。这只是媒体和许多金融分析师"抱着方向盘睡觉"（asleep at the wheel）①的另一个典型例子。这件事唯一的好处是，你可以将其用于构建你的投资优势。

图4.4说明了看待同一事物的另一种方式。请注意，美国今天和过去的经济衰退之间的巨大差异。如果你仅关注官方发布的U3数据，则无法准确地捕捉到这种差异。

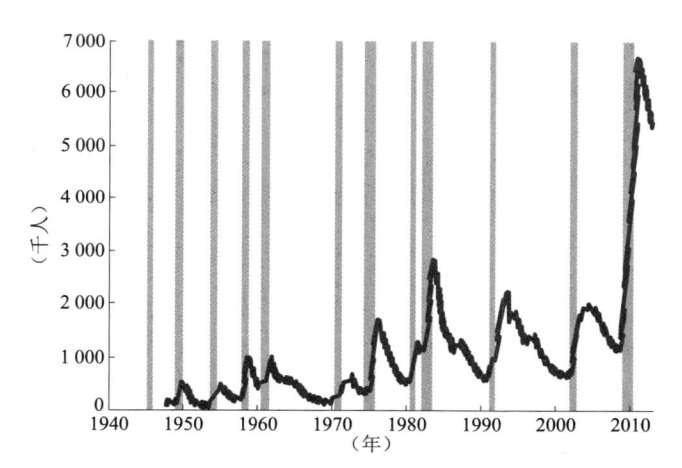

图4.4　美国失业27周及以上人口数量（1940—2010年）
注：阴影区域表示美国经济衰退。
资料来源：ShadowStats.com。

失业？我以为我们在谈论通货膨胀！

"为什么这与通货膨胀有关？"你可能会问。

---

① 意为手握方向盘时睡着了，指在关键时刻头脑不能保持清醒。——编者注

答案是，很多国家的政府在计算通货膨胀时都在玩同样的把戏。美国在 1996 年对计算方法进行了最大幅度的改变，时任总统克林顿实施了博斯金委员会所建议的调整方案。如果仍然使用 1996 年之前的计算方法，那么今天英美的通货膨胀率将接近 10%。

统计替代、几何加权和享乐调整

> 诡计和背叛是蠢人的伎俩，他们没有聪明到诚实待人。
>
> 本杰明·富兰克林

一些国家的政府通过 3 种方式确保通胀数据最终能够低于生活成本的真实增幅（因此，民众通常认为自己比实际情况更富裕，政府支付的社会保障费用就会更少）。这 3 种方式是统计替代、几何加权和享乐调整。

- 统计替代：当统计学家用成本涨幅不高的东西替换那些成本大幅上涨的东西时，统计替代就变得非常简单。例如，他们统计时用更便宜的养殖鲑鱼来代替价格翻倍的鳕鱼，这样即使鳕鱼的价格已经翻倍，但通货膨胀的数据几乎没有变化。可以想象，这是一款容易上手的游戏。比如你可以用汉堡包代替菲力牛排，甚至如一位豪爽的老经济学家开玩笑说的那样，"用狗粮来替换牛排"。
- 几何加权：当局将价格上涨幅度很高的东西以并不适当的（相当）低百分比来计算的统计方法。例如，医疗保健行业占美国经济的 17% 以上，但仅占美国通胀计算比例的 6%。鉴于人口老龄化对医疗保健的需求日益增加，近年来医疗保健行业的通胀一直很高（一直是在两位数），但它并没有对整体通胀数据产生相应大的影响，这是因为美国政府在计算通胀时赋予医疗保健行业一个并不匹配的过低权重。

- 享乐调整：在我看来，享乐调整比前两个调整手段更无道理。之所以出现为了计算通货膨胀而降低商品价格的情况，是因为一些国家的政府（主观地）争辩说民众的钱能得到更多东西，因此断定民众实际支付的费用更少。假设去年索尼或三星的 50 英寸电视售价 1 000 英镑，今年推出的新款 50 英寸电视，屏幕更好，功能也有所改进，但售价仍为 1 000 英镑。然后，统计学家会说新款电视比去年的电视好 20%，并在通胀计算中将其价格从 1 000 英镑下调至 800 英镑。购买电视实际上仍需 1 000 英镑，但政府已将其按 800 英镑的价格计算在内。这个技巧调整了所有进入通胀计算中近一半的产品的价格。

这并不是我编造的，事实上，这些信息可以轻松在网上获得，只是大多数人并没有去阅读它们。

自 20 世纪 80 年代后期以来，关注通胀的主要评论员之一约翰·威廉姆斯说："由于重新定义和方法有缺陷，消费价格指数报告的通货膨胀数据每年被低估了大约 7%。"

具体参见图 4.5 和图 4.6。

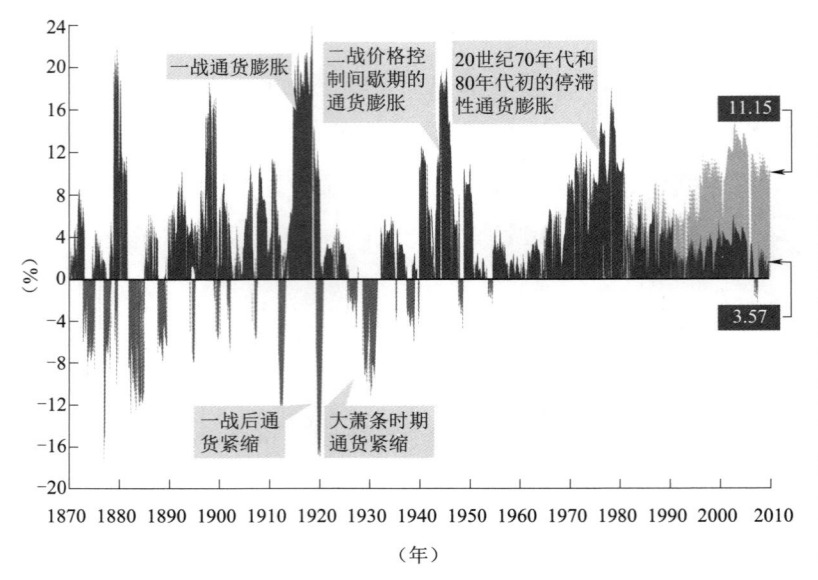

图 4.5　美国月度通货膨胀情况（1872—2010 年）

注：美国劳工统计局数据年化通货膨胀率为 3.57%，ShadowStats 网站的数据为 11.15%，深灰色区域显示基于美国劳工统计局公布的 CPI 的通货膨胀。计算通货膨胀的方法在 20 世纪 80 年代初略有调整，在 20 世纪 90 年代中期更为明显。浅灰色区域显示与 1982 年之前的方法一致所计算出的通货膨胀。

资料来源：ShadowStats.com。

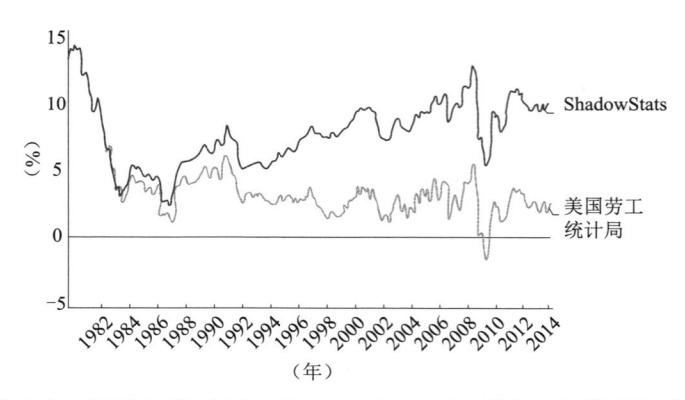

图 4.6　美国劳工统计局与 ShadowStats 公布的年度通货膨胀对比

资料来源：ShadowStats.com。

隐性通货膨胀

官方公布的通货膨胀数据，并未真正显示我们生活成本的实际增长。没有被纳入官方数据的隐性通胀还有另一个来源，这个来源有时被称为幽灵通胀或收缩通胀。这就是公司"偷偷"以相同价格为你提供更少的产品，这种现象在过去几年很普遍。

例如，英国一家知名的比萨连锁店被媒体指责，在保持价格不变的情况下将比萨的尺寸缩小。我的一位美国朋友指出，一款知名品牌饼干的标准包装如今有 39 块饼干，而一年前同样品牌和规格的饼干一包有 45 块。这意味着在价格不变的情况下，消费者得到的商品（饼干）减少了 13.3%，实际上也可以简单理解为通货膨胀率为 13.3%。

在英国，类似的现象出现在吉百利的巧克力上，吉百利正在使用更便宜的巧克力原料并且只提供每包 5 块巧克力，价格与之前每包（6 块）的价格相同。不久前，我还注意到一包沃尔克斯薯片有 30 克，而之前是每包 35 克。

基于上述情况，吉百利的巧克力实际比之前贵了 16.6%，沃尔克斯的薯片至少贵了 14.3%，但这些都没有体现在任何通胀数据中。公平地说，英国国家统计局已经出台了关于如何处理这种现象的书面文件，但我对这一文件的解读是，相关产品的样本数量不足以引起统计方式的改变。

如果你开始关注这些事情，就会很容易地在各种各样的商品中发现证据。许多公司都在应对严重的投入成本通胀，而它们保持其历史利润率的最简单方法之一就是，用同样的价格给你更少的商品，并希望你不会注意到。

通货膨胀是"零",但很多成本都处于历史最高水平

正如我已经指出的:如果通货膨胀是"零"或"非常低",那么伦敦房价怎么可能是几年前的 5 倍或 10 倍?(世界上许多房地产市场也存在同样问题,如悉尼、新加坡、东京、纽约、温哥华等。)

为什么我今年花在经济型航空公司航班的费用,与 10 年前英国航空公司的商务舱票价相同?毕加索为情人定制的戒指,怎么在拍卖会上打破了纪录?2017 年 11 月,达·芬奇的画作《救世主》在纽约可以以不低于 4.503 亿美元的拍卖价格成交?为什么几乎全球所有的股票市场都继续创下历史新高?此类问题的一个答案是,通货膨胀数据"像感恩节火鸡一样被加工了"[①],屡获殊荣的美国金融作家拜伦·金这样说。

令人难以置信的是,很少有人能够理解上述观点,记者和高级金融专业人士更是如此。可以说,媒体经常讨论的通货膨胀和失业数字基本上是虚假的。

不是所有的通货紧缩都会对经济造成真正的威胁。维多利亚时代曾经历长达数十年的通货紧缩,恰逢英国历史上最大规模的财富创造和技术进步爆炸时期之一。通货紧缩意味着东西变得越来越便宜,换句话说,生活水平在不断提高。唯一应该害怕通货紧缩的,是那些借了太多钱的政府或个人,因为通货紧缩会使他们的债务越来越多。

所有这一切都很重要。"通过持续的通货膨胀,政府可以秘

---

① 意指数字被伪造和篡改。——译者注

密地、不为人知地没收公民的大部分财富。"约翰·梅纳德·凯恩斯所描述的事情今天正在发生，而这种秘密地、不为人知地没收财富的行为，正是西方各国政府在制造荒谬数据方面做得如此出色的原因……这样它们就可以侥幸逃脱。"但如果是这样，为什么金融分析师、经济学家和媒体不去质疑这些数字呢？"你可能会问。

首先，很多人都在这样做。通过互联网搜索也能迅速发现那些独立且非常有能力的分析师，试图将较为真实的统计数据公之于众（网站 shadowstats.com 就是一个很好的例子，而且还有很多其他的分析师和机构）。

虽然这类工作在广泛地展开，但很多金融分析师和记者似乎都"抱着方向盘睡觉"，这确实让我感到很惊讶。当听到一位政客谈论美国 8% 的失业率或英国通货膨胀率为 0，而一位记者的提问只是针对这些数据时，我会十分烦恼。

值得注意的是，GDP 数据也经过了"通胀调整"。如果你接受通胀数据存在缺陷的前提，那么 GDP 数据也是不准确的。例如，如果你采纳像 ShadowStats 这样的网站发布的更为准确的通胀数据，那么许多西方经济体实际上正在倒退（经济处于衰退中），而其政客却声称经济正在增长。

需要强调的另一点是，如果你要对同行业的公司进行比较，股票市场指数也需要进行通胀调整。2018 年，富时 100 指数刚刚创下"历史新高"，"超越"了 1999 年创下的上一个高点，这一事实已被广泛报道。

1999 年，富时 100 指数达到 6 930 点。2015 年 2 月，达到 6 949 点，而在 2018 年 6 月，达到 7 555 点。即使采用我认为存在缺陷的英国 RPI 通胀数据，英国的消费者价格指数自 1999 年以来也上涨了 50% 以上。这意味着，富时 100 指数必须远远超过 10 000 点才能高于 1999 年实际达到的峰值。如果使用更准确的通胀数据并针对英镑的疲软状态进行调整，该指数必定更高。

他们如何逃脱责任

许多金融分析师和记者在工作中了解了通货膨胀的概念，但很少停下来看看"引擎盖下面有什么"（表面现象下隐瞒的真相），也没有试图了解这些数据是如何计算出来的，以及随着时间的推移这些数据是如何变化的。正如亨利·福特说的："思考是最艰难的工作，这可能是很少有人去做的原因。"也正如伏尔泰说的："常识并不为大众所知。"

在现有范式内工作或遵循传统经验通常最容易进行，而不是面对一系列的复杂性和反对力量，掀起波浪来挑战帮派（或你的老板）。我从自己的一手经验中知道，当谈到公布的通胀和失业数据时，如果一家大型投资银行的年轻分析师指出"皇帝没有穿任何衣服"，这对他并没有什么好处。

此外，对那些了解通胀现实的知情人士——主要投资银行的高级职员、对冲基金经理、商品交易员、一些国家的政客和央行行长——来说，虚假的数字可以转化为他们重大的财务优势。他们几乎没有动力去揭发数据中存在的问题。这与几年前世通公司或安然公司的情况类似：一些高级管理人员知道发生了什么，但只要能侥幸逃脱，他们通常选择保持沉默。

小结

　　这里不仅要结束本章，还要结束本书的第一部分。我想指出，近年来许多国家政府的行动导致民众处于大幅通胀的阵痛之中。当通货膨胀严重时，现金的价值会随着产品和服务价格的上涨而下降。

　　聪明的投资者通过确保自己始终拥有价格上涨的产品和服务而从中受益，比如金融资产、股票、贵金属（货币）、商品和财产。我们不需要详细了解为什么股市、黄金、石油、小麦、棉花、咖啡豆、艺术品、房地产、珠宝和葡萄酒在通货膨胀时价格会上涨。就像过去几年一样，只要意识到它们的价格在上涨就足够了。也就是说，如果你有固定的产品和服务供应并且货币供应量翻倍，那么在其他条件相同的情况下，这些产品和服务的价格将翻倍，这对你来说应该是合乎逻辑的。换句话说，如果有两倍的钱在争夺同样数量的产品和服务（如面包、牛奶、鸡蛋、汽车、房子、黄金），那么销售商就可以抬高价格。这正是近年来发生的事情。

　　有了这些知识和对全球经济持续增长的理解，我们现在可以开始投资赚钱了。

　　现在，先让我们看看如何从关于金融的两个事实和两个关键主题中受益。在此之前，让我们总结一下迄今为止所学到的知识：

- 了解自己的财务状况并妥善安排理财，时不我待。
- 做到上面这一点并没有你想象的那么难，距离实现它只有几个小时的"路程"。
- 你需要确保能从复利的不可思议的力量中受益。
- 今天的金融产品比以往任何时候都好——如果你知道去哪里以合适的价格找到最好的产品。
- 世界经济正在增长，并将继续增长。你需要配置全球资产。
- 世界存在显著的通货膨胀，你需要跑赢通货膨胀。

你需要掌握的基础知识

第 2 部分

- 房地产在财富积累过程中扮演的角色。
- 关于养老,你可以做哪些规划?
- 常见的投资品种和工具。

HOW TO OWN THE WORLD

第 5 章　如何利用房地产积累财富

> 如果你想变得富有，就要考虑节流和开源。
>
> 　　　　　　　　　　　　　　本杰明·富兰克林

至此，你应该已经明白，如果想变得富有，如果想拥有真正有保障的财务状况，那么可以尝试一个非常简单的方法：

> 努力做到花销低于收入，用节省下来的钱进行投资。

这一公式被富人牢牢掌握，并且自人类社会发明货币以来的几千年里都没有改变。我们已经知道复利力量的强大，即使你眼下没有太多的钱可以投资，也不要失望。立即开始存钱，让复利和时间发挥它们的魔力。

如果你想在金钱游戏中获胜，必须要在生活中创造结余，并将结余投资于各种资产。如果你过去没有这样做，主要原因很可能是即使你设法省下了一些钱，也不知道将其投向何处，因而你会觉得投资没有意义，或许是你不信任金融服务机构会给你好的建议。

这些想法都没错。请继续阅读，很快你就会拥有比大多数人更明智的投资想法，而且你会对自己能做到这一点充满信心。

让我们首先将注意力放在如何创造结余。

房地产对创造结余的关键作用

最好的办法是先储蓄，然后将至少约 10% 的月收入用于投资。许多人读到这里，想当然地认为自己不可能积累财富盈余。比如你可能有三个孩子，目前的收入几乎无法维持生计，把每月收入的 10% 存起来似乎完全不现实。

如果你不愿意过几天紧日子，那么你成为有钱人的梦想将遥不可及。你将不得不幻想自己有朝一日中彩票或者突然冒出一位失散多年的亲戚给你留下一大笔钱。更糟糕的是，你最终很有可能过着相当贫困的退休生活，或者根本无法退休。

其实，任何人都能够安排好自己的个人财务。不论你的收入是多少，你都可以靠你收入的 90% 或更少比例来生活。如果你认为自己做不到，那很可能只是你还没有做好准备来采取足够有效的措施。

不过，不要绝望！有两个技巧可以让你很快节省 10% 的月收入。

第一个是心理技巧：你只需计算如何才能最好地花掉月收入

的 90%，而不是计算如何节省月收入的 10%。这显然是"玻璃瓶半满与玻璃瓶半空"场景的简单复刻，但奇怪的是它的确有效。心理学家将这种现象称为"重构"，一种非常强大的技能，它可以应用于改变你生活中的任何领域。

如果你对自己说，"我将把 90% 的钱花在某某上"，然后顺其自然地就有了剩余的 10%，你会发现，将收入的 10% 留下用于投资要比你想象的容易得多。

显然，最好的方法是制定详细的预算。很多人都有这样或那样的预算，但公平地说，只有相对较少的人才能做出足够详细的预算。而我们中的大部分人只会困惑自己挣的钱到底去了哪里！

为了解决这一问题，我建议你使用一款功能强大的可以记账做预算的 App。对大多数人来说，这类 App 是必不可少的，选择时可以参考用户评论。

如果你使用此类 App 几周后仍然留不出投资的资金，那么你可以考虑第二个技巧，稍微麻烦一点，那就是搬家！

如果你目前的生活方式无法存钱，那就尝试改变它，比如少买东西、少去酒吧或者每周少喝几杯咖啡，这样你就能快速地省下一些钱。人们说，"自仓储"是过去 10 年来英国发展最快的行业之一，英国人人均拥有的毫无用处的物品达到一吨之多。仔细想想你买了多少没用的物品，结果可能会让你感到惊讶，所以你完全有钱可以用来投资。20 世纪 90 年代电视剧集《欲望都市》的粉丝可能还记得，女主角嘉莉付不起公寓押金的情节，可她拥有价值数万美元的鞋子。请大家不要成为这种人。

所以，如果目前你是在租房，请考虑搬家，租个比现在的房租便宜 10% 的房子，然后用差额投资。既然要改变，还可以考虑租个能便宜 20% 房租的房子，差额的 15% 用来投资，5% 作为可支配收入。

如果你拥有一处房地产，而支付抵押贷款占用了你月收入的很大一部分，以至于你无法省下 10% 的资金进行投资，那么就可以考虑卖掉这处房地产换一个小点儿的。我很欣赏这个似乎相当具有戏剧性的行动，但正是这一行动可以让你在相当短的时间内取得成果，并且随着时间的推移，这个决定会让你终身受益。

英美出现金融危机的主要原因之一，就是我们对房屋所有权抱有不健康的痴迷心态，以及许多人都不知道随着时间的推移，相对于其他主要资产如股票、债券和大宗商品，到底该如何评估房地产价值。大多数人至少 20 年来一直认为，"投资房地产是不会错的""租房是为别人支付抵押贷款而浪费资金"。

这些简单的观点，是完全不正确的。像所有资产一样，有时房地产物有所值，值得投资；有时房地产却被估值过高，许多有钱人都明白这一点。亿万富翁吉姆·罗杰斯是有史以来最优秀的投资者之一，他曾两次在崩盘前夕（1987 年和 2007 年）卖掉了他所有的房地产。罗杰斯经常将投资房地产描述为一项本质上糟糕的投资，因为它的流动性不足（买卖难度大）以及与之相关的大笔持续性花费。请记住，这是一位仅仅 10 多年就赚了 4 200% 的投资者，当涉及所有金融方面的事情时，他非常清楚自己在干什么。还有很多其他非常富有和成功的人士，他们对投资房地产都有着相似的看法。

鉴于房地产可以对你的财务产生影响，因此很值得仔细研究它并学习如何对其进行估值。你对房地产所做的决定将对你一生的财富产生巨大影响，错误的决定可能会损害你终生的财务状况。金钱游戏是一场马拉松，而不是短跑比赛。我认为，在做出像购买房地产这样大的决定时，应该时刻牢记这一原则。

西方国家的许多人都对作为资产类别的房地产非常熟悉。在英国、美国和澳大利亚等国家，拥有自住房地产的传统由来已久。但在许多其他国家，包括德国和法国等富裕的欧洲国家，情况并非如此。这些国家有很高比率的人口选择租房住，通常终身如此。

房价在英美是全民津津乐道的话题，并且经常在媒体上引发热议。房地产往往是个人最大的资产，并且人们对自己的家总会产生情感依恋。这种对房地产的情感依恋超越对股票或任何其他类型资产类别的依恋。原因显而易见，你不能住在股票或黄金里。

问题是许多人觉得自己就是房地产方面的专家，在过去的20年里这种现象从来没有像现在这样普遍。没有任何资产类别能像房地产那样，日渐繁荣并让每个人都觉得自己像天才。

实际上，一直令我惊讶的是，有很多人在不了解任何关键的长期价值衡量指标，也不了解通货膨胀和利率对市场影响的情况下，就大胆地预测房地产市场。这与我之前提出的关于有很多人在不了解股票价值的情况下投资股票的观点非常相似。房地产可能是你最大的投资，因此，有必要真正了解它的价值。

首先，长期以来（我在这里谈论的是300多年的数据），房地产绝对不是大多数人所相信的"确定的事情"。"砖头和水泥不会出错"，可能是一种危险且完全错误的观点。

锚定问题

心理学家长期以来一直强调的一种人类行为，特别是在金融领域，就是我们的记忆往往较短，从而导致锚定现象。

从根本上说，锚定现象意味着如果你的个人经历中某些事情是真实发生的（例如房价的不断上涨），你会倾向于认为这就是常态。人们会倾向于做出设定，在我们有生之年，或者更短的时期，曾经真实发生的事情将继续发生。许多人目前对房产的痴迷心态就是一个很好的例子。鉴于我们目睹了房地产市场相对长期且非常强劲的牛市，这或许是可以理解的。

锚定可能给我们带来的问题，可以通过一个更极端但可能更具说明性的例子来阐释，那就是20世纪90年代后期的互联网泡沫。令人惊叹的是，仅仅两三年的时间，就有很大一部分人，甚至在所谓的专业投资领域，出现危险的锚定现象，他们认为科技股总是上涨，不受传统股市估值规则的约束。可实际情况并非如此，我们都知道该市场的许多参与者是如何投资失败而倾家荡产的。

同样的现象似乎正在比特币等加密货币（稍后会详细介绍该主题）领域发生。每当我们考虑投资某个市场时，最好先了解锚定和其他类似的行为特征。为了更真实地了解投资标的，聪明的投资者会尽力从更长的时间范围考虑，尽管有时做到这一点很困难。

与任何其他资产类别一样，长远来看，房地产在某些时候表现良好，而在某些时候表现不佳。英国房地产从1900年到1960年至少长达60年的时间里基本没有升值，这个事实可能会让很多投资者感到意外。莱昂内尔·尼德尔曼（Lionel Needleman）在其1965年出版的《住房经济学》一书中写道：

投资房地产存在相当大的风险。房地产市场既不稳定又无组织。房价可能会出现剧烈波动,但与大多数形式的投资相比,房产的议价空间要小得多。

这种说法与当下大多数人的认知完全不同。如果你说你正在考虑申请相当于房地产价值的110%的贷款来买房出租,或者打算进行房产投资来帮助你退休养老(或者,将你的主要住房用作你的养老金),那么生活在20世纪60年代的人会认为你完全疯了。

我并没有声称有一个神奇的公式能准确预测房地产何时会好或何时会坏,但确实有一些指标和方法可以让我们弄清楚,是否更接近房地产市场的旺盛期或疲软期,就像我们研究所有其他投资类别一样。

考虑到投资房地产的重要性,以及你的选择将影响你每月的现金流和投资其他产品的机会,在进行任何投资决策之前,掌握这些衡量指标是必要的。奇怪的是,很少有人这样做,这就是欧美国家经历房地产泡沫和金融危机的原因之一,毫无疑问,未来可能再次发生危机。

评估房地产价值的关键指标

现在让我们看看可以用来了解房地产市场实际价值的关键指标。就像你在本书中读到的其他内容一样,学习这些指标并没有那么复杂。专业投资者使用的工具反而很简单,我认为大多数人应该在学校都已经学习过。但是，根据我的经验，许多人对它们了解甚少。

通货膨胀

首先，我想重新说明通货膨胀的相关性。我们已经讨论过通货膨胀在树立财富观念时的重要性。考虑到通货膨胀巨大的长期影响以及房地产投资所具有的长期持有性，就房地产资产的市场表现而言，通货膨胀的相关性显得尤为重要。

经济学家和行为心理学家描述了一种被称为金钱幻觉的现象。总的说来，就是大多数人在考虑产品的价值变化时，并没有充分或根本没有考虑通货膨胀这一因素，在房地产方面尤为如此。

如前所述，自 1971 年以来，英镑和美元的实际价值已经下跌了 90% 以上。这就是为什么 20 世纪 70 年代初的房价，看起来难以置信的便宜。1973 年，也就是我父母买下他们第一套房子的时候，只要 1 万英镑就可以在伦敦买一套像样的房子。今天，同样的房子很可能至少要 50 万英镑。

这是否意味着在 1973 年买房的幸运者的财富因此增加了 50 倍？如果不考虑通货膨胀，你很可能会下这样的结论。今天的房价正好是 1973 年的 50 倍，当初买房的人肯定赚了 50 倍吗？

财富和货币的区别

在这里，我们必须看一下本书最重要的概念之一：财富与货币（尤其是纸币）的区别。从上面的例子中看，如果房主卖掉他的房子，他会得到当初买房时纸币（此例是英镑）的50倍，他的货币增长了50倍。这的确是个好消息，至少乍一看是这样的。

但他的真实财富发生了什么变化？这里的关键是要看其他产品的价格同期上涨了多少。首先要看的也是最明显的是，其他房价上涨了多少。假设房主想卖掉房子兑现收益，并在同一地区再购买一套。就该地区房价而言，他的财富是否增加了？

答案显然是没有。如果在同一市场出售然后再购买，那么在其他条件相同的情况下，该市场的房价经历了同样的上涨。即使房主获得的英镑是他以前买房时付出的50倍，他仍然只能在伦敦同一地区买一套相差不大的房子。同一地区的另一套类似房子的价格，与他出售的房子价格基本相同。他的财富根本没有增加。

房主很有可能想退休后搬到苏格兰农村去，那里的房价只有1973年房价的25倍。如果是这样，这位幸运卖家的财富就增加了两倍。由于伦敦房子的升值幅度是苏格兰农村房子的两倍，他现在可以在苏格兰农村购买两套房子，是他最初可以在伦敦购房数量的两倍。这样他在苏格兰农村的房地产财富实际上翻了一番。这显然是个好消息（当然，假设他们真的想搬到苏格兰农村），同时说明当我们计算是否正确花钱时，应该始终考虑相对财富。

为更详细说明这一点，让我们假设在1973年，两个人在伦敦的餐馆吃一顿饭，价格大约是10英镑，而如今则需要花费大约100英镑，这也许说得过去。我们可以看到，餐馆消费水平增加了10倍，而他们的房价则上涨了50倍，可见房主的经济境况让他们外出就餐不成问题。

同样地，1973年从伦敦飞往纽约的航班价格约85英镑。为计算简单，我们假设如今的价格是850英镑。因此，就纽约而言，我们的房主比1973年富裕了5倍（房价增加50倍，而航班价格只增加了10倍）。同样地，伦敦房价的通胀率远高于从伦敦飞往纽约航班的通胀率（这里有许多结构性原因）。

因此，如果你想积累财富，必须始终考虑比较价值和购买力。简单的英镑标价数字实际上很难告诉你，你是否真的变得更富有。如果上面的例子有点费解，我们举一个近期的例子，也许有助于你理解这一点。

当价值100万英镑的房子标价100万英镑时，这栋房子还值100万英镑吗？

我碰巧认识一些人，他们在2006年和2007年期间，以大约100万英镑的价格在伦敦市中心买了房子。他们认为，这套房子在今天和当时一样有价值。尽管自2008年年底以来我们听到了很多可怕的经济消息，但他们至少可以放心自己的房地产没有贬值，不是吗？

接下来的内容可能有点难以理解，但我们必须掌握它。假设有人在2007年以100万英镑的价格在伦敦买了一套房子。这里有一个非常重要的因素容易被大多数人忽略：当时1英镑大约值2美元，所以他相当于购买了价值200万美元的房子。这很容易理解。

到2019年，一位优秀的房地产经纪人向这位业主保证，由于过去 20 年中出现供应受限和外国买家大量涌入等充足的理由，他的房价已经上升为 125 万英镑。唯一的问题是，现在英镑兑美元已跌至 1.32。在全球 16 种最大的交易货币中，英镑兑美元在过去几年一直是表现最差。这意味着这位业主在伦敦的这套房子的价格现在为 165 万美元。尽管以英镑计的价值增加了 25 万英镑，但以美元计，它的价值反而下降了至少 35 万美元。

"谁在乎？"你可能会问，"业主住在伦敦，在伦敦购物，孩子在伦敦上学。他的房价和美元有什么关系？"

答案是，以美元计价的估值，实际上与业主的真实财富极为相关。主要原因是，业主可能想要购买的许多重要商品都是以美元计价的，如石油、天然气、大米、小麦、棉花、铜、木材、航运等。

很少有人注意到这一点。当英镑兑其他货币贬值时，我们需要花钱购买的许多产品就变得更加昂贵，通常价格上涨会滞后一小段时间。这个现象在加油站可能最为明显，你也可以在水电费的账单中体会到这一点。如果你留心，你的杂货账单也可以体现出来（当然，去国外度假时的账单也不例外）。事实上，房地产的英镑价格并不能很好地反映你真实财富的变化。

如果你的房地产在今天的价值与几年前一样，但是你生活所需的几乎所有东西（汽油、面包、鸡蛋、牛奶、汽车、电力、火车票价、保险、医疗保健）的价格上涨 20%~30%，那么实际上你比几年前贫穷了 20%~30%。

因此，在评估房地产的真实价值时，我们可以看到通货膨胀的因素是多么重要。为了更好地了解我们处于房地产周期的哪个阶段，我们还必须了解另外两个关键的估值指标：租金收益、房价收入比。

租金收益

从根本上讲，想要确定房价高低的最有用的方法之一就是，假定将房子出租，它能否为你带来回报。计算租金收益是很简单的，但在考虑买房时，很少有人会计算它。

租金收益率是用房子年租金收入除以该房子的市场价值。然后，你可以用这个数字与你考虑的其他资产（包括股票、商品、债券或其他不动产）的收益率进行比较。

假设你拥有之前讨论过的价值 50 万英镑的伦敦房地产，且假设你能够以每月 1 500 英镑的价格将其出租。这意味着你每年将赚取 18 000 英镑的租金收益，也就是总租金收益。也可以说，该房地产为你创造的总租金收益率为 3.6%（18 000 英镑/500 000 英镑）。

然而，作为房东，你每年还必须花费一定的金额来维修房子以及购买一些家用设施。如果原租户不续租你又不能立即找到新租户，你的房子也会时不时处于空置状态。这两项显然会对你的租金收益产生负面影响。

因此，可以假设，随着时间的推移，出租房地产平均每年有 1 个月的空置时间，并且每年用于维修和购买家用设施的支出将占总租金收益的大约 10%。因此，这意味着该房地产的净租金收益为 14 700 英镑（18 000 英镑 -18 000 英镑 ×10%-1 500 英镑）。

最终这套房子为你提供了 2.94% 的净租金收益率。这个数字非常有用，因为你现在可以将这个具体的数字与你在活期账户里可能获得的利率、股票收益率或不同资产的收益率进行比较。

资本收益

除租金收益外，当我们考虑投资一套房地产是否划算时，还应该考虑潜在的资本增长。我们仍就上面的例子想象一下，正如伦敦多年来的情况，房价一直在上涨。假设房价增长了5%，即一年内这套房子的价格从50万英镑增加到52.5万英镑。

因此，上例中的房地产的收益率是租金收益率2.94%加上资本收益率5%，为7.94%。这个数字看上去还不错。但是，在确认数字是否正确之前，我们的计算中还有一个难题没有解决……

你猜到是什么了吗？通货膨胀！2012年，英国的通货膨胀率为5.2%。你还记得第4章关于通货膨胀的论述吗？强有力的论据表明，即使官方公布的通胀数据看上去很高，也严重低估了实际的通货膨胀。

为了简单起见，我们还是使用官方公布的通货膨胀数据，那么你在房地产上获得的收益率为：

实际收益率 = 净租金收益率 + 资本收益率 – 通货膨胀率

在此例中，实际回报率 =2.94%+5%–5.2%=2.74%。

请你记住，通货膨胀会影响你全年的租金收益。由于通货膨胀率为5.2%，你在1月份收到的1 500英镑租金，到年底时会减少78英镑。因此，你的实际收益率甚至要低于上述的2.74%。

税费[1]

　　许多读者可能已经想到了另一个需要考虑的因素：税费。在英国，你居住的房子（如果它被视为你的"主要住所"）所产生的任何增值（资本收益）都免征资本利得税，即对你出售该房地产时所获得的利润免于征税。

　　但是，当一处房地产被视为一项投资时（购买房地产以出租为目的），则在出售该房地产时需要缴纳资本利得税。要支付的税款金额取决于你在出售房地产时的财务状况。此处我不想写更多细节使事情进一步复杂化。我唯一要说的是，如果你考虑购房出租作为投资时，你必须考虑出售房地产时所要支付的税款，这会让你的真实收益减少。

金钱的成本

　　当然，如果你从银行借钱来买房，在计算你的资产收益时还要考虑利率的因素——而且这是关键因素！尽管英国利率一度处于300年来的最低点，但贷款人实际上仍然要支付一两个百分点，并且很可能在未来还需要支付更多的钱。如果你不借贷，你可能没有能力购置房地产。所以我们需要在上面计算的收益率中再减去利率。在这个例子中，如果考虑了通货膨胀、贷款成本和税收之后，该处房地产的资产收益率事实上已经是负的，即

---

[1] 此处为英国房地产交易时缴税情况，与国内实际情况有所差别，我国读者可借鉴思考，举一反三地运用。——编者注

使在我们的例子中，伦敦的房价每年会上涨5%。

我要指出的是，多年来英国大部分房地产市场的实际收益要比这个例子中计算的数字高得多，这就是为什么房地产对许多人来说是一项伟大的投资。还值得指出的是，即使在上面的例子中，房地产的表现仍然要比在活期存款账户中持有现金好得多。因为租金收益率加上资本收益率远高于实际利率（剔除通货膨胀后），你可以用银行的钱来赚钱。

至关重要的是，你现在理解了如何计算购买房地产资产的实际收益率。这一点非常有用，如果你想了解在任何限定时间内最好的投资方向，计算收益率可以让你货比三家。假设你在今年年初做了一些计算，你认为如果不算借贷成本，房地产投资会产生2.5%的实际回报，将这一回报和股票及黄金相比，你立刻就会发现房地产投资太糟糕了。因为目前5%股息的股票，今年很有可能再上涨10%或更多（总收益率为15%）；而黄金从1999年到现在，以英镑计价，每年的收益增长超过10%。

当我住在纽约时，根据我公寓的价格（假设不包括任何维修费、购买家用设施费或空置期损失），我计算出我向房东支付了1.6%的总租金收益率。而大楼售楼处的房地产经纪人一直告诉我，如果我从房东那里购买公寓，将是一笔收益多么丰厚的投资。在我住在公寓的那段时间，我的黄金和白银投资都增长了40%以上，而我只需点击几下鼠标就可以拥有这些资产。相比之下，如果我买了那套公寓，我将不得不操心大量的管理工作和复杂的问题（更不用说我从中仅获得微薄的收益）。

房地产缺乏流动性且管理成本较高

请记住一个关键点：

> 与几乎所有其他投资品种相比，投资房地产需要的工作量要多得多。

房地产买卖缺乏流动性，且管理成本较高。不但交易时间长，还需支付大笔费用给律师、鉴定人、房地产经纪人和政府。

现在，我们将上述案例与20世纪90年代的情况进行比较。我父亲的一位好朋友一直经营着一家小型房地产公司。在20世纪90年代初期，一场重大的房地产市场崩盘之后，他在伦敦及周边地区收购了房地产，从而实现了12%的租金收益率。鉴于市场刚刚发生了一次崩盘，他显然更有可能在未来几年获得可观的资本收益。他可以将当时投资收益率的目标定为总计20%或更高。将此案例与前面提到的例子对比，显然我们的例子更符合今天的现实，实际收益率约为2.5%（在纽约甚至更低）。很明显，在20世纪90年代初期，投资房地产让你赚大钱的可能性要比现在高得多。

当然，我们都没有预知未来的"水晶球"，但每个人都希望能看到未来。通过前面介绍的简单的计算方法，你做出更明智的资产配置决策的机会也会提高。稍后我们将告诉你如何在其他资产类别（如股票、债券和大宗商品）上获得理想的收益，并做出合理的投资决策。请暂时不要认为自己可以 100% 正确地把握时机，但你可以大幅提高把握时机的概率，仅这一点就会对你的致富能力产生巨大影响。

现在，让我们转向另一个可以有效衡量房地产市场长期内在价值的指标。

房价收入比

在做出房地产投资决策时，值得考虑的另一个关键指标是房价收入比。这是衡量投资者经济负担能力的一个重要指标。同样，它也能帮助投资者判断在任何给定时期，房价在本质上的高低。如果英国人的平均年收入为 3 万英镑，而平均房价为 18 万英镑，那房价收入比就是 6 倍。如果平均年工资为 3 万英镑，而平均房价为 6 万英镑，则房价收入比为 2 倍。你肯定会觉得可笑，因为这个明显低得离谱的比率已经一去不复返了。你可能在想，房子不可能只花费你两倍的年薪，这一事实是锚定的结果。

金融中另一个非常重要的理念是均值回归。数学平均值是一种平均值。均值回归本质上描述了这样一个事实：任何可衡量的产品都倾向于在中长期内回到其平均价格。值得注意的是，过去几十年英国房价收入比实际上在 3~4 倍。因此，当房价收入比为 6 倍时，理论上房价是高昂的，而且很可能会下跌；当房价收入比为 2 倍时，理论上房价是便宜的，并且很有可能上涨。其他资产也符合这一规律。

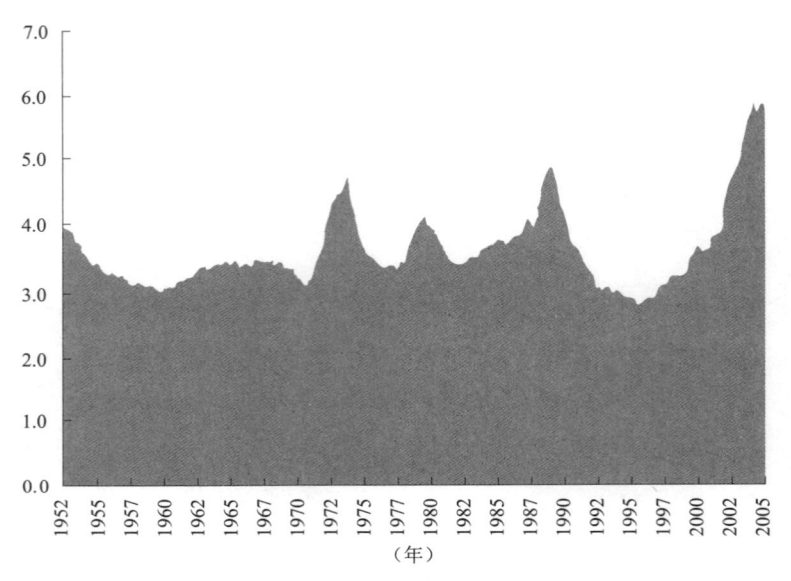

图 5.1、图 5.2、图 5.3 可以说明这一点。

图 5.1　英国房价收入比（1952—2005 年）

如图 5.1 所示，1993—2005 年，房价大幅上涨。然而，工资增长并没有跟上房价上涨的步伐。其结果是，在那段时间，对英国的普通民众来说，房价收入比从大约 3 倍上升到大约 6 倍。如果你在 2006 年考虑买房，并参考了此图，很明显，不管你的房地产经纪人说什么，你在高价位买入的可能性要比在低价位买入的可能性更高。

鉴于投资房地产的重要性，你可能会决定将资金投入其他品种，并在一段时间内继续租房，直到房价与年收入的比率从高位回落。图 5.2 显示了 1984—2014 年英国房价与年收入的比率。

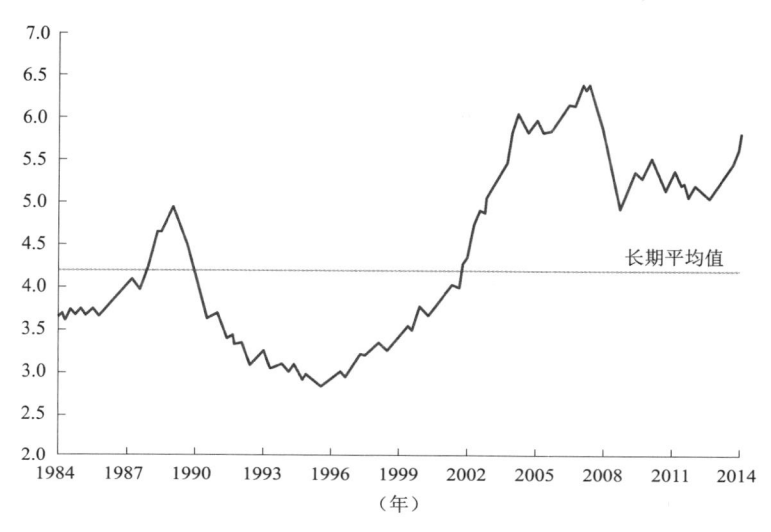

图 5.2 英国房价收入比（1984—2014 年）

如图 5.2 所示，2008 年对英国房地产来说是艰难的一年。而图 5.2 既没有考虑当时英镑大幅贬值，也没有考虑实际的通货膨胀，所以实际情况比图 5.2 所显示的还要糟糕。

我要重申，许多人查看房价当前的英镑标价，并将其与几年前同一房地产的英镑标价进行比较，因此很有可能产生金钱幻觉。如果你将某件商品几年前的英镑价格与今天的英镑价格相比，就必须考虑到实际的通货膨胀。事实上，同是英镑标价的房地产价值，并不能说明该房地产在不同时期实际价值的真实情况。正如第 4 章介绍的例子，富时 100 指数必须远高于 10 000 点才能达到真实（经通货膨胀调整）的历史高点，而不是它实际所在的 7 500 点左右的位置。

在英镑兑其他主要货币大幅贬值的时代，情况更是如此。10 年间，英镑兑美元从 2 左右跌至 1.3 左右，跌幅不低于 35%。在做出重大的投资决策（例如是否买房）时，考虑这些因素至关重要。我要再一次重申，想一生变得富有，这是一场马拉松而不是短跑比赛。

当然，影响房地产市场的因素有很多。1993—2007年房价大幅上涨的很大一部分原因，是许多评论员声称"这次不同了"，就像他们在互联网泡沫期间所做的评论一样，我们都知道最后是什么结果。

事实上，在过去20年的时间里，英国房地产市场出现史无前例的强劲势头有很多原因，尤其是伦敦房地产。2015年，伦敦房价收入比已达到8倍，2019年为10倍。

近年来，很多舆论指出，供应不足是导致英国房价大幅上涨的原因。毫无疑问，这是一个因素（尽管根据2017年英国国家统计局的一项研究[①]，英国的房地产数量实际上比家庭数量多140万）。社会变迁，如近年从波兰等地加入欧盟国家的大规模移民、越来越高的离婚率及越来越多的年轻人想要离开父母独自生活等，使得对多种类型的房地产需求不断增多。

由于多种原因，伦敦市中心的优质房地产价格在很长一段时间内走势也是特别强劲。自20世纪80年代末的"金融大爆炸"（1986年伦敦金融城的政策变革）以来，伦敦的金融服务业出现爆炸式增长。此外，由于英国强大的法律体系，对外国人的优惠税收待遇，开展国际业务的地理位置优势，以及作为英国首都能为家庭提供舒适生活的社会环境，全球大批富豪将伦敦视为长期

[①] 资料来源：www.telegraph.co.uk/news/2017/02/03/number-empty-homes-hits-highest-rate-20-years-calling-question/。

投资的天堂。

伦敦房地产市场几十年来的强劲势头，对英国其他大部分地区的房地产市场产生了重大影响。我称之为特别强大的级联效应。我承认，直到2019年我才发现这一点，这种级联效应至少是绝对量子级别的。

尽管有模仿之嫌，但分享一个小故事可以帮助解释级联效应。想象一下，一位对价格完全不敏感的俄罗斯寡头或尼日利亚石油大亨，要在伦敦最昂贵的地区之一买房，如切尔西、骑士桥、荷兰公园或梅菲尔等地。还可以想象一下，他们打算从一对自20世纪80年代初就拥有该区域房地产的英国老年夫妇那里购买。这对老年夫妇最初可能以75万英镑的价格购买了这套房子，但现在能以不低于1 500万英镑的价格出售。

而这对老年夫妇有3个30多岁的成年子女。因为这对夫妇已经为自己的老年生活做好了经济安排，所以在收到1 500万英镑的房款后，他们分给每个孩子500万英镑。接着，他们的孩子做出了完全可以理解的决定，即为自己和家人寻找更好、更大的房子。鉴于手里仅有的500万英镑，他们根本买不起父母家附近的房子，于是他们把目光投向离伦敦市中心更远的地方，如富勒姆、温布尔登、里士满，也许还有更远的郊区。

这3个拥有500万英镑馈赠的幸运孩子，各自去其他街区寻找房子。出于显而易见的原因，他们对房地产价格也相当不敏感，他们很乐意在远离市中心的社区以250万~300万英镑的价格购买20年前房价还不到50万英镑的房子。

于是，来自伦敦外围行政区的数千名幸运房主，他们都有机会获得7位数的现金利润。这些人包括退休的中层管理人员、学校教师、出租车司机等，都梦想着退休后能在一个美丽的乡村甚至国外生活。在收到他们卖房得到的200万英镑之后，他们会以现金买家的身份在肯特、萨里、汉普郡、德文郡、苏格兰农村，甚至去泰国、西班牙、葡萄牙、塞浦路斯或克罗地亚等地买房生活。

  这种级联效应是相当强烈的。你可能会争辩说，分析房价收入比可能没有过去那么有用了。毕竟，如果市场中有相当一部分购买者使用现金，那么他们的收入和房价无关。让我们用另一种方式来阐明这一点，从上面的例子中我们知道这3个幸运的成年子女每人继承了500万英镑。就我们所知，他们很有可能在慈善机构或酒吧做着最低水平工资收入的工作，但他们有能力购买价值300万英镑的房子，根本不会受到房价收入比的影响。虽然这种级联效应很难量化，但我认为它非常重要。我认为，这在某种程度上解释了为什么英国房地产市场与长期平均房价收入比有些脱节，以及为什么伦敦的首次购房者愿意支付大约10倍的价格来购房，正如图5.3中所展示的。

  我认为，这种级联效应是一次性的，即使它是一个长期而持久的效应。这就是经济学家所说的外生冲击，并且在某种程度上可能已经走到了尽头。如果关于伦敦黄金地段正在发生的故事可以作为依据的话，这是肯定的。我父亲于1984年在伦敦西南部买了一套房子，那时伦敦房地产基本上没有海外买家。在过去的20年里，许多来自其他国家和地区的超级富豪买家已经向伦敦房地产（以及我上面解释过的英国房地产）注入了数十亿美元，但这些富豪买家的数量是有限的。

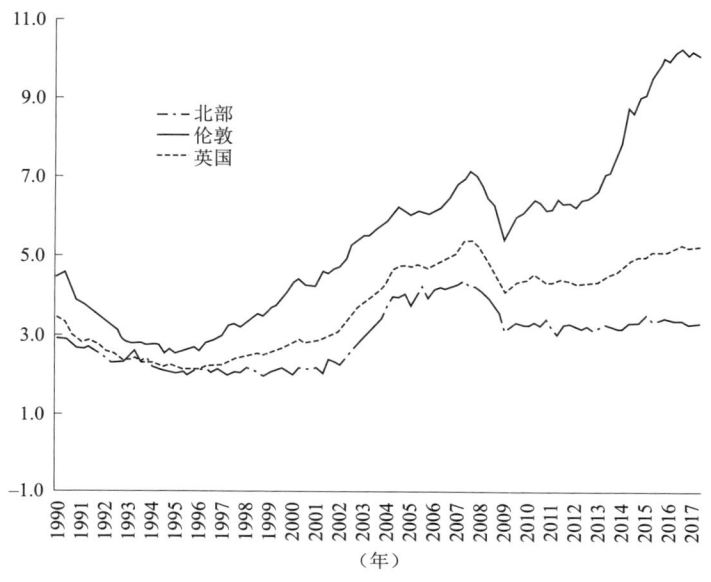

图 5.3 首次购房者的房价收入比

资料来源：全英房屋抵押贷款协会（Nationwide）。

然而，我的基本观点是，房价收入比有助于分析判断，即使这个比率可能会由于其他因素或外生冲击而出现与平均值之间的极端偏差。均值回归是非常强大的规律。也许伦敦的房价收入比在结构上现在应该是高于过去：毕竟，1984年世界上只有40亿人，而今天全球有超过70亿人口，其中许多人很富有，而且他们中的很多人愿意在伦敦买房。

从上述几幅图可以看出，我们距离长期均值还有很长的路要走。几十年的证据表明，这种趋势往往是不可持续的。除了伦敦、纽约、悉尼、新加坡和温哥华等具有声望的独特市场，房价收入比是衡量一个房地产市场是否昂贵的有力指标，并且是你在买房时一定要考虑的因素。

利率是如何影响房价的

也许比这些因素更重要的是货币的价格和供应。长期以来，大西洋两岸国家的中央银行政策使货币价格，也称为利率，停滞在极低的水平。再加上金融放松管制和全球债务市场的发展，意味着在过去几年中，任何想要购买房地产的人都可以获得前所未有的廉价资金。

这就是房价在这么长时间里一直上涨的原因，并且上涨幅度如此之高。在思考房价将走向何处时，或许对我们最具指导性的建议是，要考虑在低利率下是否会继续有大量的货币供应。为此，我们必须了解利率是如何设定的，这意味着我们需要对债券市场有基本的了解。

如果我们首先考虑利率，我们应该意识到，政府在设定利率时只有有限的权力。政府部门通过税收筹集资金，也可以通过出售债券筹集资金。如果没有人愿意购买一个国家发行的债券，那么国家就会被迫以更便宜的价格提供这些债券。更便宜的债券意味着更高的利率，因为债券价格越低，隐含利率就越高。我们将在第 7 章中更详细地解释这一点。

2012 年，整个欧洲正在经历债务危机。希腊、意大利、西班牙甚至法国的利率，都已被大幅推高，债券市场拒绝像以前那样为这些国家支付尽可能多的债务。2019 年，阿根廷不得不提高利率至 40%，以防止资金流出本国。一个国家对抗这一困境的唯一方法是，创造货币购买自己的债券。这本质上就是量化宽松。正如我们所看到的，纵观历史，凭空创造货币的做法会导致严重的通货膨胀。较高的通货膨胀率，意味着以通货紧缩的货币计价的资产实际收益降低。在那些决定通过印钞来应对危机的国家（尤其是英美），陷入房地产市场贷款利率上升和通货膨胀上升的局面。

我们还必须考虑货币供应情况（及其价格）。由于欧洲和美国的许多银行出现资不抵债，这些银行需要尽可能多地持有现金。英美政府也是通过特意创造大量新货币，来尽最大努力保持低利率。但在上次金融危机期间，实际银行贷款却跌至最低点，因为银行提高了人们贷款资格的门槛。图5.4反映了这一点，即英国用于抵押贷款的银行贷款总额已跌落悬崖。

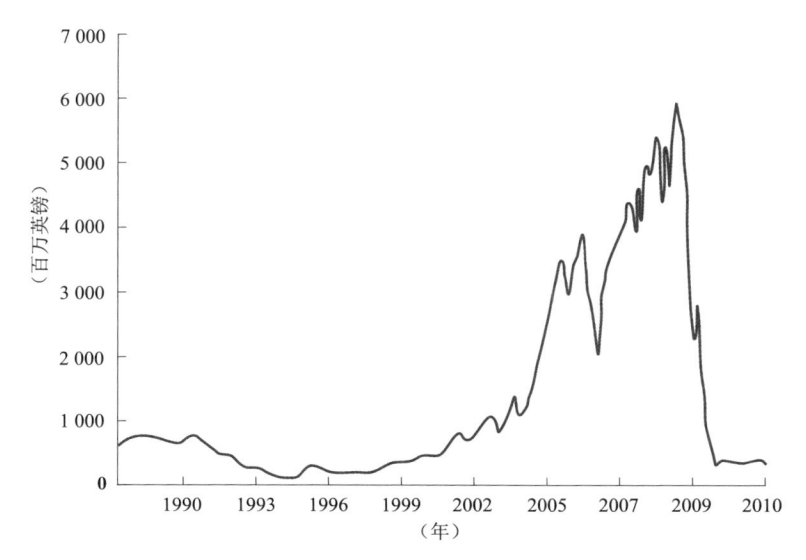

图 5.4　英国购房预付款总额

资料来源：全英房屋抵押贷款协会。

如果市场上的可用资金减少，而其他条件相同，那么该资产类别的价格就会下跌。这是经济学和金融学的基本规律。（我注意到英美的银行贷款已经恢复，这也是长期房价收入比处于异常高位的原因之一，这是不是一件好事还有待观察。）我想强调一下，本次讨论的目的不是简单地概述英国房地产的负面案例。房地产市场非常重要的特征之一是，大多数普通人可以通过借入大笔资金来购买资产。我们稍后将对此进行更多说明。但是，我希望你阅读完本节后能够更好地评估房地产作为长期投资的潜力。在生活中的任何特定时间，你都要考虑投资的相对价值。

我们可以毫无争议地说，英国大部分房地产市场正遭受历史低位的租金收益率和高资本价值（如高房价收入比所展示的那样）。今天的房地产投资者还必须面对双重不利因素：利率（和通货膨胀）提高的可能性，以及在不久的将来银行部门可能再次面临的财务疲软，而因此银行将不愿意借钱给那些对你的房地产有购买意向的人。

值得一提的是，这些问题在很大程度上与伦敦黄金市场无关。这是因为想要在伦敦市中心拥有房地产的全球富人数量庞大，而且他们中的大多数人都是现金购买者。人们以前也曾对伦敦市场充满信心，但也无法阻止伦敦历史上发生的数次市场暴跌。似乎在 2018 年，伦敦市场终于强势反弹。我知道房地产易手的价格比要价低 25%~30%，甚至总体数据也出现明显的下降，仅 2018 年 4 月就下降了 3.1%。

禀赋效应

在评估房地产时还要考虑的另一个心理特征是禀赋效应。

禀赋效应是一个人一旦拥有某件物品，那么他对该物品价值的评价就要比拥有之前大大提高。人类天生不愿承认自己遭受了损失，这就是为什么许多人顽固地持有价格已经大幅下跌的股票，眼睁睁地看着这些股票的价格越走越低。相反，专业投资者通常会清楚地意识到禀赋效应，并毫不犹豫抛出这些股票止损。

房地产市场一次又一次发生的情况是，基本面的转坏，距价格下跌有相当长的延迟。这种现象可以部分归因于禀赋效应：在较困难的经济条件下，潜在买家的数量和财富都会下降，这些原因包括银行贷款减少，从事高薪工作的人减少，创造利润的员工减少等。不久前还拥有价值100万英镑房地产的人会发现，实际上没有人愿意购买这个价位的房子。而房主也拒绝接受房子现在的市场价格为90万英镑（这实际上是他们收到的最佳出价）。这些房主不愿意承认他们的财产已经贬值，而是倾向于坚持他们所认定的房价。虽然仍有在卖主期望价格上成交的情况，但很明显，交易的总数在急剧下降。

这正是过去几年英国大部分市场的情况：一段时间以来，英国许多地区的住房交易数量一直处于历史最低水平。这也就是所谓的墨西哥僵局，即卖家拒绝接受降价，而潜在买家根本无力支付卖家期望的高估值价格。

这种僵局可以用两种方式来打破：要么经济和贷款条件改善，买家愿意并有能力支付要价；要么经济条件恶化，越来越多的卖家由于个人情况而被迫接受较低的价格，例如失业或死亡，死亡率上升对房价不利，因为这通常意味着更多房子将被出售。随着全球人口的老龄化加剧，这将是未来几十年我们要考虑的另一个关键因素。

在第二种情况下，房价通常会在短时间内大幅下跌，因为一波又一波的卖家最终屈服于更低的价格。这就是为什么会出现房市崩溃，正如图 5.2 所示。

> **你真的买得起吗？**
>
> 我想介绍一下法国抵押贷款市场的一个有趣特征。法国人对抵押贷款的态度与英美国家的人截然不同。在法国，除少数人，大家的常规做法是，个人每月房贷和其他债务的支出总额，不应超过月收入的 1/3。
>
> 这种操作方法与过去 20 年英美市场的情况形成了惊人的对比。在某种程度上，这种现象解释了为什么法国房地产市场没有经历像英美国家同样程度的极端繁荣和萧条。20 世纪 80 年代之前，英美房地产市场与当前法国房地产市场并无不同，这或许是有益的。随后发生的变化成为大西洋两岸房地产价格爆炸式增长的催化剂，并为可怕的房地产崩盘埋下了隐患，从而成为美国金融危机的主要驱动因素之一。英国可能在未来会爆发类似的危机。

放松金融监管使借贷成本大大降低

从历史上看，在英国和美国获得抵押贷款一直相当困难。申请人需要有一笔可观的存款，个人财务状况记录说得过去，并且面签时要提供自己已达到前文讨论过的指标证明。申请人必须将所有这些证明都提供给银行经理后，才能借到钱。大多数抵押贷款产品，都需要偿还本金加利息。

在20世纪80年代，英美都放松了对金融服务业的监管，一切都发生了变化。放松监管意味着，个人获得抵押贷款变得更加容易。由于银行业的结构性变化，抵押贷款审批流程逐渐线上化，借款人不需要与银行经理发展任何形式的个人关系。

随着越来越多的人能够轻松获得资金，房地产价格不可避免地上涨。很快，房地产市场出现了自我实现的螺旋上升——价格上涨。这意味着银行放宽了贷款标准，因为它们假设未来总能够收回比现在更有价值的资产，从而收回成本和利息。这之所以成为可能，是因为英美许多银行工作人员相对缺乏经验，并且只经历过房地产市场的上涨（锚定再次发挥作用），就像购买房地产的人一样。英美的房地产市场成了"抢椅子"的大游戏。

银行家、首席执行官和抵押贷款经纪人的报酬逐渐增加，因为他们的业务量蓬勃发展，由此获得丰厚奖金，所以他们几乎没有动力去质疑房地产领域正发生的事情。房价不断上涨，金钱幻觉和禀赋效应的混合，就像令人陶醉的鸡尾酒，人们坚信自己会更加富有。接下来，政客也很高兴，因为没有比拥有富足感十足的选民更幸福的事儿了。在20世纪，特别是"9·11"事件之后，美联储主席艾伦·格林斯潘将实际利率降至零以下并保持多年，为更加疯狂的牛市奠定了基础。实际利率是利率减去通货膨胀率，它怎么可能会小于零？在英美，人们实际上是通过借钱来买房，房地产价格不断上涨也就不足为奇了。

毫无争议的是，在大西洋两岸国家，很多以前无法借到足够资金去买房的人，现在能够贷款买房了。他们中的一部分人对基本的财务知识一无所知。整个西方国家因为缺乏基本的财务常识而做出了许多错误的决定，没有这些决定，永远不会有如此壮观的房地产牛市。

许多消息灵通的市场评论员看到了正在发生的事情，并在几年前开始强调未来崩盘的可能性。正如经常发生的，这些人在很多人眼里显得很愚蠢，因为他们一次又一次地呼叫"要到顶了"，然后又眼睁睁看着市场继续上涨。正如约翰·梅纳德·凯恩斯所说："市场保持非理性的时间，可能要比你保持偿付能力的时间长。"换句话说，这是"大傻瓜理论"的经典例子。只要有一个"更大的傻瓜"和一个同样愚蠢（或愤世嫉俗）的银行愿意为其提供资金，市场就会继续上涨，尽管人们对他们所购买的房子价格做出了非常荒谬的判断。

英国北岩银行（Northern Rock）的局势，就是这种情况的直接结果。在美国，整个金融大厦在2007年开始倒塌，越来越多的人无法支付抵押贷款。我们已经看到过热市场在美国出现的后果：如曾经最热的迈阿密和洛杉矶，房价在开始复苏之前下跌了70%。举例来说，西雅图有个项目，最初试图以30万美元的价格出售一块地皮，而这块地皮最终仅以1 500美元的价格售出。我怀疑未来还会有更多这样的例子。

我并不知道英国市场是否会像美国市场那样遭受严重影响。很多论据表明，英国市场尤其是伦敦，将继续保持弹性，其根本原因是，世界上许多富有的外国人都希望在伦敦拥有一席之地（尤其是那些有能力将财产从政局不稳定的国家转移出来的人）。在过去的几年里，来自叙利亚、希腊、乌克兰、利比亚、中东以及一些非洲国家的买家，一波接一波。发展中国家经济的非凡增长，创造了成千上万的百万富翁甚至亿万富翁，他们中的许多人认为伦敦是个赚钱的好地方。

2019年，正好发生了一件事。一位俄罗斯寡头在伦敦以6 500万英镑购买了一栋房子后没多久，就愿意以2 500万英镑的价格出售，但很长时间都找不到买家。可见，全球金融市场的严重崩盘，使这些富豪中的许多人损失了很大一部分财富，从而导致争夺伦敦房地产资产的资金减少。同样，任何旨在减少伦敦空置房地产中外资投资的立法，都将对伦敦房价产生值得关注的影响（而对我们这些住在伦敦，且不得不忍受大量外资对房价产生影响的人来说，这将是一个受欢迎的举措）。英国政府对外资的立场与过去截然不同。

此外，伦敦金融服务业会失去数千个工作岗位（以及无力给员工支付奖金），说明投到伦敦房地产的资金量将大幅下降，我们在不久的将来会看到一系列的后果。在英国其他地区，房地产价格的走势一直取决于各个市场的供需情况，以及租金收益率、总回报以及与房价收入比。房价还将继续受到利率、通货膨胀和获得银行贷款条件的影响。

我希望这部分的内容能帮助你找到好的房地产投资项目，以及评估房地产价值的关键方法。有了这些方法，你就有更高的概率做出何时买房和以什么价格买房的正确决定。我完全理解，买房时很难回避情感因素。在我们决策过程中，房子是唯一被人们注入情感的资产。话虽如此，我仍然认为，如果你想最大限度地积累财富，并且按照书中介绍的指标和因素发现你心仪的房子正处在历史新高价，那么你最好保持耐心并先租房住。如果在找房过程中，你发现自己喜欢的房子的价格是你家庭总收入的6倍，那么几乎可以肯定，你决定暂时租房是正确的。

租房是在浪费钱吗

在此或许值得强调另一个错误的认知：租房只是浪费钱，房租是支付别人的抵押贷款。真的是这样吗？以本部分开头的例子来说：一套市价50万英镑的公寓，以每年1.8万英镑的价格出租。让我们想象一下，这栋房子在未来一年只损失10%的价值（5%是由于市场，5%是由于通货膨胀），那么这栋房子现在的实际价值约为45万英镑。

减少的5万英镑相当于2.78年（5万英镑÷1.8万英镑）的租金。在这种情况下，未来3年租房要比买房更划算，而且这只是一个假设条件相当保守的例子。在20世纪90年代初期，许多英国房地产下跌了20%或更多（有迹象表明，这种下跌现在正发生在伦敦和东南部的许多地区）。在这个例子中，下降20%意味着这笔钱可以让承租人租住5年半的时间，而且从创造财富的角度来说，租房的人比那些决定买房的人更具财务优势。如果与以历史最高价买房相比，那么几乎可以肯定，租房会更好。最近英国印花税率的改变更强化了这一点。

应该花多少钱在买房上

如前所述，法国抵押贷款机构很少会向申请人提供利息和资本偿还超过其月收入 1/3 的抵押贷款。对现在的许多英国人来说，这可能看起来过于保守，但实际上，英国贷款机构目前的做法已经超出理性范围。对人们应该花多少钱在房子上的问题，任何长期评估都会得出"大约占收入的 1/3"的结论，这是一个很好的经验法则。如果你支付的抵押贷款超过每月收入的 1/3，那么与长期平均水平相比，你未来可能会为你的房子支付更多的费用。考虑到英国近年来的利率水平，情况尤其如此。

当利率处在令人难以置信的历史低点，而你工资的大部分用在了偿还抵押贷款上，那么你将来有可能不得不支出更高比例的工资用于还贷。英国经历了前所未有的房地产牛市，所以很多人比过去更愿意将大部分工资花在偿还抵押贷款上。

当然，搬家是件麻烦事，特别是如果你有孩子。但买房这一方案肯定更糟。如果你已经安排好你的家庭事务，那么你的家就是架在你脖子上的金融磨盘，想象一下，如果你卸掉这块大石头，会有多么自由。

如果你不得不住在较小的房子里或者社区环境不够好，那又如何？人生是一场马拉松，而不是短跑比赛。你越早安排好你的家庭事务，你就可以越早积累财富并开始投资于房地产以外的优质资产，你的财富也就越早开始有实质性的增长。如果你的房贷仅花费你每月收入的 1/3，那么把收入的 10% 用于投资其他资产并不难实现。

如果你安排得当，未来你将能够拥有一个可爱的家、充足的家产和安心的生活。如果你一生中唯一的投资就是房子，那么你将错失大量赚钱的机会，你的财务状况从根本上讲，结构是失调的。

你处于负资产状态吗

我很理解一些人可能正在遭受负资产的折磨。对于那些还不知道这个词的人我会这样解释，负资产就是如果你卖掉你的房子，但最终得到的钱不足以偿还你的银行贷款。这是一种非常有压力的困境。如果你处于负资产状态，很可能不会从搬家的方式中立即获益。至于你怎么决策，完全取决于你根据自身具体情况而做出的个人化的判断。

说实话，如果今天我发现自己处于负资产的困境，我会非常担心两件事：

1. 未来几年利率可能上升，这个风险非常现实。
2. 很明显，房价有进一步下跌的风险。如果能坚持下去，情况可能会好转，房价可能会反弹，当然这还取决于你的房子位于何处。但未来充满未知，如果情况不好转呢？

当抵押贷款的还款金额随着利率上升的同时，你的房价还会面临进一步下跌的可能。鉴于英国和全球经济的状况，我认为房价下跌的可能性要高得多。面对这样的现实，需要咬紧牙关，尽快减少开支，并用省出来的钱偿还剩余的贷款。

你可能还有其他债务

对于那些还没有还清贷款或信用卡债务的人，你需要在开始投资之前消灭这些债务。因为你为任何债务所付出的利息，很可能会多于你在投资时能获得的回报。尽可能多地拿出你的收入，来尽快还清贷款。无论这个过程多么艰巨，都不要绝望。无论你现在处于何种财务状况，如果采取这些步骤并坚持下去，随着时间推移，有一天你醒来会发现，自己的处境比你想象的要好得多。正如比尔·盖茨所说："大多数人高估了他们在 1 年内可以做的事情，而低估了他们在 10 年内可以做的事情。"（我相信这个理念可以用来思考我们生活中任何领域的重大变化：金钱、健康、人际关系……几乎所有东西。）要大胆并尽快做出改变，只要行动起来，你会感觉很棒。

马上采取行动

人性的一个关键特征就是惰性。我们看到一些新闻，不停地点头称是，意识到自己应该采取行动，然而却打开了电视……我们都曾为此感到遗憾。

如果你想在退休时获得约 3 万英镑的年收入，则需要以目前约 4% 的年金率来打造约 75 万英镑的养老金账户。你需要马上采取行动，才能成功实现这一目标。我强烈建议，无论你当下的情况如何，现在就采取一些行动，哪怕是从小处开始着手。

如果你已经有能力将收入的 10% 用来储蓄和投资，那么请继续阅读。如果你现在无法做到这一点，那么请放下这本书，拿起笔和纸，想一想你可以采取哪些行动来改变自己的处境，并写下来。如果你能搬家，请立即上网寻找能便宜 10% 租金的房子。或者你可以换辆更便宜的车，因为大多数人在汽车上的花费远远超过合理的水平。只要有强大的意志，一定能找到办法。为自己设定一个目标，如在未来 3 个月内节省 10% 的工资。成功后再拿起这本书接着读。祝你好运。

小结

无论目前你是如何安排自己的生活的，我希望你能明白，改变生活状态使每月能省出钱来投资，这实际上是一个非常令人兴奋的主意，肯定要比背负沉重的债务和生活压力更可取。

第6章　关于养老，你应该做的规划

从必要的事情做起。

圣方济（St Francis of Assisi）

如果你想拥有良好的财务状况，你需要掌握可建立的以及最适合自己的账户类型。而且，你需要对自己的活期存款账户和养老金账户做出最佳安排，最重要的是，确保你拥有一个出色的个人储蓄账户。

活期存款账户

大多数人都有活期存款账户。然而，公平地说，英国大多数的活期存款账户都有很多不足之处。首先，该类账户提供极低的利率。不久前，当我在一家知名的高街银行排队办业务时，看到一张巨幅海报"自豪"地宣称其账户能支付1.8%的利率，真是不可思议。

这是一个每月收费 7.95 英镑的账户。假设你是基本税率纳税人，并且你幸运地每月仅为该账户支付 7.95 英镑，你在这家银行的净利率就是 1.44%。在此基础上，你在该账户必须有超过 6 625 英镑的存款，才能赚取足够的利息来支付月费。

英国一些大型银行因错误销售产品而被曝光。例如，2012 年英国一家知名银行因向养老金领取人错误销售产品而被罚款数百万英镑，支付保护保险（Payment Protection Insurance，简写为 PPI）丑闻，以及长期以来消费者为反对不公平支付额外费用所开展的运动。

重要的是，英国知名银行的金融产品，往往不及不太知名的金融服务商提供的产品。例如，这些银行的 ISA 往往只能提供有限的灵活性和选择性，且收费更高。许多人或许可以去其他金融服务商开设账户。本章后文 ISA 相关部分将进一步讨论这一点。

尽管如此，我仍不建议你更换自己的活期存款账户。因为，根据我的经验，无论使用英国哪家银行的账户，都很难摆脱这些问题，关键是要优化活期存款账户的使用方式。我希望，读到此处，你永远不会接受 1.8% 的利率。我的建议是，尽可能在银行减少存款。

计算出每月所需的生活费，考虑误差幅度，然后确保每个月都会自动将任何结余转到账户中，这样就能赚钱了。对大多数英国人来说，最重要的账户是 ISA，但同时必须考虑养老规划，所以先来看看养老金的情况。

延伸阅读

新冠疫情中期以来,为了进一步刺激经济增长、控制通货膨胀、优化信贷环境和应对国际经济形势,中国进入一轮降息周期。在面临需求收缩、供给冲击和预期转弱等多重压力下,为了稳定经济增长,中国实施了宽松的货币政策和积极的财政政策,通过降准降息等措施来增加市场流动性,降低企业融资成本,刺激投资和消费。此外,由于中国的通胀问题相对较轻,而且中国较早地控制了新冠疫情并实现了货币政策正常化,因此仍然拥有一定的货币政策空间进行降准降息操作。这些措施有助于促进经济增长,稳定市场预期,推动经济高质量发展。

现阶段城乡居民及单位存款中活期存款的利率维持在0.2%~0.3%的较低水平。虽然银行对于普通账户服务的年费也维持在较低水平,但从投资收益率来看,活期存款显然并不是理财的最佳方式。

你的养老金都有哪些类型

大多数人都知道养老金,不过,我认为其中一大部分人对养老金只有一个基本认识,比如什么是养老金,它可以做什么,他们在未来几年需要注意哪些问题。对养老金缺乏深入了解,可能是许多人买到高成本且品质不高的金融产品的一个原因。

养老金主要有两种形式:

1. 由政府提供的养老金。
2. 由雇主提供或在其帮助下，个人建立的私人/职业养老金。

政府养老金

如前所述，全球许多国家的政府养老金体系正面临危机，未来可能会崩溃。在许多人看来，这似乎是一个有争议的说法。以下我们来简要分析一下。

由于人口老龄化加剧以及许多国家完全未能从根本上解决这种变化带来的影响，政府养老金体系正遭受极大的冲击。1909年，英国政府开始为70岁以上的老人提供小额养老金。这实际上并没有造成巨大的财务负担。1909年的人口平均预期寿命比如今短得多，而且能活到70岁的人很少。就业人数与养老金领取人数之比非常高，也就是说，很大比例的人口在工作和纳税，而真正退休并领取养老金的人口比例很小。

之后的100多年里，这种情况已经完全扭转。日本是一个典型例子。日本在二战后推出其慷慨的政府福利时，就业人数和养老金领取人数之比大约是45∶1；到2020年，这一比例达到约2∶1。可以说，日本的政府养老金政策是日本股市交易价格一直远低于1989年的峰值和该国经济几十年来一直苦苦挣扎的主要原因。日本的日经指数在1989年达到39 000点的峰值，而30年后约为22 500点。日本经济的地平线上笼罩着巨大而不可避免的乌云：老年人的数量超过了社会其他人的承受能力。

而且，这种情况正在大多数发达国家出现。现代国家的社会保障体系，是在其整个社会结构与今天完全不同的时候建立的。

面对这一人口结构的现实，西方各国政府在过去几十年中所做的是，确保人们比以往任何时候都更多地储蓄和投资。可悲的是，大多数国家做了恰恰相反的事情。许多发达国家政府并没有运行预算盈余，也没有通过储蓄和投资为民众的未来提供急需的资金，而是一直花费远远超过税收收入的资金。然后，它们通过在全球债券市场借款来弥补差额。

它们在引导民众解决个人财务问题方面也做得很糟糕，主要因为金融是一个相对不受欢迎的议题。如果告诉人们要少花钱、多存钱、多投资，政治家很难赢得大选。不过，澳大利亚和挪威是极好的例外。从20世纪80年代中期开始，澳大利亚就施行非常好的国家养老金制度，这一制度迫使大多数人较早地为退休而储蓄。挪威在投资石油工业获取收益方面做得非常出色。

然而，美国的应对方式大相径庭。图6.1为1900—2020年美国国债情况，过去几年美国借贷规模急剧加速。如果把美国政府的无资金准备的负债加起来，这个数字远远超过200万亿美元。这里包括美国承诺未来用于养老金、医疗保健等方面的资金。这就是为什么哈佛大学历史学教授尼尔·弗格森将政府账户描述为"本质上的欺诈性账户"。

要知道，美国每年的经济产出约18.5万亿美元。再看200万亿美元这个数字，这意味着美国的债务是其经济收入的约11倍。这就像你每年赚3万英镑，却有33万英镑的信用卡债务。仅利息一项，即便不是你全部的年收入，也要花费你年收入的大部分（请记住，英国现利率处于300年来的最低点）。

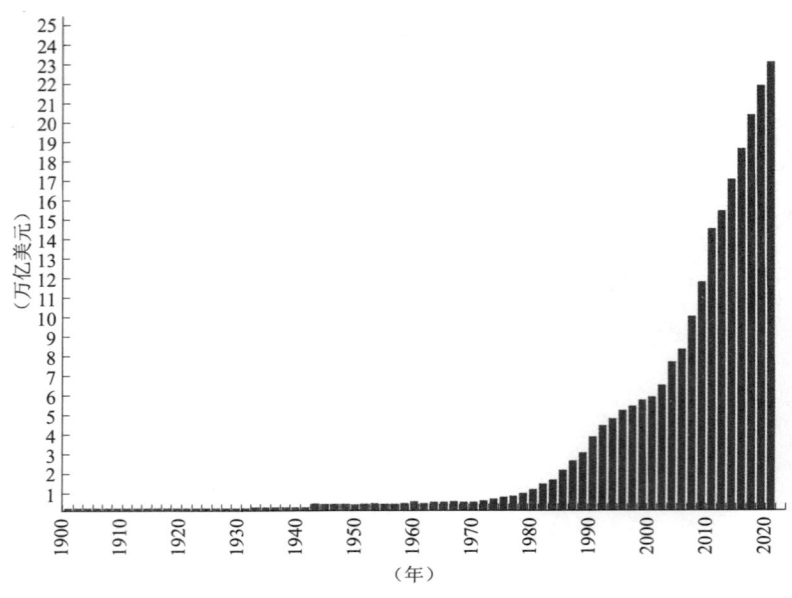

图 6.1 美国国债（1900—2020 年）

资料来源：www.usgovernmentdebt.us。

许多分析师认为，现实情况更糟，从长远来看，200 万亿美元可能被证明只是一个保守的估计。但是，即使使用官方数据，我们也可以看到美国金融体系陷入了困境，而且政客完全不能应对。

美国税收：　　　　2 170 000 000 000 美元

联邦预算：　　　　3 820 000 000 000 美元

新债务：　　　　　1 650 000 000 000 美元

官方国债：　　　　14 271 000 000 000 美元

近期预算削减：　　38 500 000 000 美元

减少 385 亿美元的预算听起来像是华盛顿做出了很大努力。

如果将以上这组数据各去掉 8 个 0 并将其当作一个正常家庭的预算，那么你可以清晰地看到，这组数据暗含的危机。

　　家庭年收入：　　　　　21 700 美元
　　家庭开支：　　　　　　38 200 美元
　　信用卡新债务：　　　　16 500 美元
　　信用卡未结金额：　　　142 710 美元
　　预算削减总额：　　　　　385 美元

　　这组数字来自 2010 年，如今的数据实际上比这要糟糕得多。正如图 6.1 所示，美国 2020 年的国债接近 21 万亿美元，高于上文引用的 14.3 万亿美元。我在这里要说明的一点是，这些问题年复一年地变得更糟，但美国政府没有采取必要措施来解决这些问题。英国的情况也不例外。鉴于英国政府支出仍然占 GDP 的 40% 左右，我觉得关于紧缩的辩论非常令人抓狂。在大西洋两岸国家的政客看来，摆脱这种局面的唯一出路似乎是大量发行货币。

　　大量发行货币会产生通货膨胀而使货币贬值，这在历史上一次又一次发生。

　　对民众来说，他们将不会从政府那里得到可以维持生活的养老金。因此，西方政府在养老金方面基本上只有两种选择：

1. 承认它们无法再向人们支付养老金这一事实。
2. 大量发行货币，用于支付人们的"养老金"，从而造成更严重的通货膨胀。

结果对民众来说是一样的：要么没有得到养老金，要么得到了用纸币支付的养老金，但再也买不起东西了。在某种程度上，这些已经发生了。

到目前为止，大西洋两岸国家的政府都采取了大量发行货币的选择，而且这种情况极有可能会继续下去。这种情况持续出现的原因很简单，是很少有人了解现状（请记住约翰·梅纳德·凯恩斯的名言，即只有百万分之一的人真正理解什么是通货膨胀）。

试想有两位政客，一位说："对不起，你没有养老金了，因为我们再也负担不起了。"而另一位说："我们正在采取积极措施，通过1 000亿英镑的一揽子量化宽松来解决金融危机。"显而易见，后者比前者更受民众欢迎和支持。

但实际上两种说法给民众带来的结果基本相同，但只有少数人理解这一点。无论你的政治倾向如何，无论你如何看待政府的作用，一个简单的事实是，西方政府无法像过去几十年那样支付得起社会养老金和满足医疗保健需求。与就业人数相比，已退休和即将退休的人太多了。如果你未满50岁，并且希望拥有足够的财富来维持退休的生活，那么你将不得不为未来做准备。因此，让我们把注意力转向私人/职业养老金。

私人/职业养老金

目前全球许多国家的政府养老金储备不足，对大多数年轻人来说，退休时领取的政府养老金不足以满足退休后日常生活所需。所以，我们必须关注个人养老金的情况。

最终薪酬养老金

首先值得一提的是最终薪酬养老金，也被称为确定收益型养老金，这种制度是"说到做到"，可以保证民众在退休时获得一定水平的退休金。除了公共部门，这种养老金现在比较少见。因为这种养老金比较昂贵，私人部门很难负担得起。

如果你拥有一份最终薪酬养老金，请心存感激，千万不要改动它。因为许多养老金计划目前都处于亏损状态。如果你有最终薪酬养老金，你应该联系提供单位，确定你在退休时可能获得的收入。如果这个数字并不如预期，那么你一定要尽早采取措施来弥补。本书后文将详细介绍如何操作。

如果你有最终薪酬养老金，你可能还想知道该养老金计划的转移价值是多少，这有可能是一笔让你吃惊的巨款。

例如，在20世纪80年代，利率为10%时，如果你有最终薪酬养老金，它每年会支付给你1万英镑（简单举例，方便计算），这意味着理论上用来支付给你退休金的"本金"是10万英镑，即你的雇主（或政府）名义上有10万英镑的养老金总额，来支付你每年的退休金。因此，在利率为10%时，它们可以支付给你每年1万英镑而无须动用这笔"本金"。

想象一下，当利率为5%的时候，情况会怎样。结果是，每年支付1万英镑所需的隐含养老金金额要20万英镑。如果其他条件相同，现在收入来源（每年有保障的1万英镑的最终薪酬养老金）的价值大约是过去利率为10%时的2倍（20万英镑×5%=1万英镑，而不是10万英镑×10%=1万英镑）。

从广义上讲，这意味着最终薪酬养老金的当前转移价值（将你每年有保障的 1 万英镑的收入，转换成能支持它的隐含养老金金额）大约是有史以来最高的。很简单，如今的利率是英国有史以来最低的，两者呈负相关关系。

这意味着，如果你觉得你可以从这笔总金额中得到超过 5% 的回报，你最好在利率再次回升之前将你的最终薪酬养老金转为自我管理的养老金。我要强调的是，只有在仔细考虑并听取专业建议后才能这样做，这一点非常重要。首先，你必须确保如果你转出去，最终不会在你的总金额中只赚到 1% 的回报（这样会让你变得更糟）。其次，你必须确保自己不会成为"兰博基尼养老金领取者"，也就是说，将你值 6 位数转移价值的资金花在兰博基尼跑车上，而不是为自己的退休规划谨慎投资。

固定缴费养老金

除了政府养老金和越来越稀有的最终薪酬养老金，还有一类大多数人拥有的养老金：私人养老金。即使政府养老金还没有出现明显的危机之前，许多人也都已经渴望退休后能获得比政府养老金高得多的退休收入。结果，政府意识到这是一个不错的主意——鼓励个人为自己的未来储蓄和投资。几十年来，政府允许个人制订自己的私人养老金计划，通常由雇主提供帮助。

如果你在大企业工作，你很可能会获得雇主提供的养老金，它通常被称为职业养老金。如果你是个体经营者或在较小的企业工作，你可能拥有自己的私人养老金，这些养老金通常由理财顾问为你安排，这很可能是自投资个人养老金（Self-Invested Personal Pension，简写为 SIPP）。如果你拥有自己的公司，你可能会有类似的养老金项目——小型自我管理计划（Small Self-Administered Scheme，简写为 SSAS），这也可能由理财顾问为你安排。

自投资个人养老金和小型自我管理计划，只是一个养老金账户，它们为你提供与职业养老金相同的税收优惠，但允许你投资多种资产并自行决定投资项目。

虽然这并非总是正确，职业养老金很难像自投资个人养老金或小型自我管理计划那样，成为养老金投资的好工具。这是因为自投资个人养老金和小型自我管理计划的账户非常灵活，而且比职业养老金的账户要灵活得多。大企业倾向于将其养老金计划外包给一家提供养老金服务的机构，结果就是，参加职业养老金计划的员工，通常只有非常有限的选择空间。

一些参加职业养老金的员工可能会发现，自己不能完全按照自己的喜好进行投资。企业提供的产品有限，可选择的基金类型也有相当严格的规定。如果出现这种情况，请不要太担心，仍然有方法可以进行优化。在下文具体研究如何投资和投资什么时，会详细介绍优化方法。对于你的养老金和个人储蓄账户资金，你的方法将大体相同。

可以问问自己，如果你拥有上述其中一种养老金账户，你知道它投资的是什么吗？是英股、美国债券，还是可可期货？大多数人要么根本不知道，要么只有一个相对模糊的概念。他们也不知道自己为这些资金支付了多少费用，而且这些费用可能比实际应付的要高。

如果你也是这样，也不用担心。过去几年我问过数百人，只有一个人能详细告诉我他的养老金账户是如何投资的。有趣的是，在这些我问过的回答不知道的人中，包括许多我认识的在金融领域从业的资深人士。至于我，在职业生涯的头几年，也不清楚自己的养老金账户是如何投资的。

因此，我们首先应该要解决的问题是，掌握自己养老金账户的状况。这不会花很长时间，只需要确保自己的养老金用在了划算的事项上。如果你不知道自己的养老金被用来投资什么或支付的费用是多少，那么你积累的养老金都很难为你提供应有的尽可能多的回报。随着时间的推移，这可能会带来六七位数的差异。

无论是工薪族还是个体工商户，你拥有的养老金几乎都是固定缴费养老金。也就是说，你投入一定数额的资金，最终得到的回报取决于你多年来的投资额，更重要的是取决于你投资项目的表现。将钱存入养老金账户与其他账户相比，主要区别在于税收待遇和领取资金的方式。存入养老金账户的钱在存入时不会被征税，这显然是个好消息。然而，在退休之前，你无法领取这笔钱，这并不是什么好消息。

一个颇具争议的建议

现在，我将提出一个颇具争议的建议：如果你还没有养老金，并且每月可储蓄和投资的资金不足 1 666 英镑（目前年度 ISA 津贴除以 12），你可以不考虑规划养老金。

这样做的原因很简单：尽管你投入养老金的任何资金都可以享受税收减免，但你基本上要等到退休时才能领取，英国目前最早是 55 岁。鉴于我们目前正面临极大的不确定性以及政府财政状况不佳，我认为你的退休金总额可能被用作政府的资金来源。

如果你是 40 多岁或更年轻，我认为当你退休时英国的养老金制度是否能以目前形式存在，是一个值得深思的问题。

历史上确实有一些国家政府通过法律来控制民众养老金账户里资产的例子。例如，2008 年年底阿根廷政府宣布将 300 亿美元的私人养老金资金国有化，导致一大批努力储蓄的阿根廷中产失去了对自己资金的控制。阿根廷似乎是一个极端的例子，但事实并非如此。从某些方面来看，2008 年阿根廷的财政状况实际上要比今天的英国好。

英国前首相戈登·布朗在 1997 年改变了养老金账户股息的税收待遇政策，这导致养老金账户每年减少 50 亿英镑。2015 年 3 月，时任英国财政大臣乔治·奥斯本在他的预算演讲中提出，减少终身养老金津贴，将大约 6 亿英镑从养老金账户转移到了国库。这种终身津贴从 2012 年的 180 万英镑减少到 2016 年的 100 万英镑，此前分别下降了 150 万英镑和 125 万英镑。实际上，每次降低门槛，政府都从能自律进行储蓄和投资的人那里拿钱。

我要强调的是，我无意抨击英国政治。就在乔治·奥斯本再次减少终身津贴的当月，前工党党魁爱德华·米利班德（Ed Miliband）宣布，计划使用养老金资产来资助教育以降低学生费用，并为他的强制性就业保障政策买单。英国领先金融服务公司哈格里夫斯·兰斯当（Hargreares Lansdown）的养老金研究负责人汤姆·麦克菲尔（Tom McPhail），当时对这一消息做出反应，他说道："我们需要我们的政客目光长远，而不是挪用养老金账户的钱为其他政策买单。"

这就是为什么对英国人来说，相比养老金账户，利用 ISA 积累财富是一个更好的选择。有些人可能会质疑，ISA 也许并不比养老金账户更安全，因为未来政府还是可能会掠夺 ISA 的资产。我认为 ISA 不太可能出现这种情况的一个主要原因是，投资 ISA 的总金额相比投资养老金账户的，只是一小部分。如果未来政府面临重大的经济负担，想要使用民众的储蓄，那么更值得考虑养老金账户。也有人可能会说，ISA 往往由英国精英拥有，包括那些未来为任何此类改革立法的人。

这就是为什么在决定将辛苦赚来的钱投入哪类账户时，你必须考虑个人情况。因此，我们将选取几个典型的场景详细介绍如何做出更优选择。①

当职业养老金企业缴费比例与你相同时

尽管我提出了上述观点，但是如果你在一家大企业工作，且该企业为你的职业养老金提供与你相同的缴费比例，那么你可以将你的职业养老金个人缴费部分最大化。也就是说，你对养老金账户的投入，可以优先于 ISA。

投资领域关注风险与回报。投资职业养老金账户，相当于你从企业获得了 100% 的回报（奖励），这有可能抵御未来政府使用养老金的风险。如果你参加了固定缴费职业养老金计划且拥有慷慨的雇主，那么你一定要最大限度地提高你的缴费额度。只要确保所有的钱都投入一组在资产类别和地理位置上不同的资产，即以这种方式来配置全球资产。本书后文会专门讨论如何做到这一点。

---

① 此处的方法更适用于英国居民，我国读者可借鉴思考，举一反三地运用。——编者注

如果你拥有这种慷慨的雇主，但打算很快离职，如创办自己的公司，那么就不要遵循此建议。正如前文所述，养老金的一个缺点就是，你只能在达到退休年龄后才能使用账户里的钱。如果你正在考虑创业，那么对你来说重要的是拥有尽可能多的资金。

除非你预见近期需要尽可能多的资金，否则你应该最大限度地提高职业养老金缴费额度。这种情况是我的观点"ISA 超过养老金账户"的一个例外。

当你收入可观时

还有另一种人也可能会考虑投资养老金账户，即与英国平均水平相比，收入非常可观的人。为什么呢？在 2018—2019 纳税年度，每个英国人都可以在 ISA 中投资 2 万英镑，相当于每月 1 666 英镑。他们还能够在无须缴税的情况下，每年赚取 11 700 英镑的资本收益。这意味着高薪人士每月可以将 1 666 英镑存入 ISA（已婚夫妇的是两倍）。然后，他们可以以节税的方式投入大量额外资金用于其他投资，如股票市场。例如，如果他们投资 10 万英镑并获得 11% 的收益率，他们仍然无须缴税，因为他们有 11 700 英镑的资本收益免税额。事实上，一对夫妇可以在此基础上每人投资 10 万英镑，并且由于配偶之间的财产转移是免税的，所以这笔钱可以在任何一方名下。只有在他们已经用尽这些免税额的情况下，这部分人才会考虑使用养老金账户的税收优惠。

延伸阅读

　　中国当前基本养老保险采取统账结合的管理模式，统账结合是指我国基本养老保险实行社会统筹与个人账户相结合。其中，社会统筹部分由社会保险经办机构依法统一征收、统一管理、在属地范围内统一调剂使用，社会统筹由国家、单位和个人共同负担。参保单位和个人分别缴纳工资总额的 20% 和 8% 的比例，分别参加社会统筹调剂和存入职工个人账户，缴费满 15 年并达到退休年龄者可以领取养老金。计发办法采取新人新制度、老人老办法、中人（新规定实施后退休的参保人员）逐步过渡的方式。

　　从表面上看，中国基本养老保险社会统筹账户像是确定缴费型养老金计划（Defined Contribution Plan），因为大家都适用同一套支付标准。而个人账户像是确定收益型养老金计划（Defined Benefit Plan），这部分最终收益根据个人缴费而定，多缴多得。然而，养老金标准的增长率、退休年龄的标准、缴纳社保的规则和范围，都是由政府制定的，而且近年来都做过调整。因此，预期缴纳的额度是随政策变化的，实质上不属于确定缴费型。同时，最终享受到的养老金也是会变化的，因此不属于确定收益型。

　　总而言之，社会统筹的功能是实施高低收入者之间的收入再分配，个人账户的功能是强制储蓄。这种模式具有以下优点：实行个人账户制，形成激励机制，明确个人责任，减轻人口老龄化带来的养老保险给付压力；同时，社会统筹部分作为调剂互助之用，弥补单纯实行个人账户制度缺乏的横向之间调剂互助的缺点。这种新制度既有传统的社会保险的互济性、分散风险和保障性强的特点，又强调了员工的自我保障意识，充分体现了公平与效率的结合。

账户投资优先级

许多人会按以下优先级对各类账户投资：

1. 最大化提高对优质 ISA 的缴费额度。
2. 购买贵金属。本书后文会深入讨论这一点。
3. 对于那些仍有富余资金的人，投资 ISA 之外的其他投资账户，通常是一般投资账户（GIA）和点差交易账户，这是另一种潜在的免税方式。
4. 完成以上 3 种操作后，会考虑将富余资金存入养老金账户。

在英国，成功的 ISA 投资、定期购买金条、最大限度地提高年度资本收益津贴，以及熟练使用点差交易账户，可以帮助大多数人实现财务目标，而不会产生税务问题，也不会让他们的钱被锁定几十年！这是我们今天拥有的另一个投资优势，但很少有人知道并加以利用。

遗产税和自动注册

在我们更详细研究 ISA、贵金属等之前，我想谈谈关于养老金账户的最后两个问题。一个问题是，乔治·奥斯本对税收规则所做的更改，意味着你现在可以将养老金账户中的资产转移给你的孩子，无须缴纳遗产税。当前英国遗产税缴纳门槛是总资产 325 000 英镑（每对夫妇 650 000 英镑），对超过这一资金门槛的人来说，养老金账户可能会有用。有些人可能会争辩说，我没有认识到养老金账户相对于 ISA 的优势。

但我认为这实际上并不那么相关。请记住，你在去世前 7 年或以上留给孩子的任何资产都免征遗产税。如果你对此已有安排，那么上文讨论过的其他账户在灵活性和获取资金方面的优势，要超过养老金账户的遗产税优势。这里的关键是，你要提前安排。如果你到了 50 岁，并且已经在非养老金账户上积累了大量财富，那么你可能会考虑在向养老金账户支付一些大笔金额以获得税收优惠（假设它们仍然存在，但我认为这远非一个安全的假设）。

另一个问题是，你可能参加的是所谓的自动注册养老金计划。英国大多数雇员都被雇主自动注册加入养老金计划。雇员工资的 1%~3% 将自动支付给养老基金，同时雇主匹配 1%~4%。你可以选择退出，但考虑到缴纳的金额相对较小，我建议你选择让你的雇主为你安排这笔养老金，确保这笔钱用于允许的最佳投资（稍后会详细介绍），然后在 ISA 储蓄，以及使用其他你能负担得起的投资工具。

3 类养老金规划

总体来说,英国大多数人的养老金规划包括以下 3 类。

第 1 类

职业养老金,企业缴纳比例与个人相同,但只能投资该账户包含的产品。

考虑采取的行动:确保你持有职业养老金账户包含的最佳基金。阅读后文有关投资的内容后,你将更好地理解如何做到这一点。如果你将相当大一部分工资投入养老金账户,但你的雇主不提供相同的缴纳比例,并且假设你可以选择将这笔钱提现,那么你可以考虑将其存入 ISA。是否这样做取决于你对职业养老金的看法、养老金过去的业绩,以及与你的 ISA 相比养老金产品的成本。通过后文的学习,你将了解如何评估这些因素。

第 2 类

你是一位个体经营者或在一家不为你提供养老金的企业工作,但你拥有以前工作时积累的养老金。

考虑采取的行动:除非你每月能存下超过 1 666 英镑的 ISA 津贴,否则不要再向该养老金账户投入资金。使用你现有的养老金资产,确保你持有该账户包含的最佳基金。

你也可以考虑开设一个个人养老金账户,并将你现有的养老金资金转入该账户。如果你选择了合适的提供商,这会让你在投资基金时拥有巨大的自由且支付更少的费用，从而提高你的投资业绩。

第 3 类

你目前没有任何养老金规划。

考虑采取的行动：如果你目前没有养老金账户，并且每月用于储蓄和投资的资金少于 1 666 英镑，那么建议你不开设养老金账户，而是专注 ISA。如果你能够在未来每月储蓄和投资超过 1 666 英镑，那么你可以考虑将盈余存入养老金账户。如上所述，你也可以考虑在 ISA 之外将资金投入股票市场，甚至在投入养老金账户之前。因为在支付资本所得税之前，你每年可以赚取 11 700 英镑的资本收益，超出你从 ISA 获得的税收优惠。请注意，这些数据是基于 2019 年的数据，将来可能会发生变化。

关于养老金的总结

可以说，如何规划养老金可能是本书中最复杂的话题之一。如果你仍然对最佳方案感到困惑，特别是你现有的方案很复杂，那么你可以找一位称职的理财顾问咨询，尤其是你已经到了或非常接近退休的年龄。许多人在退休时的财务状况相对复杂，尤其考虑到近年来英国养老金制度发生了许多变化。

本书介绍的积累财富一劳永逸的投资策略，旨在尽可能简单地让你增加资金。无论退休前你的养老金规划有多复杂，你都可以使用这个投资策略，但一旦你已经退休或即将退休，你最好寻求一些专业建议。

退休后，你需要考虑将你的投资从积累转变为收入（稍后会详细介绍）。考虑是否可以从你的账户中一次性取出一笔钱，考虑要提取多少钱，以及各种其他考虑因素，比如如何处理你拥有的任何资产。如果你即将退休，那么我强烈建议你找一位理财顾问。你要确保理财顾问知道自己在做什么，而且不收取太多服务费，我们将在后文讨论这一点。

然而，对于其他人，让我们将注意力转向ISA。这对大多数英国人来说是积累财富的最重要的工具。

ISA/NISA

即使先将我对养老金的想法放在一边，但是如果你真的想在财务状况方面取得巨大进步，那么无论如何你都需要开始每月从收入中节省一些钱。不管你对英国养老金制度的看法如何，基本上你都是最早要到55岁才能领取养老金。

如果你计划在退休之前尽快积累到可以享受生活的资金，那么你需要将现金和你的养老金分开储蓄和投资。当你看到这样做可以赚多少钱时，你就会想去做。尽快开始。

如前所述，如果可能，你的目标应该是每月将至少10%的税后收入自动转入投资账户。一旦设置好这个目标之后，你会很快适应新的财务状况。在你习惯这个安排并开始看到账户资金增长之后，你甚至可以考虑将这个比例提高到12%、15%，甚至20%。你投资得越多，就会越快变得真正富有。

无论你设法存什么，结果都会改变你的生活。只要你用自己的钱，选正确的账户，做正确的事，随着时间的推移，由于复利效应，你极有可能会赚到一大笔钱。

只要你每月的储蓄额少于上文提到的 1 666 英镑，你就可以将这部分钱投资 ISA，显然这适用于大多数英国人。请注意，自 2012 年以来，ISA 已被一些公司用 NISA（New ISA，即"新 ISA"）所取代。这个新产品甚至比以前的产品更好，因为它让你可以更灵活地操作你的账户。

什么是 ISA？

ISA 是英国的一种投资账户，政府允许民众每年将一定金额的资金投入该账户。至关重要的是，民众从该账户的资金中获得的任何收益都无须缴税。这个账户在英国非常受欢迎。民众可以在许多不同公司开设 ISA，从主要的高街银行到一些更专业的机构，例如股票经纪公司。要开设一个 ISA，民众只需填写一两张表格，然后将资金转入账户，可以是一次性付款也可以是每月付款。大多数 ISA 提供商允许民众以低至 100 英镑的资金开立账户，或者每月至少支付 25 英镑的定期费用，可以是直接借记或定期转账。

现金账户与股票/基金账户

这是一个非常重要的区别，但很少有人理解。直到 2014 年，

ISA 有两类非常重要的账户——现金账户（Cash ISA）和股票/基金账户（Stocks and Shares ISA）。现金账户与活期账户类似，都是开立账户并存入现金。唯一的区别是，现金账户的利率略高，当然也取决于你在哪里开立现金账户，而且你不必为所赚取的任何利息缴税（这通常是 ISA 的优点）。不过由于通货膨胀的存在，你从现金账户获得的利率，可能低于实际通货膨胀率。

股票/基金账户让你可以将资金投资于各种资产（如果你拥有较好 ISA 提供商）。也就是说，你可以购买债券和大宗商品等产品，也可以购买股票和基金。NISA 实际上是将这两种类型的账户合并，这意味着你可以自行决定将你每年 2 万英镑的限额（截至 2019 年）用于现金或任何投资组合方式。

接下来，我们将更详细地讨论如何做到这一点，以及你可以利用 ISA 进行的各种投资。目前，我们只需要确保自己在英国市场上最好的提供商开立了 ISA，这样就可以用尽可能低的成本来获取成功所需的灵活性。

避开高街银行

不推荐选择高街银行提供的 ISA。理想的 ISA 应该是能让你以低成本购买大量股票或基金。如果你在高街银行开立 ISA，你通常只能从该银行销售的基金中进行选择，这会对你可持有的资产有一定的限制。

这是许多人对投资持负面看法的一个关键原因。如果你拥有由高街银行提供的投资高成本、低业绩产品的股票/基金账户或现金账户，那么这些年来你的资金极有可能没什么变化，而你对投资，尤其是 ISA 的看法也会非常负面。

免税利得

ISA 的重要优势在于，你无须为账户中的投资所得缴税。这对你更快地积累资金非常有益。以我的亲身经历举例，我用我的 ISA 投资了白银，很幸运地在购买大约 8 个月后以 163% 的利润出售了我的头寸。这意味着我当年的 10 200 英镑的 ISA 津贴变成了大约 27 000 英镑。如果我未在 ISA 操作，我将缴纳约 5 000 英镑的税款。多亏了 ISA，让我无须为获得的这些利润缴税。当然，这是一笔非常好的交易。我绝不是提示你能定期获得这样的回报，但这的确是有可能的。

提醒一下：如果你每月有超过 1 666 英镑（或每年 20 000 英镑）可以投资，那么利用 ISA，你每年可以额外赚取 11 700 英镑的免税利润。这是你的年度个人资本收益津贴限额。你只需确保你在 ISA 提供商处拥有一个 ISA 之外的投资账户。尽你最大的努力在该账户中每年赚取 11 700 英镑以下的利润，确保你在每个纳税年度都获得利润。

终身储蓄账户

终身储蓄账户（Lifetime ISA），这种新型 ISA 是英国政府于 2017 年 4 月推出的。它只适用于 18 岁以上、40 岁以下的人。

终身储蓄账户的要点是，政府将在你投入此账户资金的基础上补贴 25%，每年最多 1 000 英镑。如果你未满 40 岁，并将

4 000英镑存入终身储蓄账户，政府会补贴你1 000英镑。

看起来很棒。但在我看来，当你仔细阅读以下条款时，它就不再如此了。只有以下情况，你才能在从终身储蓄账户取款时，获得25%的政府补贴：

1. 使用抵押贷款购买你的第一套房子，并有产权转让人或律师（因为他们必须为你管理终身储蓄账户才能保留补贴），并且房子的价格要低于450 000英镑。
2. 超过60岁（即距离现在20年或更长时间）。
3. 身患绝症。

如果你想在其他情况下提取资金，则必须先偿还政府补贴。因此，我的观点是，你应该认真考虑一下你是否会在短期内购买价值低于450 000英镑的房子，以及你是否觉得为了买房而付出许多精力去拥有一个终身储蓄账户并承担烦琐的文书工作，仅得到两三千英镑的政府补贴是值得的。有可能是值得的，但也可能是完全浪费时间。例如，如果你打算买更贵的房子，或者你在几年内没打算买房，但当你想买房时，这个规则可能已经改变了。

这显然是个人选择的问题，但我认为未来政府很有可能会更改终身储蓄账户的规则或将其取消。我个人认为，与其使用一个会带来额外麻烦和管理工作的账户且收益微乎其微，不如拥有一个普通的ISA，并尽可能每年最大限度地利用它。

点差交易账户

许多人没有听过点差交易，但对准备投入时间的人来说，这可能是一种通过投资赚钱的有效方式。如果你花时间了解它是如何操作的，就会知道它是非常强大的赚钱工具。我很幸运能够在英国使用它，因为世界上只有相对较少的国家具有点差交易行业。例如，这在美国是非法的，这对美国人来说真是太可惜了。那么什么是点差交易，它是如何运作的呢？首先要说的是，这是一种只有在你准备投入大量时间和精力时才能熟练使用的投资方法。点差交易相当复杂，如果你不知道自己在做什么，可能会很快损失大量资金。

如果你有一个点差交易账户，你就可以投注大量资产的变动。你可以投注范围很广的股票、债券、股票市场指数、大宗商品和其他投资品种。你可以在你考虑的任何资产上押注一定的货币价值来做到这一点。假设你认为黄金价格会上涨，你将做多（即购买黄金），并决定每点下注多少英镑。

2019年，黄金交易价格约为每盎司1 300美元。如果你想做多，就必须决定每点下注多少英镑。如果你下注1英镑，理论上你最终将拥有价值1 300英镑的黄金。这意味着如果黄金价格回到1 800美元，你将赚到500英镑［（1 800英镑 –1 300英镑）×1］。如果你每点下注10英镑，你将赚到5 000英镑，以此类推。

点差交易的两个重要方面：

1. 理论上你最终可以投注任何东西，其价值远远超过你在交易账户中的价值。按照上面的示例，如果你想拥有价值1 300英镑的黄金，可以实际购买价值1 300英镑的黄金。相反，如果你通过点差交易账户进行投注，你只需要1 300英镑的零头，（理论上）你将最终获得相同价值的资产。这听起来相当复杂（可以说的确复杂），但如果你明白你在做什么，点差交易可能会产生非常强大的效力。你最终可以用少得多的资金有效地拥有价值数千（甚至数百万）英镑的资产。

2. 你可以押注产品价格的跌幅和涨幅。如果你押注的产品价格下跌，你就赚钱了，这被称为做空。我们将在第7章更详细地讨论。

> 再次强调点差交易的关键点：你在开始之前必须确保对其有足够的了解。你问的人里，可能80%~90%的人都会赔钱。如果你要使用这种账户，你必须掌握足够的知识使自己成为那10%中的一员。

小结

你现在已经知道你可以（并且应该）用来积累财富的各类金融账户，接下来让我们来更详细地了解你可以使用的各类金融工具。请记住，如今投资的最大好处之一，就是你能够非常便宜且轻松地投资一系列真正非凡的产品。大多数人对此知之甚少，如果你能掌握，它将是你的又一个投资技能。

第 7 章　常见投资工具

个人理财并不难。

拉米特·塞西（Ramit Sethi）
《我来教你变富》作者

在第 6 章中，我们介绍了一系列金融账户。本章，我们将讨论现有的一些令人眼花缭乱的金融产品。如果你有 NISA 或养老金账户，你就可以用其购买适合的金融产品。因此，你需要对这些金融产品有较深的了解。

十大投资工具

目前有几个主要类别的金融产品，也被称为资产类别或投资工具，你可以用它们来积累财富并使其增值。其中，一些为大众熟知，但也有一些资产类别不为人熟知。如果你还未真正了解债券或股票，那么你来对地方了。

最受大众关注的资产类别主要有：

1. 现金。
2. 房地产。
3. 债券。
4. 股票。
5. 大宗商品。
6. 基金。
7. 保险。

除此之外，还有两种相对更受专业投资者关注的资产类别：

8. 外汇。
9. 衍生品。

还有一种近几年引起广泛关注的资产类别：比特币和以太坊等加密资产以及相关的区块链投资。由于自 2015 年以来这一资产类别受到广泛关注，因此我将其列为第 10 种资产类别：

10. 加密资产 / 区块链。

基金的重要性

值得注意的是，对大多数个人投资者来说，基金可以说是这些投资工具中最相关的。很简单，因为基金允许投资者拥有一篮子上述列表中的任何产品，甚至是多个资产类别的产品组合。

例如，作为单一基金的投资者，你最终可能拥有数百股股票。对于某些类型的基金，你可以一只基金中同时拥有股票、债券、房地产和大宗商品。出于多种理由，这一点非常重要，稍后我们进行更详细的讨论。

与以往一样，不要担心要学习的东西太多。上述列表可能看起来令人生畏，因为至少有10种资产类别需要理解。不过不用担心，事实上你只要对它们有一个基本了解，便可以成功地安排你的财务事务。

你必须重视的资产配置

了解自己针对这些资产类别应该分配的财富比例同样重要。在不同的资产类别之间分配资源，就是所谓的资产配置。资产配置是投资时需要注意的最重要的事情之一，而且资产配置的比例随着我们年龄的增长要进行调整。

我们年轻的时候，想要财富增值；然而随着年龄增长，我们可能希望自己的投资越来越安全，以便保护已积累的财富，并从中获得可观的收入。可以简单理解为，我们越年长，持有的资产更多应该是债券和现金；我们越年轻，持有的资产更多应该是股票（股权）。另一个值得关注的情况是，近年来英国人痴迷于房地产投资。

> 英美许多人拥有的财富几乎都是房地产和现金，从长远来看，这是不可取的。

实际上，随着时间的推移，最好同时拥有上述列表中的资产类别。如果只有房地产，你可能一生都无法变得富有。为了获得真正致富的最佳机会，你需要确保自己了解并接触其他资产类别，尤其是股票、债券和大宗商品。

投资所有资产类别时的注意事项

上述每种资产类别都有其特点，但当我们投资其中任何一种时，都要考虑以下两个因素：

- 投资该资产类别，你的资金安全吗？
- 你期望获得多少收益率？

换句话说，当我们考虑资产类别的相对优点时，我们既要不赔本，也要考虑我们投入本金后的回报。正如前文所述，我们没必要对每一种资产类别都有深入的了解，只需要了解它们是什么、安全性以及可能带给我们的回报就够了。因此，让我们快速依次来了解这些资产类别。

现金

首先，我们要明确一点，此处讨论的现金是指存放在银行等金融机构里的钱。现金显然也可以是你钱包里的钱。不过，当我们在研究现金作为资产类别的优点时，由于你钱包里的现金不会为你带来利息，因此不在讨论之列。

显然，现金存在银行账户中，好处就是基本上是安全的。除非发生金融危机、大规模自然灾害或大变革，否则你始终可以使用你在银行账户中的资金，并且这些钱不会因为市场崩溃突然变少。

由于现金被认为是安全的，因此你可以从中获得的收益率往往很低。当你是储蓄者并且在银行有存款时，银行会向你支付利率以感谢你向其提供资金。然后银行可以将这些资金借给其他借款人，并向其收取比银行支付给你的利率更高的利率，这就是银行赚钱的方式，或者至少是银行过去赚钱的方式。

不能遗忘的通货膨胀

利率，几乎就是我们需要了解关于现金作为可投资资产的全部信息。但在介绍下一个资产类别之前，我们还需要注意另一个考虑现金资产的关键因素：通货膨胀。在考虑将钱存入银行的实际安全性时，我们必须了解银行支付给我们的利率（也称名义利率），以及我们的钱实际赚取的利率（也称实际利率）。名义利率和实际利率之间的差额，就是通货膨胀率。

第 6 章提到英国一家主要高街银行的活期账户给客户支付

1.8%的利率，对基本税率纳税人而言，这相当于1.44%的利率。同时期英国政府通胀率是4%~5%，但实际通胀率很可能比这更高。如果通胀率为5%，你的存款收益率为1.44%时，那么你每年实际损失的财富超过3.5%。出于这个原因，"现金为王"可能是一种危险的认知。

对我来说，一年损失3.5%的财富听起来很不安全。当通胀率高而利率低时，实际利率则为负。计算非常简单，实际利率（现金投资收益率）等于名义利率（银行支付给你的利率）减去通胀率。

将尽可能多的财富投资具有正实际利率的资产，这对你的长期财务成功非常重要。当实际利率为负时，你应该只留够你需要的现金，以便用作短期开支。简单来说，可以将短期视为1年。因此，计算出你每月的生活所需开支，加上你认为当年会出现的任何其他支出（如假期出游、购买汽车、教育金），为确保够用可以增加一个误差范围，然后将其他资金投资现金以外的资产。进行以上操作后，让我们转向现金以外的其他资产。

房地产

第5章已经详细讨论了房地产投资。当我们考虑资金回报时，房地产显然是较好的资产类别之一。房地产总是有一定价值的，因为人们总需要有住的地方，而且几乎可以肯定，它永远不会一文不值（但这有可能会发生在股票上）。

因此，重要的是要了解如何评估房地产价值，以便有机会在不同时期能以合适的价格买房。我们在第 5 章中已经介绍了租金收益、资本收益、房价收入比等概念，这里不再赘述。但值得强调的是，我们可以使用这些指标将房地产和其他资产类别进行比较。

还有几点值得一提。正如前文所述，许多英国人和美国人拥有非常高比例的净资产，或者在许多情况下，全部资产都与他们的主要房地产挂钩。但是如果你希望以安全的方式增加财富，那么需要牢记的一件事情就是资产配置。如果你已经有很大一部分净资产与房地产相关，那么你应该优先考虑投资其他资产类别。然而，正如我们已经讨论的，当你在比较各种不同的资产类别时，必须考虑通货膨胀后的预期回报。

但是，除了你居住的地方，还有其他两类房地产投资可以考虑：商业地产和海外地产（就此而言，还有海外商业地产）。通常情况下，在商业地产和海外地产类别中都有让人感兴趣的机会，即使你在主要居住地的住宅物业中已经拥有了很大一部分财富，这些还是值得考虑的。接触商业地产和海外地产的方法之一是持有基金，下文将更详细地讨论。

房地产和借贷的关键

针对房地产这个资产类别，我想提出最后一个重要的观点：与其他主要资产类别不同，个人能够借到相当大的资金来投资房地产，这在很大程度上是房地产市场的独特之处。大多数人无法借钱投资股票或大宗商品，除非一些有业绩记录和私人银行业务的富人，或者一些知道如何有效使用点差交易账户的投资者。

抵押贷款使个人能够掌控价值远高于其存款的资产。在过去几十年的不同时间段，以 5%~10% 的首付买房很常见。在 2008 年金融危机之前，英国北岩银行等机构甚至向买家提供 110% 的抵押贷款。

在强劲的市场中，这对房地产投资者来说是个好消息。例如，如果你投入 25 000 英镑（甚至更少）来拥有 25 万英镑的房子，只要房子的价值增长得足够快，那么你就可以非常迅速地积累财富。然而，使用债务购买任何资产（也被称为"举债投资"）都是一把"双刃剑"。在牛市中，你可以用别人的钱来增加自己的财富。在过去的几十年里，这使许多在市场调整之前获利并出售这些房子的人受益。

如果你借钱买了房，而随后房子贬值，那么你最终可能无法偿还贷款。我们在考虑负资产时简要讨论过这一点。这可能是一段非常痛苦的经历，这也是一些人投资房地产失败的原因。

一般来说，你可以借钱买房，事实证明，聪明的投资者有机会通过这样做赚大钱。然而，了解所购房子的价值涨跌和借钱的成本如何至关重要。美国的次贷危机主要是因为成千上万的人认为美国的房地产总会升值，只考虑当下的月供，而没有考虑未来几年的月供。我希望本书前面提出的观点有助于确保你不会犯同样的错误。

债券

许多人都熟悉贷款的概念，简单来说，银行会借给你一定金额的钱，在约定的时间之后，你向银行偿还借给你的钱以及约定的利息，来补偿你借款期间银行没有持有这笔钱的损失。这就是为什么将利率作为货币的成本或价格有助于我们理解其含义。那么什么是债券？其实也很简单，就是将贷款分成许多份，以便很多人都可以参与。

想象一家大型石油公司计划建造一座新的炼油厂，需资金10亿英镑。它可能会去一家大银行申请10亿英镑的贷款。如果银行对这家石油公司特别有信心，就会很痛快地借款给它，并要求适当的利率作为补偿。然而，更有可能的是，银行会觉得10亿英镑的贷款对一家公司来说金额太大了，这笔交易对自己来说风险也太大，无法承担。在这种情况下，银行可能会做以下两种事。

第一种是询问其他银行是否有兴趣借出这10亿英镑中的一部分。假如它找到了其他9家银行，每家愿意贷款1亿英镑，或者4家银行，每家愿意贷款2亿英镑。这就是银团贷款，即一组银行（或银团）联合起来进行贷款，以降低其风险敞口（或称信用风险），但仍能确保交易完成。在这种情况下，原银行不仅会获得贷款利息，还会收取组织银团的费用，这是投资银行所做的事情之一。

第二种是打印许多张纸券，每一张都代表10亿英镑贷款价值的一小部分，然后将这些纸券出售给任何有兴趣提供那一小部分贷款的人，这些人收取利息作为补偿。这基本上与银团贷款的过程相同。这些纸券被称为债券，它的存在意味着贷款可以出售给大量投资者，而不只是一小部分银行。

针对上述案例，假设这家银行印制了100万张债券，每张债券价值 1 000 英镑，且石油公司承诺为这些债券支付 5% 的利息。当银行出售这些债券时，潜在投资者可以购买任意数量的债券。他们每买一张债券，石油公司就欠他们 1 000 英镑，外加 5% 的利息。债券支付的利息被称为票息。这是因为在过去，债券实际上是一张纸，它都有一张可分离的配给券，也就是息票，用于支付债券所有者有权获得的利息（见图 7.1）。

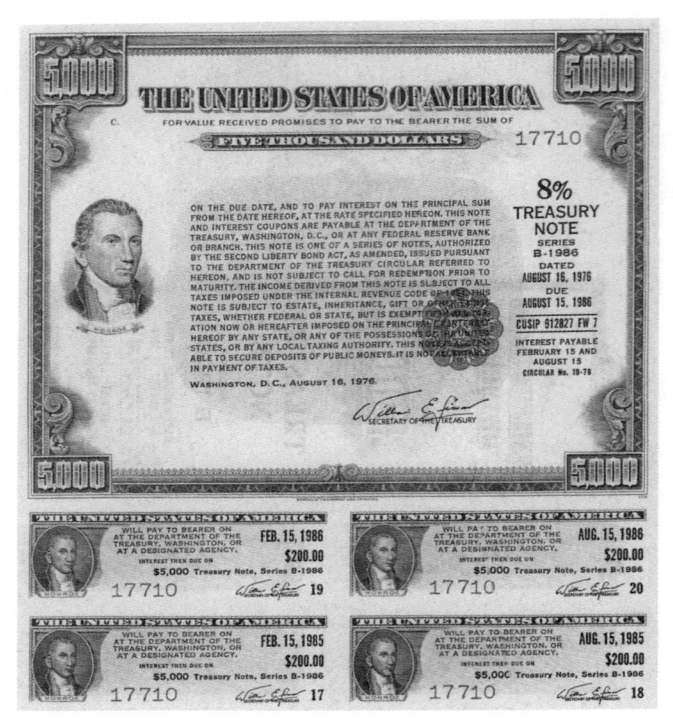

图 7.1　附息票债券示例

如果你购买的债券，利息为 5%，并在 3 年内赎回，债券发行者每年会向你支付两次 2.5% 的利息，那么你总共会有 6 张息票。最初发明债券时，债券持有人实际上每 6 个月将这些息票带到银行，用它们来换取相当于债券面值 2.5% 的支票或现金等价物。今天，这些付款往往是自动化的（除非它们是所谓的不记名债券）。

债券的另一个特征是，买方借钱给卖方是有期限的。债券可以提供其持有人每年 5% 的利息，并在 3 年、5 年，甚至更长时间内收回本金。一些政府债券的期限长达 50 年。可以想象，在其他条件相同的情况下，承诺每年支付 5% 的利息、为期 10 年的债券成本，往往高于每年支付 5% 利息、为期 2 年的债券。

债券二级市场

债券的另一个关键特点是存在二级市场。仍以上述案例为例，假设你购买了价值 10 000 英镑的石油公司债券，但一个月后你得知该石油公司陷入财务困境（或者你只是突然需要收回本金）。你决定宁愿拿回本金，也不愿持有债券并收取利息。幸运的是，有些人认为投资这家石油公司是一个不错的选择，并希望拥有你的债券并收取利息。因此，你可以通过投资银行等中介向愿意购买的人出售你的债券。

切记，个人投资者直接购买债券是非常不容易的。大多数债券，无论是由公司还是政府发行，交易的金额对普通个人投资者来说通常过大（但对非常富有的人来说不成问题，这对富人来说是另一个优势）。因此，大多数人希望通过拥有债券基金来获得债券投资机会，下文将对其进行详细介绍。

政府债券

债券是政府税收之外的主要资金来源。为了充分理解今天正在发生的事情并进一步加强我们对债券的理解，我们必须了解以下内容。

全世界的政府通常有两种筹集资金的方式。第一种方式是税收，我们大多数人都相当了解这一点。我们以多种方式纳税，我们工作的公司以及我们购买产品和服务的公司也是如此。

然而，自数千年前税收被创造以来，大部分政府仅靠税收难以生存。从历史来看，政府难以仅靠税收生存是其发动战争的代价。战争时期，政府承担的开支飙升，必须建造船舶，必须为士兵提供报酬和供给，正是这些开支导致债券市场的诞生。

过去的几个世纪里，在紧急情况或战争时期，政府被迫花费比税收收入多得多的钱。它们通过向本国民众以及向包括其他政府在内的外国投资者出售债券来弥补差额。这是政府筹集资金的第二种方式。

除了税收和向投资者出售债券，政府基本上没有其他方式筹集资金。一个罕见的例外是政府出售土地、黄金储备或外国大使馆建筑或军事基地等资产。不过这些销售显然不是经常性的收入来源，因此只用于紧急情况或当权者认为市场处于特别有利的情况时。政府在这方面有时做得非常糟糕，正如我们前文提到的戈登·布朗出售了英国大部分黄金储备，使其接近历史低点。

可悲的是，尽管大多数国家自二战结束以后都享受着前所未有的和平，但几乎所有西方政府都养成了支出远远超过税收的习惯。我们已经在第 4 章的英美政府债务图中看到了这一点。一个例外是拥有大量人均自然资源和良好政治领导力的小型经济体，如挪威。世界上几乎所有政府都通过出售债券，也就是说，通过举债来弥补缺口。（请记住，债券就是分成许多小份的贷款。）

你可能会惊讶地发现，这项政策在很长一段时间内完全是可持续的。提供抵押房贷、贷款和信用卡的银行，显然乐于向年收入高的富人提供此类债务产品，这些人一般都会偿还债务。同样，世界各地的投资者都乐于通过购买债券来向年收益较高且通常不断上涨的国家政府提供资金。也可以说，投资者乐于购买 GDP 高且不断上涨的国家的政府债券。

政府债券有风险吗？

直到最近，金融理论还认为，借钱给美国、英国或法国等现代国家的政府是无风险的。例如，如果你从美国政府购买 1 万美元的债券作为养老金，那么你肯定可以拿回你的本金和约定的利息。毕竟，美国政府被认为如此强大和富有，以至大家不会有拿不回自己的钱的想法。即使发生一些令人难以置信的灾难，美国政府仍然可以发行尽可能多的美元。

事实上，印钞正是美国今天正在做的事情。如果不增加货币发行量，它就无法再向债券持有人支付本金和利息。增加货币发行量（也被称为量化宽松）的问题在于，它会使货币贬值。如果将英镑、美元、日元或欧元的供应量增加一倍，但产品和服务的供应量保持不变，那么不仅不会创造更多的财富，相反，在其他条件相同的情况下，只是将所有产品和服务的价格翻一番。这就是为什么将钱分发给人们的政策都会适得其反，这并不会使人们在中长期内真正变得更加富有。

尽管世界各地的投资者继续相信富裕国家的债券基本上是无风险的，但显然他们从这些债券上赚取的回报相当低。如果可以选择将资金投到哪儿，你可能愿意接受无风险资金较低的回报率，你认为起码可以保证获得回报，而不愿意进行让你担心自己可能无法获得回报的较高风险投资。过去几年出现金融危机的部分原因在于，越来越多的投资者不再认为发达国家的债券是无风险的。这是一个非常重要的变化，因为这对利率和通货膨胀都有影响。

政府债券的价格和利率

在此，我想简单解释一下债券的价格和利率之间的关系。想象一下，美国政府正在出售价值100美元的1年期债券，并支付5美元的利息。这意味着，如果你购买此债券，你会在年底获得100美元的本金和5美元的利息，那么你的投资收益率为5%。

然而，在我们之前谈到的二级市场中，债券价格不断上下波动，这取决于全球投资者对发行债券的国家或公司的看法。因此，你最终可能为价值100美元的债券支付了多于或少于100美元的资金。在上面的例子中，如果你为债券支付101美元，你的投资收益率最终约为3.95%。这是因为你损失了1%的资本（你为债券支付了101美元，但年底只收回了100美元的本金），而5美元利息的百分比收益率要比以前低一点（5/101，而不是5/100）。

如果你为此债券支付了 99 美元，你的投资收益率则约为 6.05%。这一次，你的资本收益略高于 1%（你支付了 99 美元，但年底收回了 100 美元），5 美元利息的百分比收益率要比以前稍高一点（5/99，而不是 5/100）。

> 较低的债券价格意味着较高的利率，反之亦然。它们是同一枚硬币的两面。

理解这一点很重要。政府需要筹集资金来支付其税收无法承担的费用，所以政府必须向国内外投资者出售债券以弥补差额。如果这些投资者对该国政府的财政实力缺乏信心，他们就不会为该国的债券支付更多的费用。这意味着该国债券价格下跌，而较低的债券价格意味着较高的利率。

债券市场如何推动利率？

2012 年，全球投资者购买希腊、意大利、西班牙、法国、葡萄牙和爱尔兰等欧洲国家债券的意愿明显下降。结果，这些国家只能以越来越低的价格出售它们的债券，而这些国家的利率则被推高，并向人们展示了庞大的全球债券市场（来自世界各地拥有数万亿美元、英镑、欧元、日元等货币的投资者），比世界上几乎任何一个国家在设定利率方面都更强势。即使是美国政府，其在设定利率方面的权力也远比你想象的要小。

事实上，陷入困境的欧洲国家与英美的唯一区别是，英美都可以增加货币发行量来购买自己的债券，因为它们控制着自己的货币发行权（而不是由一组国家控制的欧元，这意味着没有一个国家可以单方面发行更多的欧元）。增加货币发行量使债券价格上涨（因此利率下降），但同时造成通货膨胀（美元和英镑贬值），所以我认为从长期来看，这种影响仍然是负面的。

正如你想象的，债券价格下跌也是一种恶性循环：随着利率上升，政府需要支付更多的钱来借钱，这使得投资者更不愿意投资该国债券。

你可能已经意识到，利率上升阻碍了经济，其原因如下：

- 人们不太愿意申请抵押贷款或其他贷款，从而抑制房地产市场和零售业发展。
- 那些拥有浮动利率抵押贷款的人看到自己每月付款不断增加，因而降低消费，这意味着其他经济也受到影响。如果利率上升太多，人们可能最终被迫卖掉自己的房子。令人遗憾的是，在接下来的几十年里，我们很可能会看到很多这样的例子。
- 公司不太可能雇用人员或购买新设备。如果公司的资本成本增加而又不得不支付更多的钱来借钱进行投资，那么它们将减少投资。

任何财政管理不善的政府，都会发现自己不得不降低其债券价格才能售出。这导致更高利率这一极不受欢迎且具有经济破坏性的现实，因为其替代方案根本无法在债券市场上筹集到资金。

鉴于这两种选择都不是赢家，历史上许多政府都选择了前文提到的另一种选择：增加货币发行量来购买自己的债券。这就是英美这几年一直在做的事情，也是欧洲国家2012年争论的焦点。意大利、爱尔兰、西班牙、葡萄牙、希腊等国家都需要发行货币来应对它们的巨额债务，然而德国政府不愿意让它们这样做。由于大量印钞，德国在20世纪20年代遭受了残酷的恶性通货膨胀，因此德国人对通货膨胀的恐惧根深蒂固。

纵观整个历史，人们曾多次尝试发行货币，并以各种不同的方式对此进行描述（贬值硬币、印钞、量化宽松）。它几乎总是给相关国家或社会带来经济灾难［古罗马、20世纪20年代的魏玛共和国、20世纪80年代和21世纪初的阿根廷及许多其他拉丁美洲国家、2009年的津巴布韦——100万亿面额钞票的发源地（见图7.2），以及委内瑞拉］。

图7.2　100万亿津巴布韦元钞票

在历史上的多数时期，英美都没有增加货币发行。它们足够强大，可以真金白银地偿还债务，并且可以让债券投资者乐于以低利率购买债券。可悲的是，情况已不再如此。在过去的几年里，英美都不得不增加货币发行来购买自己的债券，人为地保持低利率。

有些人可能已经注意到这是第三种选择。但我之前说过，政府筹集资金只有两种方式，因为这第三种选择根本不是真正筹钱的方式。

简而言之，量化宽松其实只是政府在计算机中发明一些钱，并用这些钱来购买政府无法以更昂贵的低收益水平出售的债券，因为一般的专业投资者不会以这个价格购买。近年来，美联储购买了美国所有新发行债券的80%，英国当局购买了英国所有新债券的50%。也就是说，它们购买了自己债券的50%~80%。这是"拆东墙补西墙"的一个典型案例。

正如前文所述，如果增加货币发行量，其结果就是通货膨胀。这是因为发行货币不会创造更多的产品和服务，例如发现更多的石油或种植更多的小麦。产品和服务的供应量保持不变，但每个人为其支付的金额最终会增加。有一个经济学派认为，发行货币实际上可以制造更多的产品和服务。如果一个经济体中有更多的资金在流动，那么人们更有可能贷款或建造工厂等。这就是中央银行玩这个游戏的原因之一。我认为从历史来看，每一次发行货币的数量都超过了新的实际经济活动的数量。因此，最终带来的是通货膨胀而不是产生财富。

如果政府为了购买自己的债券并避免处理其先前行为造成的后果，而一味将现有资金翻倍，在其他条件相同的情况下，那么你需要确保你的雇主将你的工资翻倍以保持你现有的生活水平。

你觉得这可能吗？我不这么认为。

这里可以再次重复凯恩斯的观点："通过持续的通货膨胀，政府可以秘密地、不为人知地没收公民的大部分财富。"

这正是现在发生的事情。如果你认为政府将货币供应量翻倍的想法有些难以置信，那请你再想一想。我们已经看到，过去几年美国的货币供应量增加了3倍多。正如经济专家比尔·邦纳（Bill Bonner）所说："美联储花了95年的时间才将持有的资产增加到6 000亿美元。在3年的时间里，它又增加了1.4万亿美元。"

今天的情况更糟。值得注意的是，这个增长数据是官方发布的。许多分析师的数据表明，实际情况要糟糕得多。与此同时，英美政府通过操纵通胀数据将其货币供应量增加两三倍（或更糟），还阻碍民众去了解自己的财富被损害的程度。

许多政客真不懂这些

也许比大量发行货币和误导性通胀数据更令人担忧的是，许多政客根本不懂这些问题，这就意味着这种情况不大可能很快会得到解决。前不久，我读到一篇关于一位美国国会议员的故事，他是一名重要的财务委员会成员，在听取学者和金融专业人士意见的过程中，他举起手问道："对不起，你们一直在说的这个'量化宽松'是什么？"

事实上，一位政客，作为美国政府的一员并在一定程度上负责制定美国的金融政策，问这个问题绝对令人震惊。2019年，我们在美国参议院看到了类似的情景。当时脸书的首席执行官马克·扎克伯格在国会接受采访，许多美国政客表现得既不了解金融也不了解互联网，这实在令人难以置信。

美国国会议员或英国国会议员中制定经济政策的人不熟悉量化宽松这个概念，是不应该得到原谅的。但我认为在阅读本书之前你可能也不知道什么是量化宽松，这完全是可以理解的。理解量化宽松这个概念，将成为改善你的财务状况的一个技能。套用之前的一句话：懂量化宽松的人注定要从中赚钱，不懂量化宽松的人注定要受苦。

债券违约

关于债券，最后一个需要了解的重要内容是，除非发行债券的国家或公司破产，否则它们在法律上有义务向债券持有人偿还本金和利息。如果政府或公司因破产而无法偿还这笔钱，则被视为违约。政府债券违约相对罕见，公司债券违约更为常见，原因显而易见。

鉴于政府债券违约相对罕见，因此债券被视为最安全的金融投资，类似于将钱存入储蓄账户。你几乎肯定会拿回本金以及约定的利息，缺点是投资回报较低。在英国，持有债券可能只获得2%~3%的利息，但不要忘记考虑实际的通货膨胀。如果通货膨胀率达到5%或更高，而你持有的债券收益率低于5%，那么你的财富正在缩水。为了获得更高的回报，你不得不寻找其他可投资的品种。一个重要的资产类别便是股权类资产（包括股票和股份等股权类资产）。

股票

与债市和债券一样,股份和股票是人类历史上极为重要的发展。毫不夸张地说,如果没有它们,让我们生活变得更好的工业革命以及过去几个世纪的巨大技术和社会发展,都是不可能的。

因为股份和股票的出现,使许多人能够以前所未有的方式集中资源并分散风险。股份公司于17世纪初在荷兰和英国出现,主要是为了资助东印度群岛的勘探和开发。

当时的欧洲人对一切东方事物产生了浓厚的兴趣,但往返旅途是极其危险的。海上航行可能需要数年时间,而且整个船队存在失踪的风险。即使是欧洲的王室和贵族,也无法独自负担这样的航行费用。船队花销在国民生产总值(GNP)中所占的比例变得极其高。

解决方案是创建一家公司,并将该公司的股份出售给任何有兴趣投资的人。从本质上讲,如果一名投资者支付与航行相关成本的1%,其将获得一张纸,记录其有权分享所获得的任何利润的1%。

这与债券的区别在于,股票投资者无法保证获得回报。对债券投资者来说,除非债券发行人破产(违约),否则他们基本上可以保证收回本金以及约定的利息。而对股票投资者来说,他们仅有权获得所赚取的任何利润的约定百分比。如果航程中损失了少量船只,却带着利润丰厚的货物返回阿姆斯特丹或伦敦,投资者就会发财。但如果船队遭遇风暴或被海盗抢劫,投资者可能会失去部分或所有本金。

如今,除了可以购买比去东印度群岛的冒险航行种类要多得多的股份，其他没有太大变化。我们可以购买来自世界各地的各种人类活动的股份。其中一些活动，如17世纪荷兰和英国的航海，风险较高，潜在回报也较高，其他活动相对更安全。

我认为有一点需要注意，如果没有股票市场以及它提供的资金，那么可能很少有大型商业建筑，可能没有航空业、汽车工业或铁路运输业；医学和医疗保健方面，也可能不会有明显改善；可能没有我们习以为常的日用品，如牙膏、纸巾、自来水、便宜的衣服、报纸、电视等；可能没有电影和娱乐业；可能也没有机会获得来自世界各地的食材，如意大利的橄榄油、阿根廷的葡萄酒、苏格兰的牛排等你能想到的任何食材。

没有股票市场，很可能会有更多的战争。由于全球资本市场将不同国家的经济联系在一起，在某种程度上，这意味着战争的成本将大大超过收益。股票市场的一个额外优势是，随着它在全球范围内的发展，世界变得更加和平。

因此，股票市场无疑是人类历史上最伟大的发明之一。它使成千上万的个人和机构之间实现风险分担，并允许将足够数量的资本集中投入一项极其复杂的任务。一个个体很难投入足够的资金或提供所需的多种技能，来完成上文列出的任务。

但是，不得不说，股票市场也带来了严重的财富不平等（下文会详细介绍）。

相较于盲目反对股市的做法，了解股市并参与其中无疑是更明智的选择。当你买入一家公司的股票时，你就成了该公司的股东，这意味着你可以按比例从公司的利润中获益。你仔细想一想，这是一项多么令人兴奋的发明。通过持有一家公司的股份，你有机会从他人的工作中受益，且进入门槛很低，不用花很多钱就可开始投资股票。投资股票不是富人的专利,任何愿意了解并想参与其中的人都有机会。正是这种平等的参与机制,使每个人都有机会致富。

许多人错误地认为"股市只为富人服务",其实正确的认知是"如果我了解股市并参与其中,我也可以像富人一样赚钱"。随着时间的推移,小财富会变成大财富。我认为,世界上(至少发达国家)最富有的那1%的人,通常是熟练掌握经济和金融知识的人。

1989年,当《星期日泰晤士报》首次发布英国最富有的1 000人富豪榜时,其中大部分人的财富是通过继承而来;而到了2018年,该榜单上94%的人的财富是自己创造并积累的。这很大程度上是投资股票的结果。我并不是说每个人都可以成为百万富翁,我想说的是,如果你不能打败他们,为什么不加入他们,像他们一样成为公司的投资者,即使是投资较小规模的公司。

在考虑买入一家公司的股票时,你应该始终记住你将成为该公司的股东。因此,你至少应该考虑两个关键问题:

1. 它是个好生意吗(最好是非常好的商业模式)?
2. 我的买入价格合理吗?

当我与很多人谈论股票投资时,他们经常激动地告诉我他们投资的公司多么优秀,但他们并没有冷静地思考他们为这些公司实际支付的价格是否合理。如果说壳牌、微软、英特尔和可口可乐是优秀的公司,大家应该不会有异议。但找到一家优秀的公司只是投资的第一步,为该公司支付合理的价格是下一步,也是更重要的一步。

以英国知名零售企业乐购（Tesco）为例，在过去 10 年中，投资者可以以低至每股 160 便士或高达 485 便士的价格购买它的股票，而在 2012 年，它的股价大约是每股 328 便士。虽然在这 3 个股价的时点上，乐购都是一家优秀的零售企业，但我们可以看到，以每股 160 便士或接近 160 便士价格购买股票的人离提前退休更近了一步，而那些以每股 485 便士价格购买的人已经损失了一大笔钱。

如何对股票估值

投资者如何判断股票价格是高估还是低估呢？当事后诸葛亮当然容易，但我们如何判断当乐购股价为每股 160 便士时是低估，而 485 便士时是高估的呢？回答此类问题的书很多，接下来我简要概述其关键思想。

这一切都可以追溯到当你买入股票后，你就成为该公司的股东。这意味着你有权分享公司获得的任何利润，就像 17 世纪伦敦和阿姆斯特丹的投资者有权获得成功远征东印度群岛的成果一样。你需要解决的问题是，应该为你的股份支付多少价格。令人烦恼的是，这听起来有些反直觉，仅靠股价并不能做出合理的判断。

要计算出实际支付的价格，你必须同时考虑以下两个问题：该公司现在（以及将来可能会）赚取的利润；对比该公司和另一家利润相同的公司的股价。这实际上比听起来要简单得多。让我们看一个简单的例子。

市盈率

设想一下,你正在考虑投资同一行业两家公司中的一家。我们还是以乐购和它的竞争对手森斯伯瑞（Sainsbury's,英国第二大连锁超市）为例。假设这两家公司今年都将获得 1 亿英镑的利润,且每家公司都有 1 亿股的股份。那么这两家公司每股都代表了 1 英镑的利润。我们将这一数字称为每股收益（Earning Per Share,简写为 EPS）。那么如果你持有 1 000 股,你将持有价值 1 000 英镑的利润。请记住,从本质上讲,股份赋予你一定比例的公司利润。如果你持有一家公司 5% 的股份,那么你实际上拥有该公司利润（及其资产）的 5%。

这时,如果乐购的股价为每股 10 英镑,而森斯伯瑞的股价为每股 8 英镑,则买入乐购的股票时需支付 10 英镑来获得 1 英镑的利润,而买入森斯伯瑞的股票只需支付 8 英镑便可获得 1 英镑的利润。

此时,乐购的股价是每股收益的 10 倍,而森斯伯瑞的股价是每股收益的 8 倍。这个比率被称为市盈率（Price to Earnings ratio,简写为 PE）。在其他条件相同的情况下,你可以看到森斯伯瑞的股票比乐购的股票便宜。更低的市盈率意味着投资者为相同的利润权益支付更少的费用。而仅看公司股价,投资者无法得到这些信息。现在,让我们引入第三家公司作为案例来阐明这一点。

假设另一家超市莫里森（Morrisons）,今年也将赚取 1 亿英镑的利润,但莫里森的股份有 2 亿股,而不是 1 亿股,则每股莫里森股份代表 50 便士的利润,而不像乐购和森斯伯瑞每股代表

1英镑的利润。因为虽然莫里森拥有相同的利润额，但它的股份总量是乐购和森斯伯瑞的2倍。

现在我们假设莫里森目前的股价为每股6英镑，那么它比乐购和森斯伯瑞的股票更便宜还是更贵？莫里森股票的市盈率是12倍（6英镑除以50便士）。对比乐购10倍市盈率及森斯伯瑞8倍市盈率，莫里森的市盈率更高，因此它的股票实际上更贵。

表7.1是一张快速汇总表。

表7.1 乐购、森斯伯瑞及莫里森股票价值对比

公司	利润（英镑）	股份数量	每股价格（英镑）	每股收益（英镑）	市盈率
乐购	100 000 000	100 000 000	10	1	10
森斯伯瑞	100 000 000	100 000 000	8	1	8
莫里森	100 000 000	200 000 000	6	0.5	12

资料来源：简明英语网站。

市盈率是投资者对股票进行估值最重要的一项指标。遗憾的是，许多人认为5英镑的股票比10英镑的股票便宜。股价并不能告诉你股票是贵还是便宜，除非你考虑了市盈率。

要判断股票是便宜还是贵，你必须在股价的基础上，更进一步计算出你为所获得利润（及公司其他任何价值）支付的成本，市盈率合理地反映了该成本。如果价格为5英镑的股票有权获得价格为10英镑的股票一半的利润，那么这两种股票实际上成本完全相同（如果其他条件相同）。市盈率在网络上可以很方便查到，这是你对股票估值的第一步。

收益率

接下来要考虑的是收益率。仍以乐购为例，当你支付 10 英镑来获得 1 英镑的利润，这意味着你的投资收益率为 10%。收益率，就是用每股利润除以每股价格。在上面的例子中，森斯伯瑞的收益率为 12.5%（1/8），莫里森的收益率为 8.3%（1/12）。

为什么不同的股票有不同的市盈率和收益率？

接下来要考虑的是，为什么一只股票比另一只股票有更高的市盈率（和更低的收益率）。在上面的例子中，森斯伯瑞和乐购的股票看上去应该是相同的价格（因为这两家公司当年的利润和股份数量都一样），而莫里森的股票价格应该是前两者价格的一半（其利润与乐购相同，股份数量是乐购的 2 倍）。

那么，为什么乐购的股价高于森斯伯瑞呢？总的来说，股价不同有以下两个原因：

1. 对未来利润的预期。
2. 利润以外的商业价值。

我们愿意为一只股票支付更高价格的一个原因是，我们预计该公司未来的利润将高于另一家公司。假设我们预计乐购明年将赚到 1.2 亿英镑，而森斯伯瑞只能赚到 0.9 亿英镑。如果是这种情况，我们愿意为乐购的股票支付比森斯伯瑞的股票更高的价格。

另一个原因是，乐购本身比森斯伯瑞的价值更高，而不是它们可能获得的利润。比如，乐购拥有价值10亿英镑的资产，而森斯伯瑞仅拥有价值5亿英镑的资产。在这个例子中，假设它们今年获得相同的利润，并且很可能在明年也获得相同的利润。在其他条件相同的情况下，投资乐购可能比投资森斯伯瑞更好。接下来，给大家介绍另一个概念——账面价值。

账面价值

账面价值，简单来说就是企业拥有所有资产的会计价值，这也是我们对股票进行估值的另一个指标。

假设一家公司在银行有很多财产和大量现金，如果你持有该公司的股份，你实际上就拥有了这些资产及利润的一些份额。账面价值除以股份数量就是你每股有权获得的现有资产的价值，这个比率被称为市账率。

有趣的是，某些股票的交易价格完全有可能低于账面价值。也就是说，在你买入某公司股票后，一旦该公司进入破产清算，你将有权获得高于你在其股票上花费的钱。当一家公司处于这种情况（股票的交易价格低于账面价值）并且公司股票便宜时，你会感到你的投资相当安全。股票价格低可能出于某种原因，比如（暂时）利润下降。这时你可能只需支付80便士便能拥有100便士的内在价值。

值得注意的是，理解估值指标可以帮助你买到低估的股票。在低估的时候买入股票，将大大增加投资者获得可观回报的机会。

股息和股息收益率

股息是对股票估值的另一个需要注意的非常重要的指标。我们已经讨论了收益率的概念，然而，正如你可能想到的，大多数公司不会每年将所有利润都支付给股东。一家公司如果要继续发展，通常会将这些利润全部或部分继续投入公司以支持发展。因此，公司管理层每年都会决定保留多少利润（这被称为留存收益）支持公司发展，以及派发多少利润给股东，而这部分向股东派发的利润就是股息。就像收益率一样，股息收益率，是每股股息除以每股价格。当你评估一家公司时，重要的是要了解该公司历史上支付了多少股息，以及分析师认为它未来可能支付的股息。

放眼整个市场

我们已经非常简要地介绍了对股票估值的一些基本方法，我希望它与本书的大部分内容一样，能让你感到自己完全有能力理解这些知识。其实你需要学习的这些金融知识并不难。

我想针对股票提出最后一点，上述指标都可以应用于股票市场。也就是说，在任何给定时间，我们都可以考虑某个股票市场整体的市盈率、账面价值或股息收益率，并将它们与其他股票市场（例如，将英国股市与美国股市或与日本股市进行比较）或同一市场的不同历史时点进行比较。如果某一股市的市盈率或账面价值处于历史低位，那么我们在未来几年内获得丰厚回报的机会，比这些指标处于历史高位时要高得多。

显然，现实世界比上述例子要更复杂。在使用这些指标分析股市时，你将面临的一个问题是这些数据是否可靠。另一个问题是，便宜的市场可能会变得更便宜，这意味着如果你投资该市场，你可能会在一段时间里亏钱；而昂贵的市场可能会变得更贵，这意味着如果你决定不买，因为股市的持续上涨，你就可能错失良机。然而，正如我们在第 5 章介绍房地产投资时所说，如果你在投资前了解这些关键的估值指标，那么从长远来看，你选择恰当交易时点的机会，要比绝大多数不具备这方面知识储备的投资者大得多。我们将在第 10 章更详细地介绍股权类资产，现在我们讨论下一个资产类别。

大宗商品

维基百科对大宗商品的定义是："一种有需求但在任何市场都没有性质差异的物质商品。"也就是说，无论是由尼日利亚、俄罗斯还是由委内瑞拉供应，石油都是基本相同的。无论是来自俄罗斯、德国还是加拿大（在合理范围内）的小麦，基本上都是一样的。而类似汽车的商品，其价值和价格将基于大量差异化变量，例如品牌、最高时速、发动机尺寸和喷漆质量，所以此类商品不属于大宗商品。

在整个人类历史中，大宗商品一直被用作价值储存，许多商品也被用作货币。例如，薪水（salary）一词中的"sal"源于罗马最初以盐（salt）支付士兵薪酬的事实。下文要讲的所有商品都与大宗商品相关，但值得注意的是，贵金属（如黄金和白银）应与其他大宗商品区别开来，因为它们是以货币的角色存在（几百年来也只有它们扮演这一角色）。我们将更详细地讨论这一重要的差异，因为理解它很可能有助于你在未来几年增加财富。

我想强调的是，目前我们应该给予大宗商品特别关注。全球最优秀的投资者之一吉姆·罗杰斯在他的著作《热门商品投资》的开篇写道：

> 太多所谓的聪明投资者认为，如果持有股票、债券、房地产（或一些更老练的投资者还持有货币或木材），他们的投资组合就是多元化的了。可惜大宗商品很少被他们关注。

他要传达的关键信息是，你不要落入这个陷阱。如果你想在未来几十年内积累财富，那么考虑并接触大宗商品是绝对必要的。

为什么应该投资大宗商品？

投资大宗商品的原因有很多，我认为最重要的是以下三点：

1. 全球大宗商品需求大幅增长

2011年10月，世界人口达70亿，目前以每年超过8 000万的速度增长，即每天新增超过20万人，而且在未来几年人口增长速度可能会继续加快。与人口增长同时发生的是，越来越多的人变得更富有。30年前的中国，拥有私家车的家庭并不多，摩天大楼也不是随处可见。如今，中国每年的汽车销量已超过美国，高铁轨道数量居世界第一，还拥有数以千计的摩天大楼，且更多的大楼还在规划或建设中。这显然对国际大宗商品市场产生了巨大影响，尤其是汽车制造、铁路建设以及建筑等行业。

几十年前，许多发展中国家的饮食非常简单，肉类食物还比较稀罕。而现在如巴西、印度等发展中国家的饮食对鸡肉、鱼肉、猪肉、牛肉等的需求已经习以为常。这对全球农业产生了非常大的影响。随着全球人口的增加及其消费能力的增长，所有大宗商品的需求可能以前所未有的速度增长。

2. 全球大宗商品供应存在一些问题

在大宗商品需求持续显著增长的同时，全球开始面临大宗商品供应紧张的严峻局势。例如，今天要生产一盎司黄金所需要挖掘的岩石量是几年前的数倍；仅生产一枚戒指就要产生20多吨废物；世界上大多数大型金矿（其中许多位于南非）都面临供应枯竭，一些甚至已经被挖掘到地下3千米~4千米的深度。

这种情况也发生在我们使用的其他金属上，如铜、锌、铂、金、银等。我们越来越难找到这类大宗商品新的供应。事实上，一些分析师预测，新的白银生产未来几年内将基本停止。石油市场也是如此，石油公司目前正在不遗余力地寻找新的油田。许多能源专家认为，便宜的或较易获取的石油已基本消失。虽然由于美国页岩油生产的廉价石油供应过剩致使油价从2008年的峰值暴跌，但截至2022年年底已经从2016年年初的最低点上涨了3倍多。相当多的证据表明，廉价石油的时代已经一去不复返。

随着全球数十亿人不断地耗尽可耕地、鱼类和淡水，我们也不可避免地面临软性大宗商品的供应紧张。随着发展中国家对肉类消费的增加，这种情况只会变得更糟，因为畜牧业导致的水和土地消耗远高于农作物。

经济学告诉我们，当对某产品和服务的需求增加而供应不变或减少时，那么该产品和服务的价格必然会上涨。如果更多的人想要某产品和服务但供不应求，那他们将不得不花费更多的钱来获得它。这在某种程度上解释了为什么在过去几十年里，世界上几乎所有大宗商品的价格都出现了大幅上涨。在这种情况下，我们可以得出结论，大宗商品基本的结构性（内在）趋势将是价格上涨。

3. 增加货币发行量将推高大宗商品的价格

然而，我认为大宗商品价格将继续上涨的另一个重要原因是增加货币发行量。如前所述，近年来世界各国政府一直在大量发行货币。过去3年，美国的美元供应量增加了3倍多。如果货币供应量增加3倍，但商品的供应量基本不变，那么这些商品的价格就会增加3倍（尽管从货币发行到物价上涨中间会有时差）。

这就是过去几年几乎所有大宗商品的美元价格（以及日元价格和欧元价格）迅速上涨的一个原因。当世界各国政府继续增加货币发行量，大宗商品价格就会出现强劲上涨趋势。

很明显，对以纸币形式获得工资的人来说，这是一个坏消息。如果你今年的工资和去年一样，但面包、鸡蛋、牛奶、汽油等价格上涨了近20%，那么你的实际生活水平会明显下降。这正是几十年来全世界都在发生的事情。好消息是，你可以通过投资改变这种情况，比如持有大宗商品，我将其描述为"跑赢通货膨胀"。

对我们来说，幸运的是，过去几年金融产品的发展使得持有大宗商品比以往任何时候更容易、更便宜。如前所述，以前人们很难购买大宗商品，除非有相当大的一笔钱。但现在人们可以通过购买基金来持有大宗商品，可以说基金是最重要的资产类别之一。

基金

对大多数人来说，基金是最合适的投资工具。因为通过购买基金，我们可以拥有上文讨论的所有金融产品的投资组合。以合适的价格购买合适的基金，将对你的生活产生巨大影响。那么什么是基金？更重要的是，什么是合适的基金？

基金几十年前被发明是非常合乎逻辑的。前文提到了多元化这个术语，简单来讲，就是不要把所有的鸡蛋放在一个篮子里。在金融资产（尤其是股票）被发明的早期，任何有常识的人都清楚，将资金分配在多项资产上比集中在单一资产上风险更小。这一点在此后的学术界也被多次证明。

同样，许多早期的潜在投资者对投资多个行业感到兴奋。如果可以同时投资多家石油公司、农业公司、铁路公司、制药公司、国防承包商等，为什么还要限制自己只持有一家石油公司呢？

为什么要限制自己只拥有世界上一个国家或地区的资产呢？通过持有不同国家的多种类的公司，我们不仅可以分散风险，而且还可以让自己接触到全球尽可能多的优质资产。

很明显，许多富有的投资者对拥有更多国家、更多行业的资产组合感兴趣。但对大多数人来说，想持有这样的资产组合的问题是，购买任何一只股票都需要相当大的最低起购金额。这意味着，在早期的股票市场，只有非常富有的人才能拥有覆盖多行业的多只股票。他们是唯一能够分散风险并从拥有更多成功可能性的公司中受益的群体，这也是富人相对容易保持富有的另一个原因。

例如，如果股票每股 1 000 美元，那么买入 10 股你就需要投入 10 000 美元，或者投入 30 000 美元才能拥有道琼斯 30 指数①中的每只股票。这对许多人来讲是一笔巨额资金。因此，在早期的股票市场，只有非常富有的人才有可能进行多元化投资。

基金是如何被发明的？

基金的发明就是为了解决上述问题。简单来说，就是从许多投资者那里汇集资金，这些投资者都对多元化投资感兴趣。汇集的资金将由专业人士管理，去投资不同行业。例如，如果 10 000 人每人投资 10 000 美元，就汇集了 1 亿美元组成基金，然后由专业人士去买入数十甚至数百只不同的股票。全球公认的第一只证券投资基金是英国发行的"海外与殖民地投资信托"（the Foreign and Colonial Investment Trust）。该基金成立于 1868 年，旨在帮助中等收入的投资者获得与大资本家同样的优势。

买入该基金的每个人，都将拥有该基金持有的股票，且投资者对每只股票的投资金额远远低于该股票最低起购金额。投资基

---

① 道琼斯 30 指数是指美国最大的 30 家公司组成的指数。

金的另一个好处是，基金公司将承担管理数十或数百只股票的责任。

不难想象，鉴于在多元化和管理方面给投资者带来的诸多优势，基金很快流行起来。如今，有许多投资公司提供成千上万种不同的基金。提供一系列基金的公司被称为基金管理公司、资产管理公司、投资管理公司或对冲基金。这些名称的含义基本相同（尽管对冲基金略有不同）。你可能听过贝莱德、市政通用（M&G）、木星基金（Jupiter）、富达基金（Fidelity）、亨德森基金（Henderson）、景顺长城基金、标准人寿安本（Standard Life Aberdeen）等，全球有数千家这样的基金管理公司，管理着数十万只基金。

主动基金和被动基金

多年来，基金作为一种投资工具越来越受大众欢迎，并已发展为两大类型：主动基金和被动基金。主动基金，主要依靠基金经理来挑选股票、债券、大宗商品等资产，为其投资者争取最佳回报。这类基金通常仅限于投资某种类型的资产类别。例如，如果基金名称是"欧洲股票基金"，那么说明基金经理的选股范围仅限于欧洲股票。这种对基金经理投资范围的限定被称为授权。对任何特定基金的授权，描述了基金经理可以投资的资产类别。这是我不喜欢许多主动基金的地方，因为如果授权的资产类别表现不佳，基金经理也无法将这些筹集的资金取出转而投入更安全的资产。主动基金往往比较昂贵，因为投资者必须付费给较聪明的、高薪的基金经理来投资正确的股票、债券或大宗商品，具体费用取决于买入的基金类型。

与任何金融行业一样，一些基金经理非常优秀，值得溢价购买其基金产品（正如前文介绍他们的回报时看到的）。然而，大量研究表明，长远来看，（在考虑成本后）被动基金的平均表现优于主动基金。

被动基金，是指通过模仿大盘指数的持股情况，来获得与大盘相似收益率的基金。这类基金也被称为跟踪基金或指数基金，因为它们跟踪（复制）既定指数。一个很好的例子是富时100指数基金。如果你要买入这样的基金，那就选择尽可能接近富时100指数表现的基金，你的资金基本上将被分配到富时100指数包含的股票。除非你有大量资金和大量时间用于投资，否则你很难拥有富时100指数中的所有100只股票。这是基金的一个关键优势。

如今，即使是超级富豪也倾向于通过指数基金来持有富时100指数的股票。因为如果他们直接购买富时100指数中的所有股票，就会发现自己的潜在回报被各项管理费用抵销了。支付100笔交易费来最终拥有指数中的所有公司股票显然并不理想，而投资指数基金，你只需支付一笔费用即可拥有所有股票，同时投资指数基金的工作量要少得多。因此，被动基金是一种比主动基金更便宜也更高效的投资工具。

指数基金

股票指数，全称股票价格指数，是反映股票市场总体价格水平及其变动趋势的一个指标。比如，富时100指数，是反映伦敦股票市场行情变化的指标。它将在伦敦证券交易所上市的市值最大的 100 家公司的价格和规模进行计算，以生成一个数字，该数字被称为富时 100 基准线。

这可以帮助全球投资者大致了解英国股市的表现，以及在一定程度上了解英国经济的表现。因为这 100 家公司的价值占整个英国股票市场价值的 80% 左右，并且在英国经济价值中也占相当大的比例。虽然富时 100 指数并不能说明英国经济的全部状况，因为在伦敦证券交易所还有数百家其他小型公司上市，且整个英国经济中还有许多未上市的公司在运营。但是，该指数仍是反映英国经济状况的一个有用指标。

世界上每个拥有股票市场的国家都有多个股票指数。例如，美国的道琼斯工业平均指数、纳斯达克指数和标准普尔 500 指数，日本的日经 225 指数，德国的达克斯 30 指数，法国的巴黎券商公会指数等。

重要的是要意识到，指数的编制在某种程度上具有主观性。每个国家的证券交易所都选择将不同数量的股票纳入其主要指数，并以多种不同的方式去细分市场，为投资者提供其他额外的指数。

尽管指数的编制具有主观性，但它仍然非常有用。如果你想拥有英国最大的 100 家公司、美国最大的 500 家公司或法国 40 家最大的公司，你只需查看对应的指数即可了解你需要拥有哪些公司。或者选择该指数对应的指数基金，你只需支付一笔交易费用便拥有这些公司的股票。我希望你能认识到，基金是一种非常有用的投资工具。

你也可能有兴趣拥有上述国家的一些小公司，因为小公司往往有机会比大公司发展得更快。一家销售额或利润为 1 亿英镑的公司，通常比销售额或利润为100亿英镑的公司更容易将这一数字增长10%，当然也更容易增长50%。增长较快的公司的股价通常会上涨较快，这意味着你有机会从成功的小公司中获得比大公司更高的回报。因此，许多投资者喜欢同时投资小公司和大公司。因此，很多国家或地区提供了关于较小公司的指数。这就是为什么在英国，还有富时250指数、富时小型股指数，以及另类投资市场（AIM）。其中，富时250指数包含富时100指数中最大的100家公司之后的250家公司，富时100指数和富时250指数共同包含的350家公司就构成了富时350指数。

过去，各国久负盛名的指数是由其股票市场的信息部门计算出来的。近年来，路透社和彭博等独立金融信息公司，巴克莱和高盛等投资银行，也为各种资产创建了指数。这意味着，你现在可以找到世界上几乎任何资产或指数及其相关基金，如债券、大宗商品，大公司、小公司，股票市场中如银行、电信或制药等行业。

这意味着，普通个人投资者也能够通过相关指数基金购买这些指数。近年来，个人投资者可以选择的投资工具越来越多。如果你对英国经济持乐观态度，你可以购买富时100指数基金；如果你认为生物技术公司会发展很好，你可以通过生物技术指数拥有它们；甚至如果你觉得新加坡的发展很有潜力，你可以以购买其股票指数的方式来"拥有"新加坡。

在合理的范围内，你几乎可以拥有任何你想得到的东西。如果你认为某类资产价格未来会上涨（如石墨烯、钍、钨、孟加拉国的煤矿、巴西的石油等），你就可以通过持有基金来拥有这些很难买到的实物资产。但是，不要忘记，你需要以合适的价格买入。

市场下跌时也可以赚钱

另一件需要注意的事情是（尽管可能违反直觉），如果你认为某类资产会贬值，你也可以从中赚钱，这被称为做空[①]。从本质上讲，做空是押注某类资产价格会下跌而不是上涨。例如，如果你认为德国股市将因欧元危机而遭受损失，你可以通过购买特定的金融产品来对其进行做空，因此在德国股市下跌时该产品就能赚到钱。做空是一个值得关注的重要投资策略。不过应该注意的是，做空是一项相当冒险和需要专业性的行为，不能轻易进行，但至少它是有可能性的。

指数基金的优势在于，即使我们只有少量资金，也能拥有或做空数百只不同的股票，而且管理费用低廉。

聪明贝塔

自从 2012 年以来，发生了一件值得一提的事，那就是聪明贝塔（Smart Beta）基金的发展。聪明贝塔基金旨在为投资者既提供类似指数基金的低成本和广度，又提供类似主动基金相比指

[①] 出于维护市场稳定、保护投资者利益以及控制金融杠杆等原因，中国股市目前并没有自由的做空机制。在某些情况下，中国股市会允许有限度的做空，但通常会受到一定的监管和限制。——译者注

数基金更好的业绩。它们通过使用各种"聪明"的指标，对基金持有的各项投资进行加权来实现，因此被称为聪明贝塔。

简单说明其运作方式。许多指数基金存在一个问题，即其采用的是市值加权方法。这意味着在指数中市值较大的公司所占的比重也较大，因此在任何试图复制该指数的指数基金中，这些公司的份额也较大。结果是，投资这类基金的资金都将过度配置大公司的股票，而忽略了小公司的股票。

举个例子，如果你今天将10 000英镑投入富时100指数基金，最终你将获得约1 100英镑的荷兰皇家壳牌、700英镑的汇丰银行、550英镑的BP的股票，而如易捷航空、海军上将集团、Just Eat等该指数中市值最小的公司的股票价格都不到100英镑。关键在于，像富时100指数和标准普尔500指数这样的市值加权指数，意味着你对大公司的敞口要大于对小公司的敞口。

这可能会对你的投资回报产生影响，因为从本质上讲，大公司已经成功并且股价大幅上涨，而小公司在相同条件下往往有更大的投资潜力。

聪明贝塔基金试图解决这个问题。它采取的是一种简单方法——等权重。你可能已经猜到，等权重富时100指数基金中每家公司都得到1%的资金投入，而不是荷兰皇家壳牌公司拥有11%的资金而易捷航空公司拥有不足1%的资金。随着时间的推移，等权重指数可能会优于市值加权指数，无论是富时100指数还是标准普尔500指数。公平地说，等权重指数是否优于市值加权指数，取决于股市行情。近年来，赢家持续胜出，尤其是规模庞大的公司，如苹果、谷歌、亚马逊等。

然而，等权重并不是聪明贝塔唯一的加权方法，还有许多其他方法，如前文讨论过的各种估值指标。新型聪明贝塔基金使用股息收益率或其他估值指标，可以展现比传统指数基金更高的年化收益率。一旦你准备好投资基金，可以考虑这类基金。

> **令人烦恼的复杂的基金名称**
>
> 　　理解被动、主动和聪明贝塔基金之间的区别，是了解基金最重要的事情之一。然而，当你开始投资基金时，你会遇到一系列令人眼花缭乱的基金名称。其中包括：开放式和封闭式基金、开放式投资公司（OEIC）、单位信托（UT）、共同基金、投资信托（IT）、可变资本投资公司[①]和交易所交易基金（ETF）。我们没有必要深入了解这些术语的确切含义，当然也不要混淆它们。不同类型之间，有相当多的重叠。我们只需了解由于历史原因而发展了许多不同类型的基金，就足够了。

基金的交易和费用

　　理解不同类型基金的交易方式和费用，对我们的投资至关重要。如前文对复利的相关讨论，成本是一个关键因素，因为随着时间的推移，即使是微小的变化也可能导致你的投资组合有很大

---

① 可变资本投资公司，Investment Company with Variable Capital，类似于共同基金和联合信托公司。——译者注

的差异。购买基金有两种方式：像股票一样在股市中交易，或者不在股市中交易。我们需要了解这两大类，因为它们有不同的交易方式和费用结构。

在股票经纪公司开设一个 ISA 或 SIPP 账户[1]，就可以使用账户中的资金，投资来自全球股市的股票以及主动和被动基金。需要强调的是，如果你的账户是在高街银行开设的，你可能无法享受这种灵活性和较大的选择性，因为高街银行覆盖的基金种类有限。

当你通过股票经纪公司的 ISA 或 SIPP 账户买卖股票时，经纪公司会向你收取佣金。过去，佣金占投资金额的一定百分比，通常高达交易价值的 1.5%，并且还有最低费用，比如 50 英镑。举个例子，如果你给经纪公司打电话，指示它购买 1 000 英镑的股票，最终你将得到价值 950 英镑的股票，其中 50 英镑作为交易佣金支付给银行。但是，如果你购买 5 000 英镑的股票，你将支付 75 英镑的佣金，并最终获得价值 4 925 英镑的股票。[2]

你可以看到，对交易金额较大的投资者来说，按交易金额的百分比收取佣金会产生一笔较大的费用。如果有人卖出 50 000 英镑的股票，按照 1.5% 收取佣金，他将支付 750 英镑。值得注意的是，当佣金比例为 1.5% 时，投资者需要获得至少 3% 的收益率才能开始真正赢利。事实上，在通胀率达到 5% 或更高的情况下，投资者需要获得至少 8% 的收益率，才能开始真正赢利。

---

[1] ISA、SIPP 账户更适用于英国读者，适用于中国读者的基金交易参见下文延伸阅读部分。——编者注
[2] 在英国，交易佣金所占比例可以随着购买资产金额的升高而降低，本书以通常的 1.5% 的比例来计算。——译者注

这再次说明，佣金等交易费用对投资回报有很大影响。

一般来说，证券公司买卖100 000英镑的股票并不比1 000英镑的股票更困难，它们之所以难以交易大量股票，是因为很少有个人投资者有足够的资金进行大额交易。因此，对大资金量的投资者来说，仅仅为执行相对简单的交易支付如此巨额的佣金，是没有道理的。

好消息是，随着金融服务行业的竞争加剧，更具前瞻性的证券公司开始为客户提供更好的交易条件，例如设定佣金的比例上限。20世纪90年代，在线交易的出现使一些优秀的公司可以提供更具竞争力的价格，因为基于计算机的在线服务成本，远低于通过电话与客户互动所需的人工成本。如今，你可以仅以5.95英镑的价格在线买卖股票，这相比之前需要几百甚至几千英镑的费用有了很大的改进。这也是本书所讨论的金融服务革命的一部分。

总之，无论是买卖股票还是以相同的方式在证券交易所买卖其他资产，你都需要支付证券公司的佣金，无论佣金率是多少。不过如今的佣金已经大大降低了。

像股票一样交易的基金

如前所述，某些类型的基金可以像股票一样在证券交易所交易，你可以重点关注ETF和投资信托。ETF几乎都是被动基金，有成千上万种基于各类资产的ETF，比如你可以买入以富时100指数、黄金、澳元、法国CAC 40指数等为基础的ETF。相比之下，投资信托通常是由专注于特定领域，如英国较小公司或日本股市，由基金经理管理的主动基金。这意味着，无论你想持有英国最大的 100 家公司、来自世界各地的股票篮子、商业地产资产组合，还是美国科技股，你都可以在支付一定交易佣金后获得这类投资组合。

如果你选择的是一家优秀的股票经纪公司，每笔股票交易（包括像股票一样交易的基金）你通常只需支付 5.95~15 英镑的交易佣金。事实上，在英国股市，如果你投资某些基金或股票，每笔交易只需支付 1.5 英镑的交易佣金。过去几年，英国股市在这方面取得了巨大的进步，但只有少数人利用了这一点。在 20 世纪 80 年代，投资者很难相信能以如此低廉的佣金买卖股票。这也证明了第 3 章中的一个观点：今天的金融产品比以往任何时候都好。如果你明确了自己的投资目标，如今的金融账户和产品与以前相比，就像跑车与马车的区别。遗憾的是，英国许多金融服务公司，尤其是大多数高街银行，继续销售马车类型的产品，许多人不知道在哪里可以找到跑车类型的产品。这或许是很多人认为投资是一场愚蠢的游戏的一个原因。

关于 ETF 和投资信托费用的最后一点是，有时除了支付交易佣金，投资者还需要支付年度管理费。这些费用已经包含在你买入的基金价格中，因此在购买时不会明确说明，但会在基金公司的官方网站上详细列出。例如，你持有的一只 ETF 的年度管理费率为 0.4%，加上交易佣金，仍然比买入非交易所交易基金更便宜。

不像股票那样交易的基金

现在我们知道有很多种基金可以像股票一样交易，但还有许多其他类型的基金不像股票那样交易，这些基金通常被称为开放式投资基金或单位信托。就像可以买入像股票一样交易的基金，你也可以选择买入涵盖广泛投资领域的开放式投资基金或单位信托。这些基金可以让你接触到英国股票、英国债券、欧洲中小型企业、大宗商品、俄罗斯股票、拉丁美洲股票等。现在，让我们来看看投资非上市基金需要的成本。很多人在投资时遇到糟糕经历的一个关键原因是，他们购买了金融产品，却不了解购买产品的资金中有多少比例的资金被用于支付费用。

费用和佣金

在考虑购买非上市基金时，你需要了解3种费用：首次认购费、年度管理费、总费用率［TER，也被称为持续费用指标（OCF）］。当然，还有其他类型的费用，如赎回费和绩效费，但这些比较少见。

> 在进行任何投资之前，至关重要的是了解所有相关费用和成本。

了解这些信息可以最大限度地降低你辛苦赚来的钱被费用吞噬的比例。很多人在银行咨询理财经理时，并不清楚这些费用是如何产生的。因此，他们可能会支付过多的费用，使得获得良好的投资回报变得更加困难。

首次认购费

在英国，提供开放式投资基金和单位信托的机构，在投资者初次购买基金时会收取一定比例的费用，也就是首次认购费。很长一段时间里，这个费用可能高达投资金额的 5%，甚至更多（特别是对热门行业来说）。在互联网泡沫时期，有很多互联网和科技基金收取非常高的首次认购费，这让金融专业人士赚到了大笔佣金。假设你在这个时期拥有超过 10 000 英镑的 ISA 津贴，并决定购买该热门行业的一只基金，你需要为此支付超过 500 英镑的首次认购费。如果你请理财顾问帮你决定购买哪只基金，那么你还需要支付额外费用给他们。相比之下，如果你自己决定通过一家优秀的股票经纪公司购买一只 ETF，你可能只需支付约 10 英镑的交易佣金，甚至只需 1.5 英镑。即使最坏的情况，你也只需支付 10 英镑再加一些上市基金的年度管理费（费率通常不会超过 0.5%）。因此，在 10 000 英镑的投资中，交易费用的差异可能高达 800 英镑，即你投资金额的 8%！同时，如果通货膨胀率为 5%，那么你选择的任何投资都需要至少 13% 的收益率才能获得实质性的回报。这种现实是许多人难以获得可观回报的原因之一。而且要记住，实际通货膨胀率很可能高于 5%，也就是说，现实可能比这个例子还要糟糕。

在英国，如果你在一家优秀的股票经纪公司开设了账户，通常可以免除费用或以极低的费用购买非上市基金。如果你可以自己决定购买哪只基金，那么理财顾问的费用也可以省下。但要说明的是，优秀的理财顾问有时能够让你以更低的价格购买一些基金，因为他们可以为客户批量购买，这使得雇用理财顾问变得有价值。当然，前提是你知道如何找到一位不会向你收取过高费用的优秀理财顾问，同时要警惕那些不愿告诉你每年收取多少费用的金融公司。

> **延伸阅读**
>
> 　　在中国，认购或申购基金的费用较西方国家略低一些。一般认购费率为 1% 左右，申购费按照买入金额的百分比收取，费率最高不超过 1.5%，且随申购金额的增加相应减少。① 买入金额越高，申购费率越低。中国投资者购买基金主要有 3 个渠道：基金公司、银行和第三方平台，每个渠道都有其特点和优势。
>
> 　　基金公司，通过直销方式提供基金销售服务，这意味着投资者可以享受较低的购买费用，但它的局限性在于，投资者只能购买该基金公司旗下的基金，选择范围相对较窄。
>
> 　　银行，也是常见的基金销售渠道。银行通常提供较多的可选基金，但并不是所有基金在每家银行都会销售，银行只会销售与其有合作关系的基金公司的基金。因此，通过银行购买基金时，投资者需要确保所选银行有自己感兴趣的基金。
>
> 　　一般来说，通过第三方平台购买基金有可能更省钱。首先，投资者可以享受费率优惠，因为它们与多家基金公

---

① 认购费是在基金发行募集期内购买新基金时所支付的手续费。申购费是新基金发行后投资者日常购买基金份额时需要支付的手续费。——译者注

司有合作关系，并能够通过规模效应获得更好的价格优惠，从而将这些优惠传递给投资者。其次，选择多样，第三方平台通常提供更广泛的基金选择，涵盖多个基金公司的产品。这使得投资者有更多的选择，可以根据自己的需求和投资目标选择最适合的基金。最后，通过第三方平台购买基金通常更加便捷。投资者可以随时在线进行买卖操作，无须前往银行或基金公司办理。这节省了时间和精力，并且方便进行资金管理。

年度管理费

几乎所有基金都会收取年度管理费，以支付基金的运营成本，这个数字将在基金年报中说明。需要注意的是，年度管理费并不代表基金收取的全部费用。当你考虑购买基金时，你应该了解总费用率。

总费用率或持续费用指标

这个费用是指除年度管理费的其他额外费用。英国一些基金公司会将总费用率或持续费用指标以尽可能小的字号在年报中显示。事实上，当我最近到访一家英国高街银行时，银行理财经理甚至很难找到一些基金的总费用率。这也说明英国市场上有许多人不知道他们在购买金融产品时所支付的费用，因为那位理财经理显然从来没有被问到过这个问题！

你无须详细了解总费用率或持续费用指标的内容，但你应该了解它具体的比率，这样你就知道每年你有多少资金会被吞噬。显然，这个比率越低越好。

需要明确的是，持续费用指标包括年度管理费。如果一只年度管理费率为 0.9% 的基金，持续费用指标为 1.15%，那么这额外 0.25% 的费用往往是审计和会计成本，以及合法管理基金资产的托管人和存款公司的成本等。

这里要说明的一个关键点是，根据法律规定，基金公布的任何业绩数据都是在扣除持续费用指标的费用之后的数字。如果某基金公布其当年的收益率为 10%，持续费用指标为 1%，那么它实际上获得了 11% 的收益率。

赎回费和绩效费

除了前文提到的费用，还有两个你可能会遇到的费用——赎回费和绩效费。赎回费，是指在基金出售时投资者需要支付的费用。在英国，现在这种费用并不常见，只有一些贷款产品可能仍然存在赎回费。

延伸阅读

在中国，开放式基金普遍有赎回费，但这个费用一般随着持有基金年限的增加而降低。设计基金赎回费是为了抑制短期套利行为，降低流动性风险，保护长期投资者的利益。其本质是对其他基金持有人的一种补偿机制。因为短期频繁操作会扰乱基金正常投资节奏，甚至拖累基金的业绩表现。每一只基金申购与赎回的计费标准都是不一样的，在每一只基金的交易规则说明中都有详细阐述。投资者交易之前，要去查看清楚。以基金汇添富消费行业混合为例，该主动基金的赎回费率为：持有不足 7 天赎回费率高达 1.5%；持有 7 天到 1 年内赎回，费率为 0.5%；持有 1 年到 2 年内赎回，费率为 0.25%；持有 2 年以上赎回，费率为 0。

绩效费，通常存在于对冲基金和竞争激烈的基金领域。简单来说，绩效费是支付给基金经理的额外费用，通常只有基金收益超过一定百分比时才需要支付。绩效费本身并没有错，只要基金收益达到触发条件并且费用本身是合理的。

需要注意的是，不同基金可能会有不同的费用结构和政策。在购买基金之前，最好仔细阅读相关文件，了解赎回费和绩效费的具体情况。如果你对费用有任何疑问，建议咨询专业的理财顾问，他们可以为你解答疑惑，并帮助你做出明智的投资决策。

红利再投资和现金分红基金

最后要注意的是红利再投资基金（accumulation funds）和现金分红基金（income funds）之间的区别。股票通常会支付股息。如果你持有一家公司的股份，那么该公司会将其利润的一部分支付给你，通常每年支付两次，这就是股息。同样，债券也会支付一定百分比的回报，称为票息。股息和票息都属于收益。如果你购买的基金通过股息或票息产生了收益，你可以选择将这部分收益以现金的形式拿回，即现金分红，你也可以选择将这笔资金重新投入你所持有的基金份额，即红利再投资。

在同一只基金中，通常你可以自主选择以现金分红或红利再投资的方式投资。除非你需要这笔钱，例如你已经退休，否则最好选择红利再投资。将所赚的收入重新投入基金使复利效应最大化，对你的投资收益增长来说非常重要。

保险

我想提的另一类投资工具是保险理财产品，它通常是由保险公司设计，并通过其自有销售网络或通过高街银行、理财顾问等第三方公司销售给公众。我把近年来市场上大量销售的用以偿还抵押贷款的储蓄型理财产品，也归为保险理财产品。[1]

保险理财产品的另一个主要类别是投资债券[2]，包括参与利润债券、分配债券、保证收入和增长债券、股票市场债券和房地产债券。这类保险理财产品通常被称为债券型保险理财产品或保本型保险理财产品，它们的主要特点是将客户的资金主要投资于债券和固定收益证券等安全性较高的金融工具，以获得相对稳

---

[1] 在中国，类似的保险理财产品通常被称为住房贷款保障险或房贷还款保险，这种产品的名称可能因不同的保险公司而有所不同。这类产品的主要目的是为购房者提供一种保障，以应对在某些情况下无法支付房屋贷款的风险，例如失业、意外伤害、严重疾病等。——译者注

[2] 投资债券不是债券，而是一种单期保费人寿保险产品。该产品在传统保险产品的风险保障功能之外，加上了储蓄投资功能，类似中国的万能险。——译者注

定的回报。这些产品与基金非常相似，但主要区别在于税收和费用。在英国，由于它们是保险产品，所以英国政府对其征税方式与基金不同。

我个人建议最好避免购买这类产品。原因是，保险理财产品资产种类的灵活性，远远低于通过基金或作为 ISA 持有其他资产类别的灵活性。英国特许证券与投资协会①曾提到："如今，几乎所有投资债券的基金都可以直接以单位信托或开放式投资基金的形式购买，具有更高的灵活性。你也可以随时从单位信托或开放式投资基金中赎回资金而不会产生损失。"另一个原因是，这些产品往往非常昂贵，而且成本相当不透明。同样，英国特许证券与投资协会提到："投资债券的费用并不总是容易理解……独立理财顾问销售投资债券可能获得高达 6%~7%，甚至 8% 的初始佣金。这些高额的初始佣金被认为是一些不道德的顾问可能推荐投资债券的主要原因。"尽量避免支付这些费用，对你来说非常重要。

外汇

外汇兑换，是指不同货币之间的交易。各种公司、政府机构和个人都需要兑换货币，以便进行跨境交易，所以全球对外汇的需求非常大。因此，外汇市场是世界上最大的投资市场之一。比如，当你去国外度假或购买国外商品时，就需要进行外汇兑换。

---

① 英国最大的非营利性金融投资协会，致力于推广高标准的全球领先的金融从业资格认证体系和财富管理行业标准。——译者注

而这个市场被称为外汇零售市场，因为它是向个人而不是向公司或机构投资者提供金融服务。

据维基百科统计，在外汇市场，每天的外汇交易额约为4万亿美元，实际交易额可能比这个数字还要大。考虑到几乎每种跨境产品（如石油、汽车、农产品）或服务（如电信、银行、法律）都需要进行外汇交易，这个规模就不足为奇了。此外，还有很多外汇交易是出于投机目的。

和其他市场一样，外汇市场中的资产价格也会波动。在外汇市场中，这些资产就是来自数百个国家的货币。一个国家的货币相对于其他国家的货币会升值或贬值，取决于该国的经济等情况以及外汇交易者对该国未来的预期，就像股价根据人们对一家公司现在和将来的看法而波动一样：如果一家公司表现良好并且人们相信它将继续发展，那么它的股价通常会上涨；同样，如果人们对某个国家有同样的预期，该国的货币也会升值。

举个例子，2012年，澳元和加元对大多数其他货币都很强势。如果一位英国游客在2007年前往澳大利亚并在2012年再次前往，就会惊讶地发现澳元的价值在大幅增长。2007年，1英镑可以兑换约2.5澳元，而到了2012年，1英镑只能兑换约1.5澳元。换句话说，如果这位英国游客在2007年购买了大量澳元，并在2012年将其兑换回英镑，其将获得约40%的回报，这是相当不错的。

某处总有牛市

其他货币也有可能为投资者带来同样的回报。外汇市

> 场的伟大之处在于"某处总有牛市",一种货币的优势本质上是另一种货币的劣势。因此,无论世界经济发生什么变化,如果你知道自己在做什么,你总有机会在外汇市场中赚到钱。

得益于金融市场和科技的发展,个人投资者也有机会参与外汇市场。其中一种参与方式是通过点差交易。普通个人投资者还可以通过 ETF 参与大量货币的交易。外汇交易相对复杂,需要投资者具备一定的专业知识。对大多数人来说,只需拥有来自世界上其他国家的资产,就可以接触到各种外国货币,而不必担心要学习外汇交易的复杂知识。接下来,我将介绍如何实现这一点。

衍生品

毫无疑问,这是最复杂和最专业的一种投资工具,所以并不适合大多数投资者。其中一个主要原因是,衍生品可能让你的损失比你最初投入的资金还要多得多。这也是为什么沃伦·巴菲特将其形容为"大规模杀伤性金融武器",他认为衍生品对整个全球经济体系构成潜在威胁。

衍生品这个术语包括许多不同的产品,期货和期权是其中最主要的两大类。或许最容易理解的方式是,将衍生品想象成两个人之间对某种商品未来价格的赌注。世界上最古老的衍生品是农产品期货。日本的大米商人和农民以及欧洲和美国的小麦和其他农作物的商人和农民，想出了一个聪明的主意，即在未来的某个时间约定某种农作物的交易数量和价格。这有助于农民进行预算规划，因为无论全年农作物价格如何波动，他们都能得到一定的资金保证。对商人来说，这有助于管理库存，因为他们知道自己将以何种价格购买农产品，并且能够预估从农民那里获得多少农产品。

衍生品市场从农产品期货开始发展，经历了漫长的进化过程，现在成为一个复杂而高级的市场。在这个市场中，你可以对各种金融工具、大宗商品，甚至是怪诞事件（比如谁将赢得总统选举）进行投注。由于其复杂性和高风险性，只有极少数人参与衍生品交易，并且需要花费大量时间了解金融市场，特别是衍生品市场。

然而，如果你能成功地交易衍生品，你有可能在短时间内赚取大量资金。如果你对进入衍生品市场很感兴趣，作为英国个人投资者，最好的方式是通过点差交易账户进行交易。在本书的后面章节中，我将更详细地介绍如何操作。

加密资产／区块链

2015 年，我对被称为比特币的新兴金融资产充满了兴趣。但那时，我只是将其作为一个故事进行介绍，因为我觉得它是一种边缘化的资产类别，所以未将其纳入。到了 2019 年，我承认我非常想再次这样做，也就是完全将比特币、加密资产和区块链排除在本书之外。然而，考虑到过去一两年该行业受到媒体的广泛关注，也为了保持本书的完整性，我还是决定详细谈一下这部分内容。目前，加密资产正逐渐成为一种主流资产类别，或者至少在社交媒体上正变得常见，因此我认为我们有必要了解它。

接下来，我将竭尽全力为大家阐述以下内容：

- 有关加密资产的基本解释。
- 为什么我觉得自己有资格对加密资产发表评论（尽管我并不自诩为该领域的专家）？
- 在全球资产配置的背景下如何看待加密资产以及进行配置？

什么是比特币、加密资产和区块链？

全面详细介绍比特币、加密资产和区块链究竟是什么，远远超出了本书的范围。我认为该领域是现有金融资产中最复杂和最具争议的。详细解释它们的含义，会让这本书增加过多的文字，同时浪费你很多时间来阅读。如果你有兴趣，可以参考一些关于加密资产的图书。要实现我希望你阅读本书时所追求的目标，我们不需要对比特币、加密资产和区块链进行任何详细和深入的解释。我们的目标是，高效提升自己对理财的信心和能力。

从单式簿记到三式簿记

我见过对区块链最通俗易懂的解释是，它是一种可以实现三式簿记的技术。简而言之，在人类历史的大部分时间里，人类都是以狩猎和采集为生，而任何形式的贸易都是以物物交换的方式进行的。因此，贸易相当有限，人类在财富积累和技术进步方面，实际上在数万年，甚至数十万年内没有取得任何明显的进展。

几千年前，一些聪明的人，尤其是苏美尔人（当时在伊拉克地区），发明了一项变革性技术，即单式簿记（或单式记账）。他们发明的这种方法，可以记录一个人拥有什么或欠另一个人什么。

考古学家发现了可追溯到公元前几千年的泥板，上面记录着某人拥有农作物的数量。这看起来似乎不是什么突破性发明，但是实际上它对人类在经济和技术发展方面来说是颠覆性变革。正如网站hackernoon.com的文章所说：

> 一旦你可以记录谁拥有什么，交易就会以大规模的形式发生。这就是为什么古代的国王可以建造城堡，建立专业军队，创造世界上的伟大奇迹……

然而，单式簿记存在一个问题，那就是你必须信任负责记账的人。任何拥有权力而不择手段的记账员，都可以轻易篡改记录，损害某财产的合法所有者，以使自己的家人或朋友受益。如果我们善于从历史中汲取经验，我们会发现这种情况经常发生，而且会导致大量冲突和流血事件。

几个世纪后，我们看到这种单式簿记得到了升级，也就是我们常称的复式簿记。复式簿记是现代会计的基础，可以毫不夸张地说，是现代文明的基石。如果没有复式簿记的发明，就不会有民族、国家、大型建筑物、桥梁、道路、汽车、飞机、船只、药品或超市等的出现。(下次有人说会计工作无聊时，请考虑一下这一点。实际上，如果没有会计员或复式簿记，生活中最重要或最有趣的事情都不会存在，这是千真万确的。)

对我们这些 21 世纪的人来说，复式簿记的原理和优势很容易理解。从本质上讲，记账保存了两个记录：借方和贷方，或者说，资产和负债，而不再由某个贵族抄写员或记录员负责记录每个人的财富。最重要的是，这些记录现在总是由独立的第三方保存，该第三方可以在债权人和债务人之间进行调解，并确保双方履行义务。自从该系统发明以来，独立第三方以各种角色出现(如莎士比亚戏剧《威尼斯商人》中的放债人夏洛克)，但支撑任何复式簿记系统的两个主要机构是国家政府(以及扩展至其军队，这一点将在下文展开介绍)和银行。

三式簿记

自中世纪以来，复式簿记系统一直支撑着人类的发展。随着 2009 年比特币的出现，我们可能已经进入一个三式簿记的时代。从技术的角度来看，比特币背后的技术嵌入复式簿记系统的受信任的第三方或中介元素(政府或银行)。它通过区块链的分布式账本中编码必要的信息，来实现这一点。

区块链是一个包含每一笔交易记录的分类账本，而且它的分布式性质使其理论上非常坚固(记录不是存储在一个地方，而是存在于全球数千个地方的一小段代码中)。高级密码学技术确保进行这些操作的安全性和可信任性，这就是比特币被称为加密货币的原因。

可以想象，政府和银行将被从金融（及其他）交易中剔除，具有高度变革性，甚至可以说是颠覆性的。由于涉及既得利益，比特币和区块链的出现引起了广泛关注，具体反应取决于相关方的立场。未来学家和技术无政府主义者对此兴奋不已，将新兴技术视为实现权力下放和回归人们光明未来的催化剂。然而，政府、中央银行和银行机构对此持保留态度，特别是考虑到这些技术可能被犯罪分子使用。

金融记者和喜剧演员多米尼克·弗里斯比（Dominic Frisby）是《财经周刊》的贵金属专家，我一直很喜欢他的作品。2013年，多米尼克邀请我参加了他的播客节目《牛市和熊市》（Bulls and Bears）。我很高兴在节目中能够与他面对面交谈，这使我第一次深入地了解了比特币。大约一年后，我注意到多米尼克在英国文学众筹网站 Unbound 上众筹一本关于比特币的书《比特币》（Bitcoin），并有幸投资参与了这项众筹。该书于2014年11月出版，是该主题较早的一部著作。

我讲述这个故事的目的是，表明我多年来对比特币这项技术有一定的了解，且花了相当一段时间来思考它，可以说我关注这个领域的发展快10年了。我将其纳入本书的部分原因是，本书的首要思想是配置全球资产，确保你了解所有主要资产类别。我将在第10章中更详细地讨论这一点。对我来说，本书在这一部分要回答的主要问题是，我是否将比特币和加密资产作为主要资产类别之一，与其他主要资产类别如股票、债券、现金、大宗商品和房地产相提并论，并将其作为配置全球资产的投资策略的一部分。对我来说，答案是肯定的，但我仍然有一些实质性的保留意见。

我的建议是，加密资产可以作为资产的一种进入你的投资组合，但它绝不应该成为构建全球资产配置投资组合的核心支柱。在实际操作中，你可以考虑将 1%、3%，或最多 5% 的资金投资于这个资产类别。

比特币：一场革命还是一场骗局？

尽管加密资产是一个迷人且具爆炸性的新兴市场，但它让我想起了 20 世纪 90 年代的互联网热潮。当时我目睹了与现在加密资产领域相似的情景：媒体大肆报道，人们狂热关注，许多从未有过任何金融产品投资经验的人涌入这个领域，希望快速致富。然而，当互联网泡沫破裂时，大多数人都损失了大量资金，这是一场悲剧。虽然我不想过于悲观，但值得明确指出的是，当人们失去自己的全部积蓄或被宣告破产时，对他们和他们的家庭来说，这可能会产生极其严重的后果。这是一件很严肃的事情。对那些能够振作起来并重建被摧毁的财务状况的坚强的人来说，他们可能只是耸耸肩继续前行，但也有许多人的生活被摧毁，甚至有些人因此丧命（1999—2000 年的互联网泡沫破裂和 2008—2009 年的金融危机之后，大西洋两岸共有数千人自杀——这些不应该被忘记）。对我来说，当前人们对加密资产狂热兴趣的问题在于，它与 20 年前的互联网泡沫非常类似，且情况可能更加严重，原因如下。

价格大幅上涨之后，接下来更有可能的是下跌而不是上涨

许多人已经知道均值回归的概念在金融领域的强大作用。在任何金融市场中，价格相对短期内的极端变动使其远离均值，最终大概率会回归均值。任何资产在不到10年的时间内从不到1美元涨到近20 000美元（比特币的真实情况），其价格可能已高于均值，而且很可能回落（下跌）而不是持续上涨。这也是比特币的价格在2019年时下跌至略高于6 000美元的重要原因。正如知名投资人吉姆·罗杰斯所说："我在职业生涯中见过很多泡沫，但比特币独树一帜。"

这里有个看似平凡却能说明比特币极端性质的例子。2010年，一位名叫拉兹洛·汉耶茨（Laszlo Hanyecz）的程序员用10 000个比特币购买了两张比萨，当时这些比特币的价格约为41美元。当2017年12月比特币价格达到约每枚20 000美元时，他用来购买比萨的比特币价格接近2亿美元，这是多么昂贵的比萨！我讲述这个例子有两个原因：首先，以此说明价格变动的规模之大；其次，表明这些变动至少在当前情况下使该技术无法作为一种稳定的货币。功能性货币的一个关键要求是相对稳定，对你可能想购买或交易的商品不会产生过大的价格波动。上述例子中的比特币并不符合这一要求。

社交媒体的非凡影响力

与现今相比，互联网泡沫发生在社交媒体尚未兴起，电子邮件仍处于起步阶段的时代。然而，过去几年加密资产价格剧烈波动的关键原因之一，正是社交媒体的非凡影响力。在人类历史上，从未有过如此多的人对一项投资如此狂热。脸书拥有超过22亿用户，这是史无前例的。这意味着对比特币和其他加密货币的群体疯狂远远超过历史上任何其他金融资产。过去几年出售金融产品时，有大量对金融市场一无所知的人入场。仅仅因为比特币价格上涨，看到其他人赚钱（至少在理论上或纸币形式上）就参与其中，是一种不理性的投资行为。除非这些人在正确的时机出售并获利，否则这些所谓的赚钱并非真正赚到钱。我对大多数人能否抓住时机获利感到担忧，这与互联网泡沫时期非常相似。问题在于，这种影响在下跌时与上涨时一样强大，因为看到周围的人开始亏损而不是赢利，每个人都会感到恐慌。

监管缺失，且有大批自称专家的人参与其中

比特币引发了广泛的兴趣，部分原因是该领域缺乏监管。在大多数国家，直接通过社交媒体平台向个人销售金融资产是违法的。作为在金融市场拥有20年职业经验且持有英国金融监管机构授权并受其监管的人，我必须通过多项考试并接受年度继续教育才能获得今天的资格，而且对于我提供的如股票、基金或其他受监管的金融资产的投资建议，都有严格的规定。

然而，比特币和其他加密货币却不同。这个领域目前缺乏监管，许多人自称为专家，并对如何获得"改变生活"的回报或"每年获得千倍增长"做出疯狂的承诺（在过去几年里我在社交媒体上看到了许多类似的声明）。如果在受监管的金融市场上提出这些投资建议或关于回报的承诺，我可能很快就会面临法律的制裁，但是在加密资产领域，监管的力度还不够，速度也异常缓慢。在这个领域，许多自称专家并提出这样那样主张的人，实际上并不具备金融从业资格或无任何金融从业经验。尽管他们无从业资格或缺乏经验，但其中许多人对自己所说的内容非常有把握，可能是因为他们一直在推销尚未破产的庞氏骗局（这样的骗局很多），或者只是因为在他们进行交易时市场普遍上涨。随着2018年市场的崩盘，情况发生了很大的变化。正如沃伦·巴菲特所说："只有当潮水退去时，才知道谁在裸泳。"

另一个缺乏监管的问题是，在实际购买产品方面，加密货币市场大部分都是野蛮之地。在20世纪90年代互联网泡沫时期，通过美国或欧洲股票市场筹集资金的科技公司，至少是在股票市场的约束下运作的。在过去几个世纪里，这个市场一直在严格的法律框架中接受监管和运作。再次引用吉姆·罗杰斯的话：

> 我在职业生涯中见过很多泡沫，但这一次有点奇怪，因为即便在互联网泡沫时期，那些公司也都宣称它们有生意。

在互联网泡沫时期，人们可能已经失去理智，愿意为高度投机的初创公司投资。但是这些公司至少已经经历了大量专业人士的审查，并且正在做一些商业化的产品，或者试图去做。即使pets.com[①]是一个糟糕的商业模式，它运送每袋宠物食品都是亏损的，但它至少是真正尝试通过互联网向客户销售宠物食品。这些公司的商业计划和财务状况经过了银行家、金融分析师、会计师和审计师的考量，并且各种法律合同也经过了律师的验证。在美国，未经监管机构批准，公司不可能在美国股市向投资者筹集资金。

对于大西洋两岸国家的监管机构在互联网泡沫时期和2008

---

① 成立于1998年，旨在通过互联网销售宠物食品和配件，2000年2月上市，后由于经营亏损严重，上市9个月后申请破产。——编者注

年全球金融危机中未能履行职责，人们有充分的理由批评它们。毫无疑问，它们的记录远非完美。但是，我认为有监管总比没有监管好。尽管发生了这些危机以及大量备受瞩目的公司倒闭，但这个系统实际上在大部分时间里为数十个国家和各个经济部门的数千家完全明智的公司发挥作用，并且已经延续了几代人。

在加密资产领域，情况则不同。在加密资产的世界中，有创业想法的人希望通过一种被称为首次代币发行（Initial Coin Offering，简写为ICO）的机制筹集资金。据称，在过去几年中，全球已经有多达4 000种加密货币进行首次代币发行，并通过这种方式筹集了数十亿美元的资金。引用《福布斯》杂志的一段话：

> 内幕交易和肮脏交易是明目张胆的。一位某代币创始人告诉天使名单（AngelList）的首席执行官兼联合创始人纳瓦尔·拉维坎特（Naval Ravikant）："如果你同意在首次代币发行时购买代币并支持其价格，那么30天后，我们将秘密以更低、预先商定的价格向你出售任何剩余的代币。"这在华尔街是重罪，但在加密资产的疯狂世界，这可能是正在进行的交易。

为了展示首次代币发行领域是多么荒谬，美国俄亥俄州哥伦布市的扎克·布朗（Zack Brown）用他的"不太需要的以太币"设法筹集了超过135 000美元，尽管在网站的登录页面上用大写字母写着：

> 你将在互联网上把钱随机送给一些陌生人，他们会拿这

些钱去买东西。老实说，可能是电子产品，甚至可能是大屏幕电视。说真的，不要买这些代币……

还有其他类似的疯狂加密货币：

- 狗狗币（Dogecoin），最初只是个玩笑，但截至撰写本文时其名义价值已超过3亿美元。
- Potcoin，允许消费者匿名买卖大麻产品的加密货币。
- Legends Room Coin：拉斯维加斯脱衣舞俱乐部客户使用的加密货币。
- 坎耶币（Coinye Coin）：最初是为坎耶·韦斯特（Kayne West）的粉丝而推出的，但在收到坎耶的商标侵权诉讼后关闭。

还有很多类似的例子，以及许多骗局。可悲的是，由于这些加密货币缺乏监管，那些本应远离此类投资的人却在投资，最糟糕的情况是，他们甚至使用信用卡或抵押贷款来购买这些加密货币。

估值困难

与传统金融资产相比，加密资产很难进行基本面估值。前文介绍了使用市盈率等指标对公司进行估值，以及利用租金收益或房价收入比来评估房地产。后文将介绍一些对其他资产，包括现金、债券、大宗商品的估值方法。然而，对于加密资产，无法使用这些估值指标。加密资产没有收入、利润或资产负债表。我见过的一个用来确定加密资产的伪估值方法，是估算整个加密资产领域"看上去"的总市值，但这个方法并不可行。

许多加密资产的支持者指出，加密货币当前的总市值"仅"数十亿美元，如果它们占金融资产的3%、5%、10%，那么加密资产应该会有巨大的增长空间。这些支持者明确表示，整个加密资产领域将大幅上涨，比特币的价格可能达到每枚30万美元，甚至超过100万美元（而2019年比特币的价格刚刚超过6 000美元）。他们还预测，将出现一波新的百万富翁浪潮，其中许多人是通过比特币和其他加密资产投资致富的。

加密资产或许会成为金融资产的重要组成部分。虽然我认为这一情况的发生存在较大的不确定性，但仍然有许多没有资质的评论员一再说明这个观点，而且通常不加任何限定条件。对那些轻信这些评论员的人来说，他们可能会遭受巨大的经济损失。

即使加密资产未来变得更加主流，并且从股票、债券、现金、房地产和大宗商品市场中夺取可观的市场份额，但今天存在的许多加密资产很可能最终会归零。加密资产的支持者认为，区块链技术像互联网一样具有巨大的经济价值，会催生下一个如苹果、亚马逊、脸书、谷歌般的成功企业，并使许多人在这个过程中变得非常富有。我并不完全反对这种观点，但我想说的是，这可能是"事后诸葛亮"。指出现有估值已达数千亿美元的公司很容易，但在1999年选出这些公司却困难得多。实际上，投资者在20世纪90年代互联网泡沫后期投资那些后来破产或陷入困境的公司的概率，要比投资当今为数不多的知名公司的概率要高得多。原因很简单，前者的数量远远超过后者，这就是投资的本质！

在1999年，你如何判断要持有谷歌，而不是Excite、Lycos、美国在线或雅虎等搜索引擎呢？你又如何判断苹果公司？它当时尚未涉足手机业务，但它最终成为手机市场的霸主并击败了当时看似不可动摇的巨头诺基亚、爱立信、摩托罗拉、西门子等公司。我想说的是，即使是比特币或以太坊——加密资产领域最知名的资产，也可以说该领域最安全、最蓝筹的资产——也有可能成为加密资产领域的美国在线和诺基亚，在不久的将来完全消失。在加密资产领域，最终的赢家能否在未来10年出现还不得而知。

这一观点也得到一些世界上最聪明的投资者的认可。英国亿万富翁、著名投资人吉姆·梅隆曾表示，他相信比特币本身价值将归零。他几十年来的业绩出色，在多个离散市场表现优秀，他因而成为白手起家的亿万富翁。他涉足大宗商品、采矿和资源、新兴市场，以及最近的生物技术等挑战性市场。或许他对比特币的预测有些激进，因为有很多比特币支持者会在其价格下跌时抢购。然而，像他这样对金融市场有高度认知的人持有这种观点，是值得人深思的，而且他绝不是唯一一个。当然，其中一些人可能因为利益关系而贬低加密资产，但很多人并非如此。

根据我的观察，那些预测比特币将归零的人通常具有大规模投资成功的长期纪录，甚至会成为亿万富翁或者领导世界上一些最大和最成功的企业。而那些声称每枚比特币将价值数百万美元的人并不属于这一类。这个观点突出了加密资产领域存在不少争议。投资者和观察家对加密资产的前景有不同的观点，具体取决于他们的背景、信仰和风险偏好。因此，投资者在决定是否参与加密资产市场时，应该谨慎考虑各种观点，并充分了解潜在风险和回报。

我想提出另一个相关的观点,那就是,这个领域的最终赢家很可能是,在过去20多年或更长的时间里已经是亿万美元规模的公司的加密货币部门。这让那些希望通过加密资产来削弱精英、大企业、中央银行和政府手中权力的无政府主义者感到非常沮丧。我猜想,正是这些精英、企业、中央银行和政府,可能会在未来几十年成为该领域的最大赢家。摩根大通、高盛、苹果、脸书,以及全球多家中央银行和政府,都在大力推进区块链技术项目。它们拥有一流的人力资源、雄厚的财力,而且许多企业拥有巨大的游说相关当局的力量。

这个观点强调了政府机构和大公司在区块链和加密资产领域的积极参与,以及它们具有竞争优势的因素,包括资金和资源,这使它们在这一领域具备一定的竞争力。虽然加密货币旨在分散权力,但许多政府和大公司也积极寻求在这一领域发挥作用,这意味着未来加密资产领域的发展,将受到不同类型参与者的影响。

税收存在不确定性

投资加密资产的另一个问题是,税负存在不确定性。例如,在英国,税务部门似乎正在努力弄清楚各种资产在所得税或资本利得税方面应该如何处理,但我在社交媒体上仍然看到很多不统一的意见。至少可以说,目前情况确实很复杂,我认为英美很多在最近几年投资加密资产的投资者,如果对这些事情没有足够的了解,未来可能会陷入严重的困境。

我在本书中提出的投资方法的一个重点就是,尽量保持简单，包括税负方面的简单。在我看来，任何对加密资产的投资都会使投资这件事变得复杂，与适用于其他资产类别的免税账户相比，这是不必要的。

加密资产的其他结构性问题

最后，我想讨论一下加密资产领域的其他结构性问题。虽然英美很多投资者对其感到兴奋并寄予很高的期望，认为它会改变世界，但是批评者指出了以下一些潜在的实际应用问题：

耗电量巨大

即使是现在，比特币每年的生产和使用所消耗的电量，就与瑞士整个经济体每年所消耗的电量大致相同。这只是全球一小部分人在使用比特币，而且它只是数千种加密资产中的一种。据估算，如果比特币要处理与维萨公司相同的交易量，它将吞噬整个全球电力供应。加密资产爱好者描绘了一个光明的未来，即可再生能源的惊人技术突破，将为我们提供无限的电力供应。我非常希望这能成为现实，但我认为还有很长的路要走。因此，电力问题可能对近期和未来一段时间内加密资产市场的发展有很大的影响。

没有足够的算力存储空间

看空的英美投资者经常提到的一个观点是，用于记录加密货币交易的区块链太庞大，以至于无法在当前的互联网容量下运行，更不用说使用智能手机在无线网络上运行了。就像前文提到的能源问题一样，如果没有一种颠覆性技术出现，比特币这样的数字货币永远不会被数十亿人在日常购物中使用。

公平地说，我对这个问题的研究使我相信，这样的质疑并不完全合理。不用深入研究细节就会发现，目前已经有一些比特币的扩容解决方案，例如闪电网络（Lightning Network），它使交易量可以与现有网络，如维萨或万事达卡相媲美。这些解决方案旨在提高加密货币网络的吞吐量，以应对大规模的交易需求。虽然在解决这个问题方面还存在一些挑战，但人们正在不断努力改进加密货币技术，以确保其可扩展性和可用性。

安全性还有待提高

任何长期关注该领域的英美投资者都会不时看到一些相关实体被黑客攻击，以及价值数百万甚至数亿美元加密资产被盗的新闻。例如，2014年，比特币交易平台Mt. Gox，价值4.73亿美元的比特币被盗；2016年，去中心化自治组织（DAO），价值5 000万美元的以太币被盗；2018年1月，日本一家加密资产交易所遭到黑客攻击，超过5亿美元加密货币被盗。

更重要的是，我认为那些涉足加密资产的投资者必须学习大量知识，并花费大量时间，采取相对复杂的安全措施，以确保他们持有的加密资产是安全的，至少将被黑客攻击的风险降到更低。或者选择使用可信第三方加密服务提供商，但在我看来，这反而使整个技术毫无意义。而且这样做与通过理财顾问来投资传统资产几乎没有什么不同，除了加密资产领域缺乏更明确的规则。

对战争或大规模自然灾害的抵抗力不足

人们的另一个担忧是，该技术在遭受战争或大规模自然灾害（如超级火山喷发、大规模太阳耀斑或像加利福尼亚州发生的强烈地震等）时的抵抗力不足。公平地说，要彻底摧毁比特币本身，唯一的方法就是摧毁每一个节点，而这些节点的记录保存在世界各地的计算机上。我的一位比特币爱好者朋友指出，如果我们遭受一场大到足以摧毁世界上所有保存区块链记录的计算机的自然灾害，那么目前的金融系统将是我们最不用担心的领域（即加密资产还没有真正应用到目前的金融系统中）。我认为他的观点很有道理。

结论

我毫不怀疑加密资产和区块链技术最终可能会创造巨大的经济价值，甚至使很多人变得非常富有。然而，我认为当前这个领域存在太多不确定性，我们还不能将加密资产作为自己投资组合的重要组成部分，与股票、债券、现金、大宗商品和房地产并列。

如果你是英美投资者，对加密资产的潜力感兴趣，并且决定投资该领域，你必须意识到这种投资具有高度的投机性。例如，将你可投资金的1%~5%投入其中是可以接受的。然而，我在社交媒体上经常看到一些持有加密资产的投资者，却从未考虑使用自己的ISA、养老金账户或投资贵金属，他们甚至使用信用卡来投资加密资产，因为他们盲目相信加密资产能让自己迅速致富。我在社交媒体上看到有人表达自己投资500英镑加密资产后就可以退休的兴奋。对那些亲历 20 多年前互联网泡沫时期的投资者来说，这一切都令人沮丧。人们似乎注定会忘记历史的教训。如果你有兴趣，可以对加密资产进行投机性投资，但在现阶段请暂时不要将其作为你储蓄和投资的核心支柱。

我要再次强调本书的一个主题：在投资生涯中，乌龟通常比兔子获得更好的结果。两个世纪的历史可以证明这一点。不要追逐一种资产，它可能会为你提供千载难逢的快速致富的机会，但也可能让你一无所有。尽管如此，我认为从长远来看，比特币可能最终会扮演类似黄金的角色（即法定货币的替代品）。出于这个原因，持有一小部分比特币可能对应对这种可能性有好处。

因此，我的建议是，如果你可以投资加密资产，且只有几百或几千英镑可以投资加密资产，你最好只投资比特币。如果你决定这样做，请确保花费足够的时间学习如何安全购买和存储比特币。

小结

通过阅读本章，我希望你对常见的投资工具有了更多的了解。我要再次强调，你不需要对投资工具有非常详细的研究，但基本的了解将对你非常有帮助。现在你已经掌握了基本知识，是时候深入了解可以采取的具体步骤，以改善你的财务状况。

有效运用你掌握的知识

第 3 部分

- 如何让已掌握的知识为己所用？
- 如何配置全球资产？
- 为了更进一步，你需要做什么？

HOW TO OWN THE WORLD

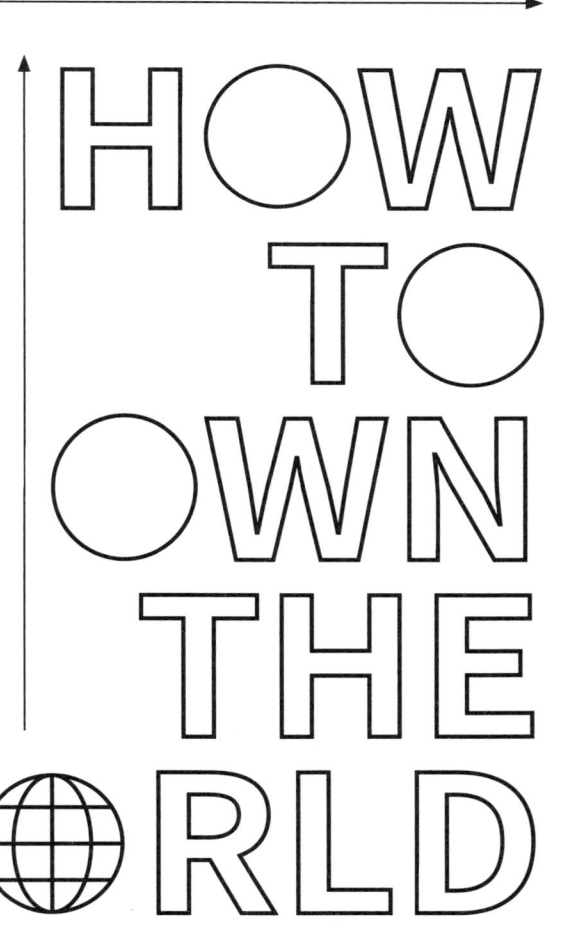

第 8 章 我们将何去何从

> 许愿与制订计划一样，需要消耗精力。
>
> 埃莉诺·罗斯福（Eleanor Roosevelt）

到目前为止，在追求配置全球资产这个目标的过程中，我们已经理解了以下重要问题：

- 为何需要对自己的财务状况采取行动。
- 得益于复利效应、多种优秀的投资工具、全球经济持续增长和高通胀等因素，财务管理比想象的更容易。
- 如何创造财务盈余来进行投资。
- 如何选择优质、高性价比的金融账户。
- 常见的投资工具。
- 通过使用正确的账户和投资工具来降低成本，并为长期财务成功打下基础。

在探讨了这些基础知识后，现在我们会更详细地介绍如何配置全球资产，以真正改进你的财务状况。接下来的 3 章将讨论以下 3 个重要的主题。

1. 制订计划

在第 9 章中，我们将了解如何确定生活基本开支和制订财务计划。正如生活中的许多事情一样，如果没有明确的目标，就无法获得任何成就。制订财务计划并不复杂，但它是实现财务自由的第一步，也是重要的一步。

第 10 章和第 11 章可能是这本书最重要的两章。它们介绍了两种基本的投资方法："保持简单"和"更进一步"。

2. 保持简单

很多人可能已经读到了这里，我希望你们现在都渴望让自己的钱为自己工作。如果你对花更多时间学习金融和财务知识不感兴趣，如果你想利用 ISA 积累的资金投资，但没有更多时间关注财经和时政新闻、阅读金融相关的书籍，或者研究股票、债券和大宗商品等资产，那么你需要一个简单的、可以轻松建立和维护的财务计划，帮你很好地管理资金。在第 10 章中，我们将介绍如何制订这样的计划。你将运用到目前为止所学到的有关投资、全球经济、财务账户和基金的知识，为自己制订一个财务计划。

下面我们将详细讨论这个问题，但在开始之前值得简单总结一下：保持简单策略是设置每月自动转账，将钱投入那些能从全球经济增长和通胀中受益的基金。采取这种方法，你不需要投入太多时间，但仍然有很高的可能性且风险较低地获得改变生活的回报。

再次使用你自己的常识来解读接下来的信息，你应该对此充满信心。我认为，如果你刚刚开始投资或目前的资金不是特别多，那么保持简单策略也适合你。如果你的资金少于5万英镑，我建议你坚持使用保持简单策略。因为在不到1万英镑本金的情况下，买卖个股所需要的工作实际上并不值得投入时间和精力。一旦你积累了更多的资金，你可以考虑对80%的资金使用保持简单策略，同时对20%的资金进行更多交易，甚至买入一些股票。具体方法我们将在第11章中探讨。

很多人可能会感到沮丧，因为5万英镑看起来可能是一大笔钱。我能理解这种感受，但我想说，即使你只拿英国的平均工资，但是如果你设法将每月收入的10%投入自己的投资账户，那么不到10年你就很可能积累5万英镑。

如果这看起来是一段可怕又无意义的漫长时光，并让你想要放弃，我鼓励你停下来，想一想10年前的你身处何地，在做什么。再次强调，投资是一场马拉松，而不是短跑比赛。正如我在本书的开头所说，这不是一个快速致富的计划，但你终将富有。

你是否愿意尽早开始，迎接富足的未来呢？请记住，由于复利效应，随着时间的推移，你的资金增长速度会加快。从0到5万英镑确实需要一些时间，但如果你继续成功投资，同样的时间可以让5万英镑增长到更大的数字，重要的是，你要先上路。

好消息是，如果你的资金不到5万英镑，那么目前你不需要做太多的工作，保持简单就可以。然而，如果你已经有了相当大的一笔钱，并且愿意更深入地参与，那么你可以考虑更进一步。

3. 更进一步

按照第 10 章里详细介绍的保持简单策略，你的个人财务应该会获得一个较好的结果。如果你刚开始行动，这是一个非常合适的方案。

当你对财务规划的价值有更深的认识，你可能对自己的财务更加重视，希望更深入地参与，更进一步，尤其是当你已经拥有相当多的资产。

我希望你已经发现我们到目前为止讨论的许多观点完全合乎逻辑，也相对容易理解。诸如，控制成本的重要性、复利的魔力及多元化投资的重要性等，并不那么复杂。一旦你了解了这些，就可以显著改善你的财务状况。

有些人可能已经因为看到相对容易的成功带来的巨大变化，而对财务规划感到兴奋。通过让钱赚钱，你会感到自由，我希望你能继续学习更多有关财务和投资的知识。

再次重申亚历山大·格林在第 2 章开篇引用的话：

> 没有人比你更关心你的钱。有了对投资的基本了解并保持自律，你完全有能力管理自己的资金……通过管理自己的资金，你将获得更高的回报并节省数以万计的投资成本。

如果你属于这一类，并渴望进一步学习，那么第 11 章将为你提供一个路线图，真正提升你对财务的理解。想要保持简单和希望更进一步之间的主要区别在于，前者的方法是选择一些基金，并每月定投。之后，几乎没有额外的工作要做。你只需保持定投，你将不再需要考虑市场的波动或判断何时是最佳的投资时机。

然而，选择更进一步的人将花更多的时间观察自己的投资状况，并决定何时买入和卖出。你将开始学习更多关于金融市场以及投资股票、债券、房地产、大宗商品等的知识。

我希望尽可能多的人，无论是已经具备资金实力的人，还是财务刚刚起步的人，都能选择在今天或者未来的某个时刻更进一步。至少，我强烈建议大家阅读这两章的内容。这样做，你能判断哪种方法更适合自己，并且会让你对即将到来的诸多机遇充满激情。

第 9 章　制订你的财务计划

你若不知自己前往何方，你可能最终止于他处。

尤吉·贝拉（Yogi Berra）

制定预算，可能是你通往财务成功之路最重要的步骤之一。许多人可能都尝试过做预算，但以下 3 件事对很多人来说都比较难：

1. 做一个足够详细的预算，包括所有的项目。
2. 为梦想中的生活做预算，也就是为你真正想要的生活做计划，而不是为现有的生活做计划。
3. 一旦制定了预算，你就要严格遵守。

这是人性决定的。当然，我也不例外。我的第一个计划是少喝高价的咖啡和奶茶，或者减少周末娱乐的花费，但这往往会失败。然而，如果你至少能做到前两点，我相信你会开始调整心态，朝着遵守预算计划的方向迈进。即使你的当前利益可能会受到一些损害，长远来看，你会比没有经历这个过程更接近成功。

因此，我建议你根据现有的收入，制定一个适合自己当下的预算。然后，再为梦想中的生活做一个预算，以此作为灵感的来源和追求的目标。一旦完成了这一步骤，你就可以开始进行一些基本的计算，计算出你需要存多少钱才能过上梦想的生活。表9.1是制定合理且详细的预算的一个例子。不是每个人都需要满足这份清单上的所有事项，但是根据自己的具体情况编制类似的表格，将让你对自己的财务现状有非常全面的了解。

我强烈建议你花点儿时间编制一个类似表9.1的表格，然后把你的支出填入相应的列。例如，汽车保险通常是年度支出，水电费则是每月或每季度的支出，你可能也会考虑周末外出或购物所需的支出。这完全取决于你如何解决问题。但我发现，如果你列出详细的清单，你就会知道每天、每周、每月、每年在每项支出上的花费是多少，并清楚、全面地审视个人财务状况。

花时间做两次这样的预算是值得的：一次是根据你当前的收入和实际支出做出的预算，另一次则是为你梦想的生活做出的预算。例如，你梦想中的房子需要多少房贷或租金？你希望每年花多少钱去享受美妙的假期？

一旦计算出现实和理想这两组数字，你就会很清楚地知道如何管理自己目前的收入（其中至少拿出10%的收入去投资），以及在未来理想情况下自己希望拥有什么。然后，以第二组数字作为目标。请使用表9.1帮助你完成这一步骤，也可以使用预算相关的App，这些都可以在智能手机中轻易获得，并且很多都是免费的。

表 9.1 计算你的支出 （单位：英镑）

	预算项目	每日	每周	每月	每年
必须支出	租金/房贷、市政税 * 食品杂货、日用商品 交通：通勤 公共事业：水、电、天然气				
可能支出	汽车/其他旅行 育儿 清洁 服装 化妆品 信用卡 外出就餐：酒吧、咖啡馆 娱乐：书籍、电影 送礼 健身、运动 理发、美容 度假 家用：大件商品 保险：汽车、财物、人寿、宠物 网络 医疗：看牙、处方药 移动电话 其他：眼镜、付费会员 宠物 教育/大学学费 视频：会员、流媒体服务				
	总计				

* 市政税是英国地方政府根据个人住房的价值收取的，用于支付地方公共服务的税收。——编者注

> 除非你知道目的地，否则你无法抵达那里。

第 9 章 制订你的财务计划　　223

英国目前的养老金账户年利率约为5%。这意味着无论你的养老金总额是多少，退休时你每年都可以拿到养老金总额的5%的收入。这就是为什么我强调，如果你希望在退休时拥有英国平均年薪——约为26 000英镑——的年收入，你需要大约50万英镑的养老金。如果你算出梦想的生活需要80 000英镑的年收入，那么以5%的利率计算，你将需要大约160万英镑的储备资金（目标收入/年利率）。

乍一看，这个金额似乎令人相当沮丧或望而却步。你可能想知道如何拥有超过150万英镑的资金储备。针对这一点，我想提以下几点看法。

第一，正如我们在复利内容中看到的，如果你长期致力于充分利用资金，你确实可以立志把一个小资金池变大。你所需要的是时间（我认为至少是10年）、一些知识，以及一些努力来进行必要的财务管理。

第二，与第一点相关，上述例子只考虑了被动收入。也就是说，在理想的生活中，你能够完全依靠被动收入来生活。然而，在现实生活中，我们可能会花几十年的时间去工作。这一点很重要，因为在你工作的几十年里，你的主动收入（工资收入）显然会在你理想生活的收入中占很大一部分。如果你是明智的，并采取正确的措施来合理分配你的收入，这样还可以大大增加你建立7位数（英镑）养老金的可能性。

第三，尽管如今养老金账户的年利率只有5%，但等你读完接下来的内容，并对财务管理有了更深的理解之后，你可能会希望自己的投资收益率超过5%。就我个人而言，我不太会购买养老金产品（除非这是我退休时的法律要求）。这是因为我非常有信心而且有能力管理好自己的财务，在退休时获得超过 5% 的年化收益率。我的投资范围很广，这些投资项目加起来应该能给我带来比 5% 高得多的收益率，而且相当安全。

应该清楚的是，如果我能持续获得 7%、8%，甚至 10% 的收益率，那么我的资产只要达到 5% 利率所需要资金的一半规模即可。正如我们所看到的，这种类型的收益率完全是可能的：只要在合适的时机购买一套可出租的房子，你就能实现这个收益率，获得可靠的长期回报。同样，以合适的价格购买优质企业的股票，也很有可能为你带来这样的收益率，特别是像许多顶级投资人那样，长期持有这些股票并从中获利。

最后，再次回到主动收入的话题：我个人希望在过了传统的退休年龄后继续创造某种主动收入。与我尊敬的所有年长者一样，我打算继续工作到 70 多岁，甚至 80 多岁（只要我还有判断力）。我也意识到，那时的我不太可能从事任何一种高强度的全职工作，但基于积少成多的原则，在退休时能够获得某种形式的收入，将有助于减少我需要储蓄的金额和我需要在这些储蓄上持续实现的收益率，以实现我梦寐以求的生活。

比如说，如果我能在 70 岁以唱片骑士（DJ）或卡巴莱[①]歌手的身份每年赚取 1 万英镑，而我梦想的收入为每年 4 万英镑（考虑到我希望定居在生活成本较低且温暖的地方，比如克罗地亚，这样的资金足够支持我实现梦想的生活），与此同时，如果我能达到约 6% 的收益率，那么我的养老金只需 50 万英镑就能支撑我实现梦寐以求的退休生活 [（4 万英镑 –1 万英镑）/6%]。

[①] 一种集喜剧、歌曲、舞蹈及话剧等元素的娱乐表演，盛行于欧洲。——译者注

我们每个人的愿望和计划都不同。我希望你能从本章中明确地认识到，对于财务目标以及为了实现这些目标所需的行动，你需要深思熟虑。这将对你的财务状况提供巨大的帮助。正如著名作家菲茨休·多德森（Fitzhugh Dodson）所说："如果没有目标和实现目标的计划，你就像一艘没有目的地的船。"

既然我们已经确定了目的地，现在让我们关注一下如何到达目的地吧。

第 10 章　保持简单，配置全球

对投资者来说，最有效的工具就是多元化。真正的多元化，可以让你能够在同等风险条件下建立具有更高回报的投资组合。大多数投资者……远达不到应有的多元化程度。他们在股票上用力过猛。

杰克·迈耶（Jack Meyer）
《聪明的钱》（Smart Money）

前文已经引用杰克·迈耶的这句话，但它传递的信息非常重要，值得再次强调，特别是考虑到迈耶作为一位投资者曾取得非凡的业绩。回想一下本书前面提到的两个关键投资主题：全球经济持续增长，并处于明显的通货膨胀中。如果你打算采取更简单的投资方法，那么你会希望自己能简单地"配置全球资产"和"掌控通货膨胀"。

现在，我们将更详细地探讨为什么要采取这种方法，以及如何利用常见的金融账户和投资工具尽可能高效地实现目标。

在本章中，我们探讨的"保持简单"的投资方法的另一个关键特点是，你每个月将在自己可承受的范围之内，采用定期定额的方式投资。每月定投有两个重要好处：一是容易建立，后续需要做的工作最少，你不必做复杂的决策来确定何时投入资金。这将最大程度地让你把投资理财养成自己每月重要的习惯。二是它有摊薄成本的作用。任何金融资产的价格或市场都会随着时间的推移而上下波动。通过每月定投，你可以提高以更合理的平均价格购买资产的机会，并确保你不会在市场崩盘前把大笔资金投入其中。如果你拥有的任何资产崩盘，通过每月定投，你也可以在随后的几个月中以便宜的价格买入。这样做能够减轻压力和避免麻烦，对于保持投资的可控性非常关键。

配置全球资产的优势

当我说配置全球资产时，我指的是：

- 拥有多种资产。从长远来看，你应该拥有现金、股票、债券、大宗商品和房地产，而不仅仅是其中一两种。
- 拥有来自全球各地的资产，而不仅仅是一个地域，如英国或美国。因为如前所述，全球经济持续增长。

你应该还记得多元化投资的重要性。配置全球资产意味着你在地域上和资产类别上都能实现多元化投资。但是这又意味着什么呢？

地域多元化

地域多元化，简单来说就是，如果世界某一地区——如欧洲或美国——正面临危机时，你仍然有很好的赚钱机会，因为你在世界另一个市场大幅上涨的地区——如某些新兴市场或日本——有资产。每年，世界不同地区的市场表现都有所不同。

与其试图预测明年你的资金的最佳去处（这很困难且耗时），不如将资金投资于世界各个重要市场。这意味着你将从全球经济持续增长中受益。请记住，世界作为一个整体，只在发生重大战争时，才会真正经历全面衰退。

人们在投资中最常见的误区之一是，往往只持有自己国家的资产。这意味着两件事：首先，当资产流向的国家或地区陷入危机时，他们的投资会遭遇困境。其次，他们错过了拥有一些人认为其他更具潜力的地区市场带来的爆炸性增长机会。值得注意的是，许多世界上经济增长较快的地区的股票市场，在相当短的时间内可以翻倍，甚至翻两番。有了这种表现，你不需要在这些市场投入大部分资金，就可以享受财富增长带来的实质性积极影响。

从长远来看，你应该拥有现金、股票、债券、大宗商品和房地产，而不仅仅是其中一两种。你应该持有来自全球各地的资产，而不仅仅是一个地域，如英国或美国。

这里的关键是，你可能不想花太多时间来预测未来，一个更简单的方法就是，确保你持有全球多个市场的资产。随着全球经济持续增长，这种方法将给你从中受益的最好机会。我想重申，只有在世界发生重大战争时，全球经济才可能无法增长。如果我们不幸遇到"第三次世界大战"，届时你的投资表现可能是你最不关心的事情之一。话虽如此，聪明的投资者通常发现，即使在战争时期也有赚钱的机会。即使在另一次世界大战的情况下，见多识广且开明的人也会有机会保护自己的资金，甚至让其增值。

撇开这种极小的可能性，通常情况下，配置全球资产意味着你在全球多个市场进行资产配置，包括英国、欧洲、美国、日本和亚洲其他国家和地区的市场，以及诸多新兴市场。你可能会希望在尽可能多的地方持有资产，以获得回报翻一倍甚至两倍的投资机会，并从全球中产的爆发式增长中受益。在理想情况下，你可能还希望在所有地区持有各种类型的公司股份，无论是大公司还是小公司。

过去相对较少有人采取这种策略的原因之一是，个人投资者很难像现在这样进行投资。而且，许多理财顾问不知道如何做到这一点，甚至不知道为什么全球资产配置是一个好主意。如今，即使你只有一小笔资金，你也可以以前所未有的方式进行全球资产配置，且无须支付过高的费用。

资产类别多元化

资产类别多元化，意味着在股市暴跌的可怕年份，比如2000年和2008年，你不会像其他人一样损失一大笔钱。事实上，你有很大机会获得积极的投资回报，或者至少比大多数人损失更少，因为即使你的股票价格下跌，你仍然持有其他资产，如房地产、债券、黄金、白银、石油和其他大宗商品。在股票不景气的年份，其他许多资产可能会表现得非常出色。这种情况发生的原因是，资产之间存在负相关关系，即某些类型的资产在其他资产下跌时往往会上涨。现实中的这种关系从来不是确切的，但如果你持有各种类型的资产，而不仅仅是股票或房地产，你就有可能在股票或房地产市场崩溃时看到你的资产组合的收益继续增长。

黄金在2000—2011年每年都上涨，但可惜的是，大多数人都没有持有黄金。在此之前，股市在大约10年左右的时间里几乎每年都上涨，而黄金在很长一段时间内走平或下跌。在2007—2009年，全球股市暴跌了一半以上，但石油在2008年创下历史新高，2009年黄金上涨了近20%。从长远来看，持有多种类型的资产要容易得多，这样你就有更大的机会拥有在另一种资产崩盘时仍然能够上涨的资产。

总结一下：这里的关键是，让你付出最小的努力将资金最大限度地投向全球市场。最终，你会成为各种资产的所有者——来自世界各地的股票、现金、大宗商品、债券和房地产——以便在未来从全球经济持续增长中受益。

跑赢通货膨胀的优势

你可能会希望每个月拿出一定比例的资金合理投资，以避免自己遭受实际通货膨胀的影响。最好的方式是投资金属货币（如黄金和白银）以及其他大宗商品。因为金属货币正处于一个持续多年的牛市（至少相对于法定货币而言），这主要是因为世界许多国家的央行大量发行货币。只要各国的央行继续印钞，贵金属和其他大宗商品的价格就会随着时间的推移继续上涨（即使不是直线上涨）。这意味着，你通过投资大宗商品，依旧可以从通货膨胀中受益，使自己的生活水平不因为通货膨胀而降低。

> 投资金属货币和大宗商品，会提升你的资产组合的整体表现，而不会使事情变得复杂化，它们的价格也不会高得令人望而却步。

如果央行在未来几年停止印钞并提高利率，这种情况可能会改变，但如果它们继续奉行过去几年的政策，我们就需要相应地进行投资。有些人会注意到，在过去几年黄金和白银的价格大幅下跌，但我认为这并不影响本章中的任何观点。正如我们看到的，黄金的价格在20世纪70年代上涨了24倍，但在1975年回落了约50%。没有任何资产会在没有周期性调整的情况下一直上涨，但如果你很好地进行多元化投资，就可以确保你的资产组合继续取得较好的业绩表现。如果你坚持定投，你也会随着时间的推移获得一个良好的平均价格。

最聪明的投资者都在多元化投资

在继续之前，我想指出，我不是第一个提倡这种投资方法的人。几十年来，世界上一些最聪明的投资者都在使用这种方法，并取得了出色的业绩。关于多元化投资，美国著名投资人哈里·布朗（Harry Browne）曾说："长远来看，成功的投资为投资组合带来的价值，要比失败的投资减少的价值更多。"

与此同时，屡获殊荣的英国财富管理师蒂姆·普莱斯称，"多元化投资是投资中唯一免费的午餐"。正如前文所述，我认为最好的做法是和世界上最聪明的投资者一起投资，如果不行，就学着他们的样子投资。

一些优秀投资人强调了这种策略的优势。麦嘉华（Mebane Faber）和埃里克·理查森（Eric Richardson）在其《常青藤投资组合》（The Ivy Portfolio）一书中，主要介绍了哈佛大学和耶鲁大学的投资基金。哈佛大学和耶鲁大学都有规模非常大（数十亿英镑）的投资基金，也被称为"捐赠基金"。截至2014年6月，20年间耶鲁大学捐赠基金的年平均收益率为13.5%。与此同时，哈佛大学捐赠基金同期的年平均收益率为12.3%。《常青藤投资组合》研究了这些基金是如何持续取得如此令人惊艳的回报的，书中认为，这是由于它们在各个资产类别中进行了多元化投资。

这些数字对你的财富意味着什么

值得注意的是，由于复利的威力，如果你能够在1985年投资哈佛大学或耶鲁大学的捐赠基金，到2008年你的资金将增长大约40倍。这是一次性投入资金的情况，如果你按照我建议的方式每月定投，那么回报可能会更高。

这应该会让你想起前文关于复利的介绍。正如我们已经看到的，每个月只需投入几百英镑买入一只可以持续提供这种收益率的基金，你在退休时至少会拥有100万英镑，可能还会更多。在我看来，这个事实应该在每个人从中学时期就铭记在心。

杰克·迈耶在1990—2005年管理哈佛大学捐赠基金。在他任期的最后10年，基金的年化收益率为15.9%。再次强调他的观点：

> 对投资者来说，最有效的工具就是多元化。真正的多元化，可以让你能够在同等风险条件下建立具有更高回报的投资组合。大多数投资者……远达不到应有的多元化程度。他们在股票上用力过猛。

作为美国人，迈耶针对的是美国投资者和美国股票，但对于那些持有过多本国资产的英国投资者、德国投资者等，情况也是如此。遗憾的是，个人投资者无法投资哈佛大学或耶鲁大学捐赠基金，但现在我们模仿这类基金进行投资。

永久投资组合示例

与哈佛大学和耶鲁大学捐赠基金采取类似策略的资产组合，被称为永久投资组合。1981年，哈里·布朗提出该策略，并在他的著作《哈利·布朗的永久投资组合》中做了概述。布朗的观点是，如果你持有多元化资产，你总会持有一些表现良好的资产。

他主张，在经济周期的 4 个基本阶段——繁荣、通缩、衰退、通胀，各持有 25% 的股票、黄金、美国长期债券和现金，从而有机会从各个阶段中受益。

布朗的资产配置方式，是一种非常简单的配置全球资产的方法。这种简单性存在的主要原因是，在 20 世纪 80 年代初，金融服务行业远没有今天这么复杂，因此投资必须保持简单，否则投资者无法实施这些想法。表 10.1 展示了 1981—2017 年投入初始资金 50 000 美元到这种投资组合的表现。

这里我们要关注的是，这种策略在 37 年中，只有 5 年是亏损的。即使在 2008 年，当世界各地的金融市场相继崩盘，这种策略也取得了正收益。37 年来的年平均收益率为 7.5%，看起来似乎不高，但在一生的投资中以这种可靠的方式，在复利效应下就可以积累可观的财富。值得注意的是，7.5% 的年平均收益率高于活期存款和现金 ISA 的利率，而且这种多元化的投资方式可以帮助投资者显著降低下行风险。这一点是很多人不理解的，他们会担心风险过高，而选择了抑制财富快速增长的现金 ISA。

表 10.1　永久投资组合的投资回报（1981—2017 年）

年份	股票（%）	黄金（%）	美国长期债券（%）	现金（%）	投资组合（%）	组合总资产（美元）
1981	−4.1	−32.8	1.8	14.0	−5.3	47 357.97
1982	22.1	12.5	38.5	10.7	21.0	57 287.54
1983	22.0	−14.3	−0.7	8.5	3.9	59 506.07
1984	6.0	−20.2	14.6	9.6	2.5	60 993.06
1985	32.8	6.9	34.2	7.6	20.4	73 412.07
1986	17.5	22.9	24.9	6.2	17.9	86 543.10

（续表）

年份	股票（%）	黄金（%）	美国长期债券（%）	现金（%）	投资组合（%）	组合总资产（美元）
1987	3.9	20.2	−7.9	5.9	5.5	91 306.20
1988	15.9	−15.7	8.1	6.7	3.8	94 750.65
1989	31.4	−1.7	20.2	8.5	14.6	108 556.01
1990	−2.1	−2.2	4.9	7.8	2.1	110 830.19
1991	31.3	−10.3	17.3	5.7	11.0	123 001.85
1992	7.4	−6.2	6.8	3.6	2.9	126 554.04
1993	10.1	17.7	18.3	3.1	12.3	142 088.80
1994	2.0	−1.9	−11.9	4.2	−1.9	139 376.28
1995	38.2	1.0	33.7	5.7	19.6	166 754.28
1996	24.1	−4.9	−4.8	5.1	4.9	174 879.21
1997	34.1	−21.5	15.4	5.2	8.3	189 393.46
1998	30.7	−0.2	16.7	4.9	13.0	214 071.27
1999	22.4	0.1	−15.0	4.8	3.1	220 658.00
2000	−12.5	−5.5	20.5	5.9	2.1	225 300.10
2001	−12.0	2.0	3.4	3.7	−0.7	223 648.58
2002	−22.7	24.8	16.7	1.7	5.1	235 097.73
2003	29.1	19.5	1.0	1.0	12.7	264 865.75
2004	10.7	5.4	9.2	1.3	6.6	282 459.28
2005	5.7	18.4	8.7	3.1	9.0	307 797.12
2006	15.3	23.0	−1.5	4.7	10.4	339 720.66
2007	6.0	31.3	10.3	4.4	13.0	383 998.74
2008	−37.1	5.5	41.2	1.5	2.8	394 653.31
2009	27.1	24.0	−25.5	0.2	6.4	420 022.58
2010	15.4	29.7	5.3	0.1	12.6	473 060.78
2011	2.0	10.2	29.9	0.1	10.5	522 905.21
2012	16.1	7.0	2.3	0.1	6.4	556 148.09

（续表）

年份	股票(%)	黄金(%)	美国长期债券(%)	现金(%)	投资组合(%)	组合总资产(美元)
2013	32.6	−28.3	−14.9	0.1	−2.6	541 570.64
2014	13.4	−1.5	29.7	0.0	10.4	597 841.58
2015	1.3	−10.5	−3.3	0.0	−3.1	579 384.89
2016	11.6	8.6	0.9	0.3	5.4	610 395.96
2017	21.9	13.7	11.5	0.9	12.0	683 543.82

资料来源：Solent Systematic Investment Strategies。

走向财务自由的投资组合示例

类似针对个人投资者的策略，可以在前文提到牛津俱乐部（The Oxford Club）投资总监亚历山大·格林所著的《走向财务自由的投资组合》一书中找到。

《走向财务自由的投资组合》是保持简单策略的一个稍复杂和针对美国投资者的版本，格林向读者展示了如何配置资产才能在付出最少努力的同时获得最多回报。

对于那些希望在投资中采用简单的方法并愿意花时间了解基本原理的人，我推荐这本书，因为它将让你更深入地了解这种方法的价值。

如何同时配置全球资产和跑赢通货膨胀

接下来，我们具体看看如何做到这一点。在此之前，我们先思考一个重要的问题：如果这是一种非常出色的投资方法，为什么不是每个人都在这样做呢？

首先要说的是，世界上许多聪明且富有的投资者正在这样做。许多富有的个人、家族、机构和投资公司，如罗斯柴尔德家族，哈佛、耶鲁、牛津和剑桥等大学，都是这样投资的。但很多人可能缺乏相关金融知识储备，他们不知道如何投资来自世界各地的各种各样的资产。而且一些理财顾问也未真正具备足够的知识来指导客户，或者即使他们具备这方面的知识，也不知道如何以经济高效的方式为客户配置资产。

其次，更重要的是，以前普通个人投资者很难接触到全球资产。即使近些年，也是富人才更容易获得如此广泛的投资机会（或许这也是历史上富人更易保持富有的一个原因）。

如果你的目标是持有来自世界各地的多种金融资产，你必须投资许多只基金。这将带来以下两个问题：

1. 成本较高。你投资的基金可能会因为费用而导致业绩不佳。对许多普通投资者来说，这是很现实的问题，因为一些金融咨询服务费和金融产品十分昂贵（你正在进行的学习可以帮你避免或减少这些成本）。
2. 管理难度大。保持简单策略的目标是让事情变得足够简单，这样就不会占用你太多的时间，不用花费大量时间来管理几十只不同的基金。

如今，我们终于能够轻松且低成本地获得我们想要的投资机会了。

保持简单的 3 个步骤

为了践行保持简单策略，可以采取以下 3 个步骤。

第 1 步：在优质的股票经纪公司开设 ISA

选择优质的 ISA 提供商，将使你支付的费用比选择高街银行或低质量金融服务公司要低。这还意味着，你能够有更多类型的资产可以投资。正如我们所看到的，这两点对于你在财务上取得成功非常重要。

第 2 步：设置每月自动转账到你的 ISA

我们已经讨论过如何确定每个月拿出多少资金进行投资。一旦你确定了自己可以用于投资的金额，你就可以向你的 ISA 提供商申请设置每月自动转账。你可以选择每月哪一天从活期账户将资金自动转到你的 ISA。

第 3 步：将你的可投资金在配置全球资产、跑赢通货膨胀和现金之间做配置

我们稍后将详细探讨如何实现配置全球资产和跑赢通货膨胀。现在需要考虑的一个重要问题是，你每月可投资金的分配比例。一般而言，我建议你将每月可投资金的 60%~70% 分配给配置全球资产，将 10%~20% 分配给跑赢通货膨胀，其余资金保留

为现金。将一定可投资金保留为现金有3个好处：第一，正如我们已经看到的，现金的（名义）价值不会下降，其面临的唯一风险是通胀侵蚀其购买力；第二，始终持有一定金额的现金，以便及时抓住未来可能出现的投资机会；第三，鉴于现金是一类常见资产，持有现金可以帮助实现多元化投资。

虽然本章中我们探讨的是一种你无须学习更多金融知识的投资方法，但未来你很可能对如何使用可投资金有一些深入且出色的想法。你可能会需要留一些现金来实践这些想法，而无须抛售你的其他可投资产。无论发生什么，你都会很高兴地把每个月收入的一部分作为现金保留下来。

值得注意的是，许多理财专家建议，开始储蓄时应该将全部储蓄保留为现金，直到你积攒了一个应急储备金，该储备金可以覆盖你在失业的一段时间内的生活开支。不同的专家提出了不同金额的储备金建议，但大多为1~6个月的收入。具体金额，你可以根据自己的意愿和现实情况来决定。我建议，如果你觉得工作稳定，那么3个月的储备金可能也足够了。在开始投资金融资产（如基金或贵金属）之前，我建议你首先清除任何昂贵的（非抵押）债务，并至少保留1个月的收入作为现金，或者更多。一旦做完这些，你就可以开始将每月的一部分收入用于投资。根据前文提到的资金分配比例，表10.2详细说明了如何将你的可投资金在配置全球资产、跑赢通货膨胀和现金之间进行分配。

表 10.2　对你的可投资金进行分配

月投资总额（英镑）	现金（10%）（英镑）	基金投资金额（英镑）	基金投资资金占比(%)	ISA 投资金额（英镑）	贵金属投资金额（英镑）	贵金属投资资金占比(%)
50.00	0	50.00	100	50.00	0	0
100.00	10.00	90.00	90	100.00	0	0
150.00	15.00	135.00	90	150.00	0	0
200.00	20.00	180.00	90	200.00	0	0
250.00	25.00	225.00	90	250.00	0	0
300.00	30.00	270.00	90	300.00	0	0
350.00	35.00	315.00	90	350.00	0	0
400.00	40.00	260.00	65	300.00	100.00	25
450.00	45.00	305.00	68	350.00	100.00	22
500.00	50.00	350.00	70	400.00	100.00	20
550.00	55.00	395.00	72	450.00	100.00	18
600.00	60.00	440.00	73	500.00	100.0	17
650.00	65.00	435.00	67	500.00	150.00	23
700.00	70.00	480.00	69	550.00	150.00	21
750.00	75.00	525.00	70	600.00	150.00	20
800.00	80.00	570.00	71	650.00	150.00	19
850.00	85.00	615.00	72	700.00	150.00	18
900.00	90.00	610.00	68	700.00	200.00	22
950.00	95.00	655.00	69	750.00	200.00	21
1 000.00	100.00	700.00	70	800.00	200.00	20
1 050.00	105.00	745.00	71	850.00	200.00	19
1 100.00	110.00	790.00	72	900.00	200.00	18
1 150.00	115.00	785.00	68	900.00	250.00	22
1 200.00	120.00	830.00	69	950.00	250.00	21
1 250.00	125.00	875.00	70	1 000.00	250.00	20

（续表）

月投资总额（英镑）	现金（10%）（英镑）	基金投资金额（英镑）	基金投资资金占比(%)	ISA投资金额（英镑）	贵金属投资金额（英镑）	贵金属投资资金占比(%)
1 300.00	130.00	920.00	71	1 050.00	250.00	19
1 350.00	135.00	965.00	71	1 100.00	250.00	19
1 400.00	140.00	960.00	69	1 100.00	300.00	21
1 450.00	145.00	1 005.00	69	1 150.00	300.00	21
1 500.00	150.00	1 050.00	70	1 200.00	300.00	20
1 550.00	155.00	1 095.00	71	1 250.00	300.00	19
1 600.00	160.00	1 140.00	71	1 300.00	300.00	19
1 650.00	165.00	1 135.00	69	1 300.00	350.00	21
1 700.00	170.00	1 180.00	69	1 350.00	350.00	21
1 750.00	175.00	1 225.00	70	1 400.00	350.00	20
1 800.00	180.00	1 270.00	71	1 450.00	350.00	19
1 850.00	185.00	1 315.00	71	1 500.00	350.00	19
1 900.00	190.00	1 310.00	69	1 500.00	400.00	21
1 950.00	195.00	1 355.00	69	1 550.00	400.00	21
2 000.00	200.00	1 400.00	70	1 600.00	400.00	20
2 050.00	205.00	1 445.00	70	1 650.00	400.00	20

关于表10.2有以下几点需要注意：

- 表10.2中"ISA投资金额"一列最终的数值是1 650英镑，这个数值远低于你被允许每月存入新的ISA的金额，即2万英镑。我承认只有高收入者才有能力每年存入这么多金额，但请不要因此而灰心。
- 我们应对通货膨胀的一个方法是，投资贵金属（稍后我们将详细分析原因）。我强烈建议，在资金允许的情况下同时投资黄金和白银。然而，因为较高的交易成本，我认为除非你有相当大的一笔可投资金，否则不用同时投资白银和黄金，目前仅拥有黄金就能确保你暂时应对通货膨胀。

接下来，我们详细介绍如何配置全球资产和跑赢通货膨胀。

配置全球资产

在阅读到这一部分并了解了基金的情况后，你可能想要了解如何配置全球资产，希望你还记得你可以购买指数基金来持有各种不同类型的资产。

举例说明，配置全球资产的一种方法是，买入每个地域的一只基金，并针对每个资产类别购买一两只基金。例如，你可以购买一只富时100指数基金来持有英国股票，购买一只标普500指数基金来持有美国股票。然后，你可以针对欧洲、亚洲、拉丁美洲和非洲市场进行同样的操作，并通过其他类型的基金来获得房地产、大宗商品和债券市场的投资机会。

重申一下，读到这里，你可能会意识到这种方法只有在你拥有大量可投资金的情况下才会有效，因为每次购买金融产品，你都要支付一笔费用。要想通过这种方式获得真正的全球化和多元化的资产，显然需要购买大量的基金。

关于这一点，以下这个例子可能会对你有所启发。表10.3

列出了我们会考虑购买的基金，以便以合理全面的方式配置全球资产。

表 10.3　通过基金配置全球资产的方式

股票	大盘股[①]	中小盘股[②]	分红
英国	1	18	23
美国	2	19	24
欧洲包括瑞士	3	20	25
日本	4	21	26
中国	5	22	n/a[③]
其他亚洲国家	6	n/a	n/a
拉丁美洲包括巴西	7	n/a	n/a
俄罗斯和东欧	8	n/a	n/a
印度	9	n/a	n/a
非洲或边境基金	10	n/a	n/a
中东	11	n/a	n/a
债券			
全球债券基金包括政府债券和企业债券	12		
房地产			
全球房地产基金	13		
大宗商品			
农业大宗商品基金	14		
能源大宗商品基金（石油、天然气等）	15		
工业金属（铜、锌、铂等）	16		
贵金属（金、银）	17		

注：①在英国，一般指市值高于 2 亿英镑的公司股票。——译者注
　　②在英国，一般指市值低于 2 亿英镑的公司股票。——译者注
　　③ n/a 代表"不适用"。

这只是一个用来说明以上问题的例子。许多专业投资者可能会争辩说，如果要实现真正的全球化和多元化投资，表 10.3 列出的持有的基金数量实际上是有些保守的。纯粹主义者可能会认为，这个例子没有包括热门行业主题基金，如科技、生物技术、制药、农业、能源等行业主题基金。但我想表达的观点依然成立，即我们每次购买基金都必须支付佣金或其他费用，这增加了我们的成本和管理负担。因此，表 10.3 所示的例子只适合那些既有大笔资金又有大把时间的投资者。

这些投资者可以很简单地将资金分配到大量基金中，不管经济如何变化，只需坐下来静观自己的资金在经济周期中增长，就像哈佛大学和耶鲁大学捐赠基金一样。未来，当你已经积累了 7 位数的资金并对自己的金融知识储备充满信心时，你可能会以这种方式进行投资。然而，对大多数人来说，拥有 26 只甚至更多的基金来实现全球资产配置并不现实。我们需要考虑一种更合适的方法。

一只基金配置全球

就目前而言，更合适的方法是寻找一只或少数几只基金，来获得尽可能多的投资机会。这种方法使管理变得简单，并尽可能降低你的成本。值得庆幸的是，近几年已经出现了类似的基金。

在前文中我解释了我不会提供我最喜欢的 ISA 提供商的名称，因为该建议具有不确定性。面对基金产品，我的态度更是如此。英国市场上有许多基金，你可以使用它们来配置全球资产。毫无疑问，未来最好的金融服务公司也将提供更多的优质服务。

跑赢通货膨胀

你应该记得，当出现通货膨胀时，商品的价格就会上涨。如果你仔细想想，实际上通货膨胀最直观的表现是商品价格的上涨，这对投资者来说未必是坏事。在投资中，人们常称商品为大宗商品。如果想要跑赢通货膨胀，我们只需要持有一些大宗商品。在第 7 章中，我们已经详细讨论了大宗商品投资。

在继续之前，需要注意的是，一旦你按照前文的方法投资了一只旨在配置全球资产的基金，你就应该已经持有了一定比例的大宗商品（以及全球货币），因为你持有的基金大概率会包含一些大宗商品，或者与大宗商品有关的公司股票。

这是个好消息，但在我看来，你通过这种方式获得的资产可能无法满足你日后生活的需求，因为政府不断发行货币，人口增长带来资源短缺，以及对原材料的需求增加。在许多政府继续大量发行货币、发展中国家继续增长和城市化的同时，你的资产组合需要更多的大宗商品。

最简单的方法就是持有贵金属。黄金和白银总体上会受益于与大宗商品相关的所有积极指标，而且它们还有一个重要的额外好处：它们在历史上一直被视为货币。

为什么黄金和白银是最值得持有的大宗商品

> 黄金是货币。其他一切都只是信用。
>
> ——约翰·皮尔庞特·摩根

虽然我对大宗商品总体抱有信心，但工业和农业大宗商品的波动性确实较大，当全球经济增速放缓时，它们的价格可能会严重下跌。铜就是一个很好的例子。铜是一种金属，就像黄金和白银一样，但基本上是工业用途。因此，如果全球汽车的制造量越来越小、摩天大楼盖得越来越少，铜价就会大幅下跌。

同样的现象也发生在黄金和白银领域，它们也会周期性下跌，而且幅度较大。然而，黄金和白银与其他大宗商品的关键区别在于，它们作为货币已经被使用了几千年。这两种金属都有工业和零售用途（如用来制作珠宝），但大众对它们的需求越来越多地来自它们作为一种金融资产的功能——货币。

大宗商品是你配置全球资产的基本资产，我坚信你购买贵金属是获取额外大宗商品的最佳资产，从而跑赢通货膨胀。与其他大宗商品不同，贵金属同时受益于工业需求和货币通货膨胀。它们相对容易买入，而且具有浓厚的个人投资特色，接下来我们讨论这一点。

请注意，我所提出的关于黄金的所有观点也适用于白银。白银往往会放大黄金的作用。如果黄金价格上涨10%，白银价格的上涨则为20%~30%。当价格下跌时，趋势类似。这就是为什么谨慎的投资者通常持有的黄金比白银更多。为了理解为什么在大宗商品普遍上涨的趋势下，持有黄金和白银尤其重要，我们必须首先了解货币到底是什么。

什么是货币？

大多数人对货币的真正含义理解不足，这可能对他们的赚钱能力有较大的负面影响。为了真正理解货币是什么,我们需要回到相当久远的过去,弄清楚货币为什么会被发明。在早期人类社会中,经济是一种基于以物易物制度的商品交换形式。例如,一个有食物的人会用食物来换取衣服或武器。这种制度使早期人类社会能够通过专业化分工来显著提高生产力:一个群体可以专注于粮食生产(农民、渔民),另一个群体可以专注于其他相对重要的商品的生产,如服装(制革工、纺织工)或工具和武器(铁匠)。

可以想象,以物易物制度存在严重的局限性。一个农民如果想要给自己和家人购买新衣服或新鞋子,就必须找到有这些东西的某个人,而且正好在特定的时间点,这个人也正想要农民生产出来的农产品。如果考虑到大多数农产品的易腐性和季节性,以及储存和运输的难度,这个问题就变得尤为棘手。

结果是,在几千年前,一些聪明人想出了用某种东西作为交换媒介和价值储存的主意,这种东西现在也被我们称为货币。我们可以思考一下,早期社会需要货币来实现哪些功能。这些功能是显而易见的,而且它们不会随着时间的推移而改变。

便携性

第一个关键功能是能够随身携带。以物易物制度的主要问题之一就是便携性:农民需要把牲畜赶到城镇,或者要赶一马车的庄稼去交换,去换取一些相对昂贵的物品,如一把犁或一双新鞋子。便携式货币可以使人们能够比以往任何时候都走得更远,因为他们知道,他们可以在远离家园的地方购买重要物资,而不必面对狩猎或寻找食物和淡水的不确定性。

可以获得但相对稀少

使用几乎不可能找到或者需要很多人来工作生产的东西作为货币，是没有意义的。可能正是出于这个原因，珍贵的宝石尽管价值很高，却从未被当作日常交易（如购买食物）的通用货币。另外，若选择一些非常常见的东西（如木材或鹅卵石），又会导致使用一些不够便携的东西。以木材为例，人们只会把树木砍倒，然后不得不随身携带过多而无用的树木四处走动，这与以物易物制度并没有太大区别。

持久耐用性

要作为价值储存的介质，它必须能长期保存，而且不容易损坏。例如，使用容易腐烂或断裂的东西是没有意义的。黄金和白银在这一点上表现得特别出色。

可替代性和可分割性

要想真正发挥作用，货币还需要被分割成可靠的单位。早期社会太平洋群岛的一些人使用贝壳和羽毛作为货币。当一位岛民有一块特别大的贝壳或一片异常美丽的羽毛时，问题就会出现：当用贝壳换鱼时，大贝壳比小贝壳能多换多少鱼？之后的发展，确保货币的大小和重量是标准化的，以避免此类问题。另一个问题是，用贝壳和羽毛做的货币，是可替代的。

考虑到上述要求，尼尔·弗格森教授在其著作《货币崛起》（*The Ascent of Money*）中写道："黄金、白银和青铜等金属被视为理想的货币原材料。"

早在公元前600年，甚至更早，贵金属就被制成了硬币。在纸币出现之前，金属硬币已被广泛使用了几个世纪。

纸币

在纸币存在的最初几百年里，它只是非常简单的欠条：纸币的出现是因为一些聪明人在几百年前意识到，与其冒着巨大的风险并支付长途运输大量贵金属的巨大成本（如为士兵、船只、水手支付的费用），不如把实物金属放在某一个安全的保险库里，而用一张代表金属的纸来进行交易。这些纸就成为原始的银行票据。这就是为什么英国的银行券上写着："我承诺，一经要求，我将付给持票人……"这最初意味着，谁持有1英镑纸币，就可以去英格兰银行要求兑换实物形式的1磅（重量）标准银（含92.5%纯银）。2019年，英国人可以用1英镑纸币兑换1磅银的1/190，也就是说，英镑现在的价值比它最初的实际价值低190倍。这很好地说明了随着时间的推移，通货膨胀会对你的资金造成什么影响！

这里的重点是，基于上述功能，黄金和白银在数千年的时间里被人类社会用作货币。贵金属之所以被普遍使用，是因为它们比任何其他现有原材料更具有货币的关键功能：便携性、可以获得但相对稀少、持久耐用性、可替代性和可分割性。正是因为贵金属具有这些特征，我认为相对于纸币，相对于由政府在计算机中创造的数字，或者新兴加密货币（如比特币），它们是更优越的货币。

为什么你现在应该持有黄金

在纸币存在的最初几百年里，它只是一种借条，为某种贵金属做担保。1971年，面对越南战争的巨大支出以及无力用黄金（即真正的货币）偿还美国债权人的债务，时任美国总统尼克松暂停了美元与黄金的兑换，美国的债权人不得不接受用纸币偿还债务。其结果是，黄金价格（以纸币计价）在接下来的9年里上涨了24倍——从每盎司35美元涨到了每盎司850美元。

近年来，一些评论人士声称，黄金处于泡沫状态，因为它在8年内上涨了约5倍。这个分析过于简单，历史告诉我们，大型结构性牛市的涨幅和持续时间通常远远超过这个程度。某商品价格大幅上涨，并不足以说明它处于泡沫状态。强有力的论据表明，这次黄金价格的上涨可能比20世纪70年代更加引人注目。在考虑今天的黄金市场时，以下6个因素或许对我们更有启发意义。

本轮牛市黄金的涨幅与20世纪70年代牛市相比要小得多

正如前文提到的，20世纪70年代的黄金牛市涨幅远远超过本轮牛市的涨幅，而今天的情况远远不及那个时候。

再重复一遍：1971—1980年，黄金价格从每盎司35美元上涨到每盎司850美元，也就是说增长了大约24倍。当前黄金牛市始于1999年的每盎司250美元左右，如果黄金市场在该轮牛市中呈现与20世纪70年代相同的上涨，这意味着黄金价格将达到6 000美元（250美元×24）。然而，到2019年，黄金的价格约为1 250美元。

或许值得注意的是，英国前首相戈登·布朗在担任财政大臣期间，以大约每盎司250美元的价格卖掉了英国储备的大部分黄金。许多人可能会说，戈登·布朗无法预见黄金市场的变化，因此不能责怪他。然而，我持不同观点。当时有一些方法可以评估黄金的价值，并明确表示黄金价格低廉，而且很多评论人士也在强调黄金的长期价值。

其中一位评论人士是吉姆·罗杰斯，他自20世纪70年代以来准确预测了大多数主要市场趋势，并在乔治·索罗斯的量子基金上获得了4 200%的增长，这应该表明他的观点是值得倾听的。正如我们将看到的，与其他资产类别一样，我们可以通过一些方法对黄金进行估值。

黄金的潜在需求正在上升

在20世纪70年代的黄金牛市中，黄金的潜在买家只占如今潜在买家数量的一小部分。买家几乎全是来自欧洲和美国的聪明或专业投资者。当时还没有黄金ETF，基本上也没有其他黄金基金。只有发达国家中最富有的人才能通过他们的私人银行家参与市场。市场是一个实物市场，你持有的金锭或硬币被存放在保险库中。

实际上，在20世纪的大部分时间里，即使在西方国家，私人个体拥有黄金也是非法的。在1933—1974年的美国，私人个体持有黄金是违法的。顺便提一句，很多人都知道股神巴菲特对黄金是持消极态度的。

但值得明确指出的是，他的老师本杰明·格雷厄姆在整个职业生涯中都无法投资黄金，因为私人持有黄金是非法的。因此，他从未将黄金纳入其任何模型（这些模型正是巴菲特在职业生涯开始就学习的），也没有经历过过去40年中黄金表现异常出色的两个时期。我认为这在一定程度上可以解释巴菲特对这类资产的态度。

苏联也只有极少数精英人士可以投资黄金。他们能够出国旅行并将财富保存在国外，例如瑞士银行。

此外，20世纪70年代，像印度、巴西和印度尼西亚这样人口众多的发展中国家都比如今贫穷得多，所以黄金作为投资工具对大多数人来说是无法触及的。如今，这些国家的中产家庭已越来越多，而且还在不断增多。

一些发展中国家的政府或央行确实在购买黄金，但请记住，与当时的美国和欧洲相比，这些国家还非常贫困。它们都是较小的经济体，因此即使它们中的任何一个国家集中力量购买黄金，对全球市场和黄金价格来说基本上都是无关紧要的。

即使在发达国家，与今天相比，过去普通个人持有黄金也是非常困难的。

> 今天，全世界的人都可以通过互联网购买黄金。

所以，当今黄金的潜在市场是20世纪70年代的数倍。

尽管如此，当前黄金占全球金融资产的比例也很小。即使在过去几十年黄金价格大幅上涨之后，黄金占全球金融资产的比例也处于历史低点。近年来这一比例不到 1%，而历史上为 3%~5%。如果像我所预测的那样，未来黄金占全球金融资产的比例重回 3%~5%（或更多），那么市场将会迎来一股巨大的资金潮，对不断减少的黄金供应需求会加大。这对于黄金价格会产生非常积极的影响，图 10.1 说明了这一点。

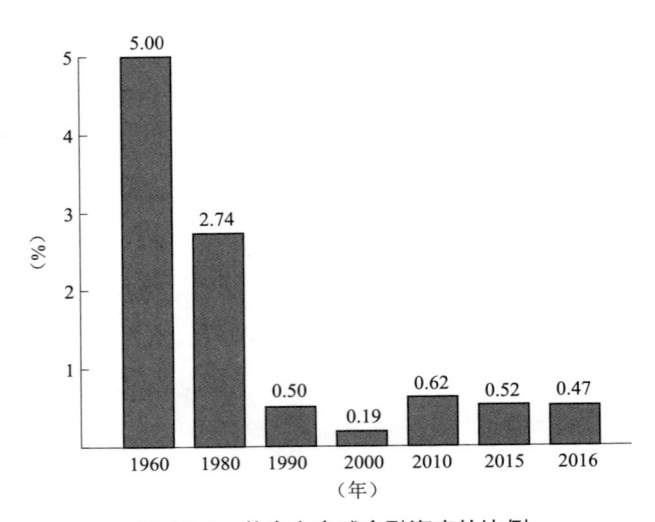

图 10.1　黄金占全球金融资产的比例

资料来源：Dan Popescu，BMG Group Inc.。

黄金占全球金融资产的比例之所以下降，是因为全球范围内印发大量纸币，并最终流入股票、房地产和债券市场。

在研究黄金的需求时，还有另一个重要的考虑因素：许多国家的央行（欧洲和美国以外的实际上还有剩余资金的央行）开始重新购买黄金。

中国多年来一直相对低调地出售美元资产并购买黄金，有估算称，中国已经购买了价值超过1万亿美元的黄金（中国也是世界上最大的金矿开采国）。或许还值得一提的是，中国在其他大宗商品领域也一直极为活跃，在非洲和拉丁美洲收购了大量农业资产和资源性资产。中国对大宗商品的看法，似乎与我们在本章中概述的观点相同。

中国并不是唯一一个大量净买入黄金的国家。许多国家的央行一直在尽可能地增加黄金储备，包括墨西哥、俄罗斯、韩国、新加坡、荷兰、印度尼西亚、土耳其等国。总体而言，这些国家在2009年第2季度成为黄金净买家，此后它们的购买量或多或少一直在增加。在其他条件不变的情况下，央行从世界各地净买入黄金，长期而言应该对金价有利。

以美元计价的黄金价格并不能提供太多信息

这里的另一个考虑因素是，以美元计价黄金是一种非常简单的计算其价值的方法，有点像使用弹性尺，因为美元的价值变化相当大。判断黄金价值的一个更好方法是，将它与其他主要资产类别进行比较。

黄金与石油对比

衡量黄金价值的一个好方法是，将它与石油、房地产和股票等资产进行比较。自1970年以来，黄金价格与一桶布伦特原油的平均比率约为16∶1。2019年，它们的交易价格的比率大致处于这个比率，这表明黄金在这个时候不算昂贵。以石油作为估值工具，如果黄金更昂贵，这个比率要翻倍，这在过去发生过几次。

这样的变化意味着石油价格可能减半，黄金价格翻倍，或者兼而有之。自 2015 年以来，石油价格的确下跌了一半，从某种程度上展示了通过观察这一比率来对黄金进行估值的可行性（尽管之后它反弹了）。

黄金与房地产对比

另一个有用的比率是黄金价格与房价的比率。图 10.2 显示了英国的平均房价。

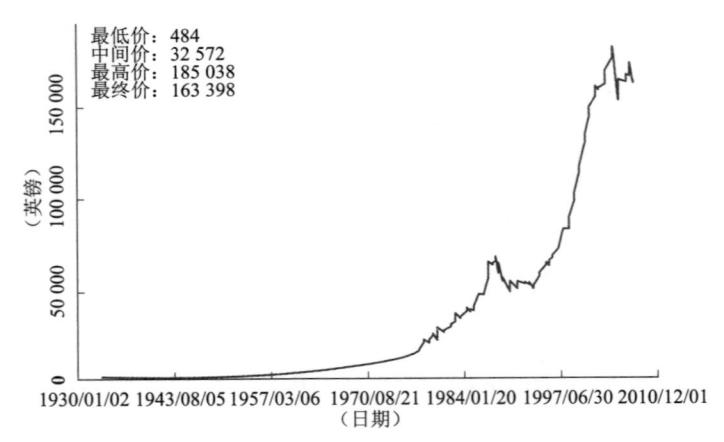

图 10.2　英国平均房价

资料来源：https://moneyweek.com/3465/gold-price-and-uk-house-prices-04909。

自 1971 年以来，英镑的购买力下降了约 90%，这比任何其他因素更能解释英国房地产名义价格（尽管不一定是实际价值）上涨的主要原因。与英镑相比，黄金是一种更好的长期保值工具。如果我们以黄金盎司来衡量英国房价，如图 10.3 所示，我们可以得出一些有趣的结论。

我们可以看到，2002 年是一个出售黄金的糟糕时期，因为与房价相比，黄金当时的价格是历史上最低的。尽管不想重复，但我想知道，英国前首相戈登·布朗和他的顾问在决定抛售英国黄金时，是否有看这些图表，我认为没有。这也说明政客们在做出这类决定时是多么不称职。

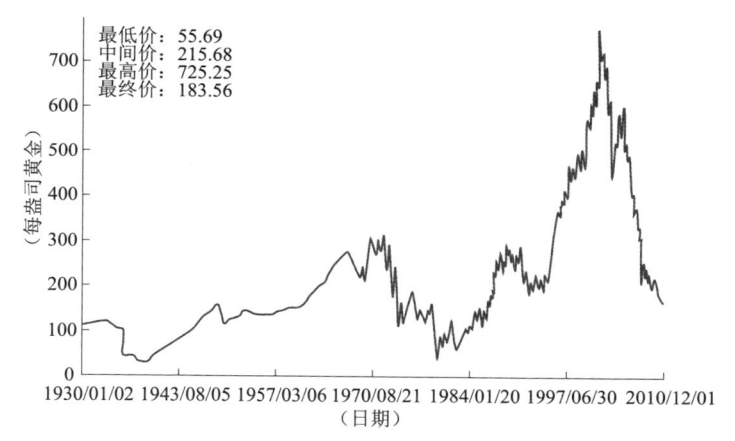

图 10.3　以盎司黄金计算的英国平均房价

资料来源：https://moneyweek.com/3465/gold-price-and-uk-house-prices-04909。

这里的重点是，聪明的投资者始终会着眼于长期的相对价值。即使像吉姆·罗杰斯这样的投资者，也无法确定地说花 700 盎司黄金购买一套英国房产是错误的决策。但他们很可能会看出这大概率是错误的。任何市场随时间的推移，都无法逃开均值回归。

人们总是说"不要去预测市场"。我认为，如果你愿意花些时间来观察各种资产的相对价值，你就有很大的机会长期做出更好的财务决策。图表 10.3 告诉我们，聪明的投资者在 2006—2007 年卖出房子，购买黄金。如果英国房价回落到低于 100 盎司黄金，这意味着黄金要么从当前价格翻倍，要么英国房价减半。我最好的猜测是，这是两者的组合，它们将在中间某个位置相遇，届时英国房子将再次具有很好的价值，而一根金条将在本质上变得昂贵。无论发生什么，那些在2006—2007年卖掉房子购买贵金属的人，可以卖掉他们的贵金属，买到比几年前卖掉的房子更好的房子。

黄金与股票对比

聪明的投资者还会使用另一个指标，将黄金与股市指数——如道琼斯工业平均指数等——进行比较。2012年，道琼斯工业平均指数约为12 000点，自那时以来该指数已经翻了一番以上，这证明了资本的力量。以黄金价格为每盎司1 600美元计算，道琼斯工业平均指数与黄金价格的比率约为7.5∶1。在过去一个世纪里，这个比率曾经降至2∶1以下，并且在20世纪80年代初期几乎接近1∶1。如果我们再次看到2∶1的比率，这将意味着黄金可能增至每盎司12 000美元，而道琼斯工业平均指数保持在当前水平；或者更有可能发生的是，道琼斯工业平均指数暴跌，而黄金价格略微上涨。近年来，道琼斯工业平均指数上涨而黄金下跌，这只是意味着橡皮筋拉得比以前更紧了。

我并不是唯一相信，我们可以再次看到2∶1比率的人。许多过去几年的黄金牛市金融危机做出准确预测的金融评论员认为，最终道琼斯工业平均指数与黄金价格的比率可能回到2∶1，甚至更低（对黄金投资者来说是更好的）。

他们的观点引发了争议。然而，那些认为道琼斯工业平均指数与黄金价格的比率永远不会达到这种水平的主流金融评论员，正是过去那些对黄金持反对意见的人，他们的判断一直都是错误的，并因此错过了 500% 的涨幅。

在我看来，这些评论员很少将黄金与其他资产进行比较分析。我们正在讨论的许多条件与过去导致出现这种比率的条件相同。如果说有什么不同，那就是我在这里概述的再次出现 2∶1 比率的许多理由，与此前发生的情况相比，更加切合实际。

我认为，那些认为 2∶1 的比率可能性不大的人，很可能受到了锚定效应的不良影响（请参阅第 5 章）。正如你看到的，这些比率表明黄金尚未处于泡沫状态。其他资产仍占有大量的资金，而且有令人信服的理由，这些资金在未来的几年里可能会转向黄金。话虽如此，有观点认为，其中一些资金可能会转向比特币和其他加密资产，许多人认为这些资产将来会发挥类似黄金的作用。因此，这就是为什么我在第 7 章中建议可以将少量的资金投资比特币。

利率

黄金价格持续走强的另一个理由与全球利率有关。你现在可能已经很清楚地意识到，虽然我预计全球债券市场将在未来几年推动利率上升，但是英国的实际利率一度处于 300 年来的最低点。世界上几乎每个角落的实际利率都是负的，因为实际通胀率通常高于利率。

记住，持有黄金最大的缺点之一是，你无法赚取任何利息。当利率处于高位的时候，黄金持有者就会错过这种回报。经济学家称之为持有黄金的机会成本，这就是黄金在 20 世纪 80 年代早期表现如此疲软的主要原因。当时的美联储主席保罗·沃尔克，为了控制通货膨胀，制定了高利率。不可避免地，大量资金从黄金市场撤出，流向可以赚取历史最高利率的其他地方，致使黄金价格下跌。

在目前的实际利率为负的情况下，持有黄金不存在这样的负面影响，考虑到实际通胀水平，名义利率还有几个百分点的上升空间，之后利率就不再是看涨黄金的理由。

黄金的供给

我希望针对黄金需求的增长已经给出了相当有力的理由，接下来让我们来看看供给问题。

简单来说，黄金供给正在大幅下降，寻找和生产黄金越来越难。前文我强调了一个事实，要找到与一枚结婚戒指价值相当的黄金，需要开采超过20吨的岩石。世界上最大的金山（在南非等地）开采黄金越来越难，它们的产量正在下降。

一个鲜为人知但很有趣的事实可以说明如今黄金到底有多稀缺，那就是世界上所有开采出来的黄金只能装进两个奥运会的游泳池。

有充分的理由表明，未来对黄金的需求可能会大大增加，但黄金的供给却并不乐观。正如前文提到的，经济学的一个基本原理是，当对某商品的需求上升，而该商品的供给不变或下降时，价格就会上升。

纸币的供给

还有最后一个需要考虑的因素：纸币的供给。

事实上，目前全世界的纸币供给正在以相当快的速度增长。如果世界上美元的数量是原来的 3 倍，而黄金的数量一直未变，那么在其他条件相同的情况下，以美元计价的黄金价格应该是原来的 3 倍。

事实上，自从 1971 年美元与黄金脱钩以来，美元货币的供给已经增长了如此之多，以至于今天的黄金隐含价格"应该"为数万美元。我并不是说黄金价格很快就会达到这个水平，但这是一个有趣的比例，突显了黄金资产的长期潜力。

在开始下一部分内容之前，我想强调前文介绍的有关黄金的绝大部分内容都与白银有关。历史上白银扮演着与黄金相同的货币角色，我认为它未来仍将继续扮演这个角色。

事实上，白银的前景比黄金更乐观。首先，白银的工业用途远远超过黄金，因此对白银的非货币需求也更多。其次，世界上白银的储量大约是黄金的 16 倍，这意味着白银的长期价格应该约为黄金价格的 1/16。鉴于黄金价格近年来在 1 250 美元左右，白银价格"应该"在 78 美元左右，而白银的交易价格当前在 16 美元左右。

关于贵金属的建议

我一直在强调将一部分可投资金投入贵金属的优点，正如本章所述。

鉴于黄金价格在2011年年底见顶后下跌了约1/3，我受到了一些批评。对有闲置资金的人来说，我一直将白银作为一种重要的金融资产推荐给他们，但白银的价格已从峰值下跌了一半以上。鉴于这一现实，一位读者在网络上评论道："作者对大宗商品，尤其是对包括黄金和白银在内的贵金属的热情，似乎反映了他对过去交易成功的傲慢和货币通胀的天真理论，而不是对未来回报的现实预期。自这本书书出版以来，黄金价格经历了大幅下跌。"

关于这一点有很多可以讨论的地方。最重要的是，读者对我在大宗商品，尤其是贵金属方面的观点的批评，恰恰说明了为什么他们应该持有这类资产。人们往往掉入高估自己资产配置能力的陷阱：自认为了解何时持有股票，何时持有贵金属，何时持有债券。我认为，对大多数人来说，择时是比将资金合理地长期配置到每一个主要资产类别更"傲慢"的行为。

配置全球资产（至少对那些想要"晚上睡个好觉"的人来说）的重点是，无论发生什么，每年都要将你的资金在资产类别和地域上进行良好的多元化配置。这已经证明在长期是有效的，因为你不会在金融危机时期（如2000年或2008年）遭受重大损失，而且有可能每年取得合理的财务回报。黄金价格自2011年以来经历大幅下跌的事实并不重要，重要的是关注并掌握本书的重点和方法（至少掌握保持简单策略）。

自2011年以来，黄金价格一直在下跌，但正如前文所述，过去15年，以英镑计价的黄金价格仍平均每年上涨11.3%。

这个上涨幅度与活期账户的利率相比是相当有利的。我还要强调，股票市场表现非常强劲，任何遵循配置全球资产策略的投资者，都将从中受益。未来可能会出现黄金市场大幅上涨，而股票市场下跌。大量证据表明，长期持有多元化的资产是有效的，至少在很长一段时间内的经济周期的各个阶段是有益的。

如果你建立一个包含良好的股票、债券、大宗商品（实物资产）和现金的投资组合，你拥有的投资组合将比大多数没有多元化投资的投资者的组合，更稳定、更安全和更可靠。你可能担心拥有如此多元化的资产会使你的投资组合表现平庸，但历史告诉我们，这样的担心是不必要的。正如哈里·布朗所说："长远来看，成功的投资为投资组合带来的价值，要比失败的投资减少的价值更多。"

更重要的是，多元化投资使投资者不太可能面临非常大的损失。不亏损大量资金是非常重要的投资原则，特别是当你即将退休，却面临投资可能使你失去一生积累的大部分资金的风险时。尽管这似乎是显而易见的，但很少有人真正理解盈亏平衡谬误（break-even fallacy）所蕴含的真理，而我的观点正是强调稳定收益的重要性。

盈亏平衡谬误

很多人会问这样的问题："如果我在一项投资中亏了50%，那么需要多少涨幅才能使资金回到最初水平？"许多人会回答50%。这似乎是合乎逻辑的，如果某物的价格下跌了50%，那么它必须上涨50%才能实现盈亏平衡（回到它开始时的水平）。

然而，正确的答案是100%。举个例子，假设你持有每股股价为100英镑的股票，如果随后发生大规模股市崩盘，导致股价下跌50%，那么你的股票价格将减至每股50英镑。如果股价从这个水平（50英镑）上涨50%，它只会回到75英镑[50×（1+50%）]。这意味着股价要回到每股100英镑，涨幅为100%[（100−50）/50]。这解释了为什么尽量降低投资损失如此重要，正如巴菲特的名言：

> 原则一：永远不要亏钱。原则二：永远不要忘记原则一。

持有来自世界各地的不同类型的资产，是一种有效降低巨额损失风险的方法。

乌龟打败了兔子

需要注意的是，这种方法不太可能带来30%~50%的年化收益率。其目的是在投资的整个生命周期中获得较高个位数到较低两位数的平均收益率，并在市场崩盘期将产生巨额亏损的风险降至最低。

在有些年份，你可能只能赚到2%，甚至可能亏损2%，而此时其他人可能会吹嘘他们在股市（或者像比特币这样的加密资产）中赚了一大笔钱。这可能会让你感到自己有些愚蠢，但这正是你应该坚持自己观点的时候。因为在 2000 年或 2008 年这样出现金融危机的年份，那些在股市上获得成功的人都损失了一半甚至更多的资金。

在整个投资生涯中，由于存在盈亏平衡谬误，乌龟通常能战胜兔子[1]。所以，请抵制那些声称"我赚了一大笔钱"的激进投资者的诱惑（特别是在过去几年，随着股市一次次创下新高，以及加密资产领域的狂热）。乌龟退休后更有可能获得丰厚的 7 位数收入。

我希望这能让那些担心自己在股市上表现不佳的投资者放心。因为你每个月都将一部分钱投资于贵金属，随着时间的推移，当兔子在某些年份跑得特别快时，你作为一只乌龟可能会因祸得福。

在整个投资生涯中，获得平庸的个位数收益率但极大避免大幅亏损，会比持有一只一年上涨 50% 而次年下跌 40% 的股票结果更好。增长缓慢、业绩平庸，但稳定、亏损少，才是赢得比赛的关键！

乌龟式投资的另一个好处是，你不需要一直保持在金融领域的领先地位，也不需要花费大量时间去考虑（担心）投资什么，以及股市是否会崩盘。你无须担心是投资亚洲还是欧美市场，是投资债券、大宗商品、房地产还是股票，因为你将简单地持有这些资产的优质组合。

需要明确的是，这是我对大多数没有太多时间和精力来深

---

[1] 此处，作者将在投资市场中追求快速暴利的投机者比喻为兔子，而将采取稳健持续投资策略的投资者比喻为乌龟。——编者注

入了解金融知识的投资者的建议，这也是为什么我将它称为保持简单策略。当然，愿意花大量时间和精力学习金融知识和了解时政信息的投资者，可以做出更具体的资产配置决策，而且很可能胜过保持简单策略，但这伴随着一个重要提示：这需要真正的技能，需要你投入大量的时间和精力。我们将在第11章中更详细地探讨这个问题。

这是我仍然坚持你应该将一定比例的资金用于购买黄金（实际上是同时购买黄金和白银），并每月定投的主要原因。即使黄金价格从高点下跌，你仍然应该以合理的平均买入价格持有适当比例的黄金。过去40年的历史表明，这是一个很好的策略，并且自2011年以来的油价走势并没有改变这一事实。

我相信在不久的将来，黄金和白银将让看跌者大吃一惊，并再次说明为什么黄金和白银应该成为践行保持简单策略的关键资产。1971—1980年，黄金价格上涨了2 400%，但在20世纪70年代中期，黄金价格回调了近50%。当时那些因恐慌而抛售的投资者错过了1976—1980年的巨大涨幅。我认为今天的情况与此类似，图10.4和10.5有助于阐明这一观点。

在我看来，2011年年底至今黄金价格的走势与1975—1977年的走势非常相似。时间会告诉我们，黄金价格是否会像20世纪70年代末期那样大幅上涨。

如果你想了解更多有关黄金投资的知识，我强烈推荐阅读詹姆斯·里卡兹（James Rickards）的优秀著作《黄金投资新时代》（*The New Case for Gold*）。

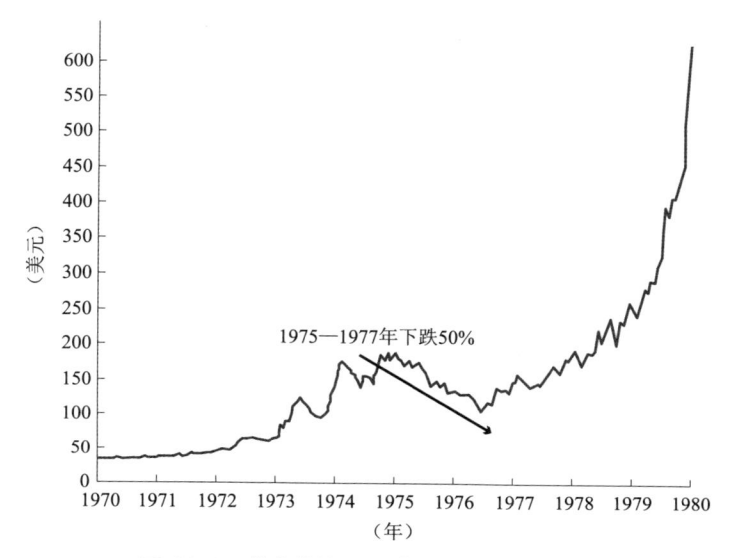

图 10.4　黄金价格走势（1970—1980 年）

资料来源：简明英语金融网站。

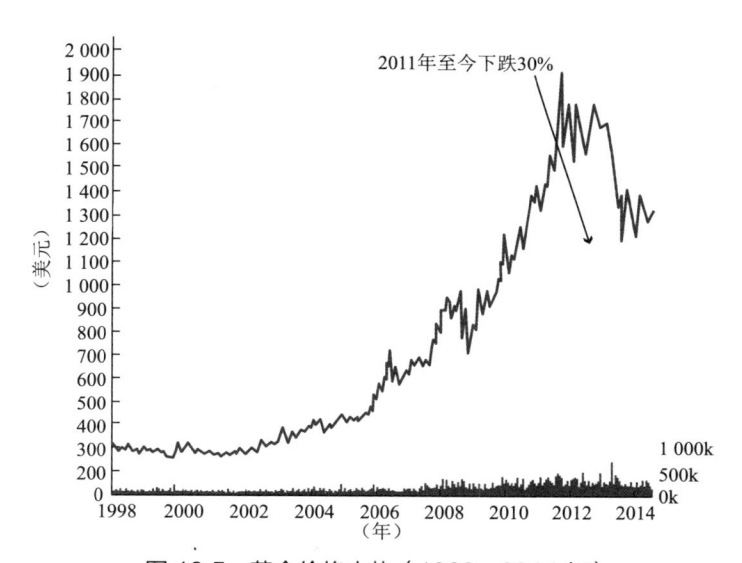

图 10.5　黄金价格走势（1998—2014 年）

资料来源：简明英语金融网站。

如何持有贵金属？

我们已经详细阐述了为何需要跑赢通货膨胀，以及如何通过持有贵金属实现这一目标。这种方法相对容易且费用不高。在前文投资全球基金的建议后，你可以考虑使用每月可投资金中剩余的 10%~20% 来购买一些贵金属。

2012 年，我建议通过 ETF 来投资贵金属。然而，自此以来，我越来越认为拥有贵金属的最佳方式是拥有实物黄金和白银，而不是通过 ETF。

我一直对贵金属 ETF 存在一种担忧，即世界上的理论黄金约为实际黄金的 50 倍。简单来说，这个数字意味着某些地方的一些黄金 ETF 可能不如亲自持有黄金或白银实物安全。

最后需要考虑的事情

在使用保持简单策略时，还有以下几点需要考虑。

一次性投资

如果你有一笔钱可以一次性投资（这是一个非常好的主意），那么你可以考虑将这笔钱除以 10 或 12，并在接下来的 10 或 12 个月每月外加你的计划定投金额，共同投到资产组合中。我们已经看到，像这样每月定投可以起到摊薄成本的作用。

资产再平衡

想象一下，你在某一年年初投入 3 000 英镑买入黄金和白银，投入 6 000 英镑买入全球基金，并保留了 1 000 英镑的现金。这意味着你已经将资金的 30% 用于黄金和白银，60% 用于全球基金，10% 用于现金。

再想象一下，在这一年内，黄金和白银（合并）上涨了 20%，全球基金增长了 10%，现金无增长（因为利率基本上是 0）。这意味着一年后，你将持有 3 600 英镑的黄金和白银，6 600 英镑的全球基金和 1 000 英镑的现金。此时，你的资产配置比例略有变化，现在总共有 11 200 英镑，具体配置为：32.1% 的黄金和白银、58.9% 的全球基金、9% 的现金。

显然，资产配置比例变化不大，但随着时间的推移，如果不采取措施来应对这种情况，最终可能会出现不符合期望的 30/60/10 的比例。

解决这个问题的方法是资产再平衡。每年或更长一点的时间，你需要查看持有资产的比例，出售涨幅最大的资产，并买入涨幅最小的（或下跌的）资产。在上面的示例中，如果你的目标比例是 30/60/10，那么意味着你应该拥有：3 360 英镑的黄金和白银、6 720 英镑的全球基金，以及 1 120 英镑的现金。你需要做的是出售价值 240 英镑的黄金和白银，将其中的一半投入全球基金，将另一半保留在现金中。

这种方法既可以确保你坚持目标资产配置比例，又可以使你自动从表现最佳的资产中获得一些利润，并利用这些利润以相对较低的价格购买其他资产。

对具有较强数学能力的人来说，如果每月按照目标比例购买资产，一年结束时资产配置比例的变化可能会很小，除非在短时间内发生了非常大的波动。

如果你遵循每月定投的方法，就无须过多担心再平衡。尽管如此，我认为你应该至少每年检查一次比例，以确保它没有远离你的目标。这是在采用这种方法后，你唯一需要做的工作。

"过去的业绩不保证未来的回报"

许多人可能在金融服务公司的报告中看到过这句话。根据你正打交道的公司类型或正在考虑的产品，这样的说明通常是强制性的。

我对这种声明的实用性有疑惑。如果过去的业绩不能保证未来的回报，那么我们如何选择足球队？为什么我们会选择某一个品牌的汽车而不是另一个品牌？

实际上，过去的表现可能预示未来的结果。然而，我们需要注意不要过于依赖它，并确保将其视为预测未来表现的诸多指标之一。在我看来，在预测未来这件事上，对周围发生的事情进行合理分析，通常比过去的业绩数据更有用。过去的表现无疑是我们应该密切关注的，但合理且深入的分析的效果会更好。

小结

如果你还记得复利的神奇之处，你就会充满希望。通过对投资账户投入尽可能多的资金，并将其长时间保留在投资账户内，你将获得最大限度的资金积累效果。投资的金额越大，你从复利中获得的"免费"资金（利息的利息）就越多。

你需要认真思考为何以及何时从个人储蓄账户或其他投资账户中取款。然而，当你想换车或度假时，如果你能将这笔资金仍然用于投资，未来你将能购买更好的车和度过更多令人惊叹的假期，长远来看，你的退休生活也将更加舒适。就像我的经济学老师在我上第一节经济学课时所说的，经济学的本质就是：

> 享受当下，还是富在未来？

我相信如果你按照本章所述的方法投资，你在处理自己的财务事务方面将取得非凡的成果，特别是对那些没有太多时间和精力的人来说。你将获得：

- 通过在地域和资产类别上实现多元化，进而配置全球资产。
- 通过投资大宗商品，从世界各地的通胀中受益。
- 以高效且低成本的方式实现以上目标。

我相信这是一个很好的方法，将为你提供一个很好的机会，让你的钱为你创造更多的财富。正如我们所见，罗斯柴尔德家族、哈佛大学和耶鲁大学捐赠基金等机构，几十年的时间里都在使用这种方法。

短时间内，你应该就会看到你的财务状况正在发生变化，你的资金将开始为你创造财富。如果你长期坚持这个计划，你投资获得的财富，很可能最终超过你从工作中赚到的钱——这是许多人最终的财务目标。通过让你的财务事务井然有序，你给了自己最好的机会消除抵押贷款或其他任何形式的债务。

我不能保证这种方法总能赚钱。投资本身具有不确定性，你可能会经历一些奇怪的下跌。然而，我可以自信地说，随着时间的推移，这种策略极有可能增加你的财富（如表 10.1 所示）。

我想提出最后一个很重要的观点：虽然我相信本章概述的方法是一个很好的选择，但确实什么都不如你主动关注自己的财务状况。这一点在当前尤为明显。

今天世界上正在发生一些非常严重和令人害怕的结构性变化，尤其是实际通货膨胀率不断提升的可能性大大增加。为了给自己创造最好的生存机会，我强烈建议你花更多时间和精力来加深对金融知识的理解。一旦你打开了关于金钱的知识盒子，你会发现它有趣且有用。

无论发生什么，你都需要尽可能地去发现全球经济的运转规律和发展趋势。这将很大程度地降低你在金融危机中亏损的概率，同时让你的盈利最大化。管理自己的财务，还将节省你大量的费用支出，这对你的整体财务状况有重大的积极影响。

这就是保持简单策略。按照第5章的建议，创造财务盈余；按照第6章和第7章的建议，设置正确的金融账户和选择合适的投资工具；按照第8至第10章的建议，开始行动，进行投资。如果你是一个想要保持简单的人，至此你已经做得很好了。我希望你已经发现所阅读的内容令你激动，也希望你将采取行动，彻底改变你的财务状况。

如果你对更进一步以及最大程度地提高你在处理金钱方面的能力感兴趣，那么请继续阅读下一章。至少，即使你把自己看作那些喜欢保持简单的人之一，下一章也值得快速浏览一下。

第11章旨在指导你如何有效提升你的财务素养，并提供一些更进一步的方法和实践案例。

第 11 章　更进一步

> 如何投资，比买什么股票重要得多。
>
> 波特·史丹斯伯里（Porter Stansberry）
> 投资咨询公司 Stansberry & Associates 创始人

在第 10 章中，我们了解了如何通过保持简单策略获得可观稳定的收益。如果你没有太多时间和精力学习相关知识，第 10 章介绍的投资方法是一个很好的选择。这种方法将确保你支付较低成本获得良好的资产组合，并且很可能获得稳定的真实回报（考虑实际通胀）。基于复利的力量，长远来看，这个策略可以带来超预期的结果。

投资流程自动化对大多数人来说是最好的吗

实际上，有许多令人信服的论据表明，第 10 章介绍的保持简单策略可能对大多数人来说是最好的投资方式。对许多人来说，尽可能减少主动的投资动作可能会对自己的投资回报产生非常积极的影响。接下来，我们解释为什么会出现这种情况。

标准普尔500指数是反映美国股市的一个非常重要的指标。它从2007年10月的1 500点下跌到2009年3月的666点，暴跌56%，这对许多投资者来说简直是噩梦！然而，到2012年，它已经回升到大约2 750点（上涨超过300%）。

问题在于，如果你试图利用这些波动来赚钱，你大概率会犯错。事实上，情况可能比这更糟糕：你很可能在低点抛售，高点买入，选择了最糟糕的投资时机。这是为什么呢？因为人性。

我们人类是群居动物，我们过于关注身边的每个人都在做什么。尽管我们努力抵抗，但很少有人具备足够的知识和自信来真正采取反潮流的策略。当股市在2009年3月下跌至666点时，你在新闻中读到或看到的大多数内容都在谈论股市的风险有多大，以及其他人都损失了多少钱。由于自身的恐惧、苦恼、悲观、愤怒，以及弥漫在四周的消极情绪，很少人能坚持将辛苦挣来的钱投入股市。可能有人会告诉你："哎呀，太冒险了！你看看市场刚刚发生了什么！"

更为阴险的是，当市场开始反弹——涨幅达到10%，然后20%、30%、40%，直到今天的300%——你可能会不时说道："该死！我一定是错过了，我来迟了。"然后你就不会投资了。

经过一两年的这种情况，你又可能有类似的想法："哎呀，我真的必须解决这个投资问题。看，市场上涨了300%，它一直在上涨！我的朋友已经赚了一大笔钱，而我一直在回避，错过了机会。现在，我要投资了。"

接下来的事情你可能已经知道了。就在你决定重新入市的时候，接下来发生了下一个互联网泡沫或雷曼兄弟破产，你出现巨大亏损，然后花下一个10年舔舐伤口，循环往复。

对许多人来说，解决办法是尽量减少主动的投资动作。大多数人应该理智分析新闻资讯，将自己的投资流程自动化。不要试图预测未来，不要试图择时，也避免思考"我现在应该买这个还是卖那个"，也不要过于依赖所谓专家的看法。只要每个月以自己负担得起的金额进行定投，坚持按照第10章介绍的方法进行资产配置，直到获得支撑你梦想中的生活的资金（希望这一刻会比大多数人想的来得更早）。

以前文提到的标准普尔500指数为例，如果你将投资过程自动化，你将在股市崩盘前在1 500点入市（痛苦），然后在市场崩盘后的每个月（680点、750点、850点、930点、1 000点）持续投入资金，一直到2 750点。这种方法的最终结果是，通过投资流程自动化，你能够获得稳定而有意义的回报（远高于利率）。多亏了复利效应，乌龟打败了兔子，最终你会得到比你想象中更多的钱。

坚持你的计划

如果你希望在投资中做出明智的决策，另一个要考虑的关键因素是，坚持自己的观点并进行长期投资。一旦你具备足够的金融知识，会更容易做到，因为你会更有信心，不会在新闻头条大肆宣扬市场崩盘时因恐慌而盲目抛售资产。

我认为，从长期来看，投资成功实际上90%源自管理，只有10%源自你投资了什么（在合理范围内）。如果你真的选择了一家优质的经纪公司开设了投资账户，对你的个人储蓄账户和养老金方案进行了优化，制订了定投计划并设置好自动转账，那么你已经取得了90%的成功。最后的10%源自选择合理的支付方式、投资流程自动化和坚持执行计划。

为了阐明这一点，伦敦商学院教授埃尔罗伊·迪姆森（Elroy Dimson）和保罗·马什（Paul Marsh）已经证明，1955—2015年，投资英国小型企业的平均年化收益率超过15.4%。没错，你没看错，在过去的60年里每年增长超过15.4%。通过储蓄和投资获得这样的回报，你将迅速积累财富，尤其是当你使用的是个人储蓄账户，你甚至不用担心纳税问题。

然而，也存在一个问题：尽管这一平均年化收益率水平令人惊叹，但这一收益率并不是每年都平稳实现的。因为在有些年份，小公司的涨幅超过40%或更多；而在有些年份，它们的跌幅超过了50%。

这些下跌幅度极其剧烈，以至于大多数持有英国小盘股的投资者往往会失去信心，在恐慌中抛售股票，并使这50%的下跌变成真正的亏损。特别是当考虑到人性对投资的影响时，这一点变得更为重要。这也是为什么对于你正在做的事情保持信心，坚持你的计划如此重要。我相信在全球范围内进行多元化投资能够有效应对这种情况。

鉴于当前金融世界的动态性和复杂性，对一些有一定额度的可投资金，采取更积极主动的方式来管理是值得的。学习更多金融投资知识意味着增加财富快速增值的机会，同时让你更有信心也相对更安全地投资。

金融是一个庞大的主题，且在不断变化，所以这一章绝不是一个成为成功投资者或交易员的全面指南。我希望这一章能够实现的目标是：

- 强调一些帮你迅速掌握金融基础知识的关键概念。
- 指引你去寻找一些高质量的学习资源，这些资源应该有助于你理解这些概念。
- 给出一些例子说明，如果采取行动，你可以实现什么结果。

通过这样的方式，你可以建立起对金融领域的基本理解，并逐步扩展你的知识面和提升技能。请记住，投资是一个需要长期学习的过程，没有捷径可走。通过不断学习和实践，你可以提高自己的投资能力，更好地管理你的资金。

3个重要目标

当你读完这一章，你应该会知道如何进行资产配置，如何投资单个资产，以及如何交易。

目标1：学习如何进行资产配置

在前文中，我一直强调投资多元化资产的重要性。第10章对实现这一目标的总体方法进行了概述。如果你已经准备好更深入地了解金融的各个方面，那么你将进入更高阶段，可以巧妙地配置资产以便在某些时期利用某些资产的强劲表现获得超额收益。

通过掌握基本的财务分析、经济学和经济史的知识，你就能够更容易判断某些资产何时可能表现优于其他资产。举个例子，对资产类别之间的相对价值有良好把握的投资者，可能会在1971—1980年重仓贵金属资产，在20世纪80年代初至2000年重仓股票资产，2000年至今，再次重仓贵金属资产。这种方法在40多年的时间里会带来非常高的回报。

许多人认为，成功实现这些目标是不可能的。这是金融领域的一种流行观点——事后诸葛亮，认为像如上述例子那样成功把握市场时机是不现实的。

然而，我对此持不同意见。正如我在前文多次提到的，确实你永远无法在最好的时机做出这种预测。但毫无疑问，有一些方法可以评估不同资产类别，判断出某种资产某些时刻更具价值。前文已经介绍了一些方法，比如将黄金与石油、股票、房地产进行比较。这种对各类资产的长期价值进行权衡的方法也被称为生命周期投资。对那些知识渊博、有耐心、有信心的投资者来说，这种方法能够实现更高的回报。不过需要注意的是，这需要投资者有大量的时间和精力学习研究，并且有较高的技能，因此并不适合所有人。

尽管这种资产配置并非易事，但如果能找到可靠的专业投资者并学习他们的方法，你可以更好地做出投资决策。不过，每个人的情况和目标都不同，因此仍然需要谨慎评估自己的需求和风险承受能力，以做出适合自己的投资决策。

资产配置方式会随着年龄的变化而变化

关于明智的投资，有一个普遍原则是，随着年龄增长，尤其是接近退休年龄，你的投资组合应该更加保守和稳健。年轻时，为了让资金迅速增长，你可以更加大胆，承受一些市场波动。基本上，这意味着在其他条件相同的情况下，你持有的股票占比可以高于债券。

> 随着年龄的增长，你应该更多地考虑资金的稳定性，并用它去博取高收益。

在50岁左右遭受财富损失，一定比二三十岁遭受损失更悲惨。如果在二三十岁时经历了经济不景气的时期，损失的金额会相对较少（因为此时的财富更多在积累期，相对较少），更重要的是你有更多时间来弥补损失。例如，在28岁时损失1万英镑的40%，显然比在60岁退休时损失100万英镑的40%要少得多。总体而言，这意味着当退休日期逐渐逼近时，你应该将资金更多地投资于债券和现金，而不是股票。这样做的目的是，降低投资组合的风险，保护已经积累的财富，并获得稳定的收益。

当对这些事情有了更深入的了解，你就能够自主决定如何在股票、债券、大宗商品、现金和房地产等资产之间进行配置，并清楚随着年龄的增长如何调整这些资产配置比例。虽然这并非易事，但学习得越多，你就越有可能在未来做出大致正确的决策。这将提高你实现巨大回报的能力，同时将风险降至最低。

目标2：学习如何投资单个资产

一旦你对金融有了更深入的了解，你可能会开始考虑投资某一个资产，而不是通过基金的方式。拥有足够的知识储备，你就会更有信心选择那些你认为有前景的个股或大宗商品。在过去的几年里，我持有的许多只股票都实现了100%甚至更高的增长。几年前，我在短短8个月的时间里就通过投资白银获得了超过160%的利润。我还卖出了一只股票，它在大约18个月内上涨了350%。（显然我当时以较低的价格卖出了它，因为现在它的涨幅已经达到675%。不过，为已经发生的事情后悔并没有意义，因为下一个机会总是在某个地方等着我们，这种思维方式会让我们自我感觉良好，也更自由。）

确实，这样的收益并不是一直存在的，且必须面对失败的挑战（我确实经历过许多困难时期）。然而，即使你没有上述类似的长期成功经验，你依然可以为自己的目标生活积累足够的资金（请参阅第9章）。

寻找和投资那些具有高收益潜力的投资标的（并避免亏损）需要更多的知识，但入门并不是那么困难。你只需要愿意学习一些知识，并确保你使用正确的学习资源。

目标3：学习如何交易

在你阅读接下来的内容后，你可能会更倾向于进行交易，也就是说，更频繁地考虑买入和卖出金融资产，并且持有期也会更短。我们将看到，如果你能够成功地进行交易，它将对你的回报产生显著的积极影响。

一旦你能够运用一些技巧，在正确的时间买入和卖出适当的资产（甚至是高价卖出，低价买入），你就有机会获得高额的回报。这并非易事，但有一些方法可以帮助你，尤其是当你了解某些估值指标，并愿意在全球范围内进行多元化的资产配置。

当你准备成为一名交易者而不是投资者时，有一件事需要记住：只使用部分资金进行交易。这与之前提到的资产配置有关。即使你自信地认为自己已掌握了许多令人兴奋的交易策略，并且拥有一笔合理的可投资金，我仍然建议你将大部分资金继续投入更保守、更长期的投资组合中。在投资领域，一个充满悲剧色彩的场景是，许多人对所有的可投资金使用更激进、更刺激的短期交易策略而使自己陷入困境。这就是在20世纪90年代末的互联网泡沫中，许多人损失大量资金的原因之一。令人遗憾的是，2018年6月始，类似的情况在加密资产和区块链领域再次发生。我在社交媒体上看到有些人将所有的积蓄投入其中，更糟糕的是，有人甚至通过信用卡贷款或增加抵押贷款来投资加密资产，而其中许多人并没有太多投资经验。让我感到痛心的是，似乎很少有人会从历史中吸取教训，即使是相对较近的历史。

将交易资本视为资产配置策略的一个基本组成部分，可能会有所帮助。即使你认为自己非常擅长短期交易，你也可以按照以下方式配置你的资金：

- 将40%的资金长期投资于股票和股票基金。
- 将25%的资金投资于贵金属和其他大宗商品。

- 将10%的资金投资于债券。
- 将10%的资金投资于房地产（不包括你的自住房）。
- 将15%的资金用于高风险的资产交易，例如风险较高的小公司股票，或使用点差交易账户进行外汇和其他资产的交易（请参阅第6章的相关内容）。

> 当你第一次阅读本章内容时，你可能会发现许多专业术语看起来很陌生，令人望而生畏。毋庸置疑，这些术语和知识是相当艰涩的。了解金融的细节从来都不是一件容易的事情。然而，就像我在本书的开篇提到的：通过阅读第1~10章，并按照保持简单策略来管理你的财务，你将在较短的时间改善你的财务状况。
>
> 然而，本章倡导的金融学习之旅是一条更长的路，它将贯穿你的整个投资生涯。我希望你有意愿踏上这段旅程。起初，你可能会发现一些概念相当复杂难懂，但如果你愿意坚持下去，特别是使用推荐的学习资源，你会发现自己会越来越快地理解这些概念。这样的努力与坚持，将给你带来更多机会。

现在让我们将注意力转向那些能够帮助你实现上述3个目标的关键点。

投资成功的 4 个关键

我认为要实现持续的投资成功，你需要考虑以下 4 个关键：

1. 理解人性：深入了解人性对投资决策的重要性。
2. 自上而下分析：找出能帮你最有效进行资产配置的大主题，这需要你对时政、经济和经济史有一定的了解。
3. 自下而上分析：选择特定资产并以合理的价格买入，这需要你对基本面分析和技术分析有一定的了解。
4. 与第三方机构合作：选择合适的第三方机构，以便低成本、高效地进行资产配置和税务规划，并获取优质的投资建议。

如果你能掌握这 4 个关键点，你就有可能获得比许多专业投资者更高的回报。当然，能够清晰地把握人类心理，具备基本的经济学和经济史知识，关注时政动态，对基本面分析和技术分析有基本了解，并且知道如何合理安排自己的财务事务，同时能高效、低成本地进行资产配置的人，的确并不多。如果你希望在财务上更进一步，那么成为这些人中的一员应该是你的目标。

确实，了解这些关键概念可能看起来有些困难，尤其对初学者来说。然而，它们并非遥不可及，只是需要一定的学习。如果你愿意将注意力集中在最重要的信息上，并以坚持不懈的态度努力学习，你将掌握这 4 个关键点，为自己的财务状况创造更好的机会。

理解人性

人的心理对投资成功与否起着关键作用。行为金融学是一个新兴学科，研究经济学、金融学和心理学之间的交叉领域，旨在将人的心理特征纳入投资决策的假设中。这些特征中有许多并不是显而易见的，实际上相当一部分是反直觉的。正因为如此，许多人在做出糟糕的投资决策时，往往没有意识到自己已经违反了这些特征。

前文我们讨论了其中的3种：货币幻觉、锚定效应、禀赋效应。简要回顾一下：货币幻觉，是指在评估某产品或服务的价值时，我们倾向于忽视通胀（尤其是实际通胀）因素；锚定效应，是指人们过于依赖近期的经历，而忽视长期实际发生的事情；禀赋效应，是指人们在拥有某种产品或服务后，通常会对其价值评估过高，通常高于他们在没有拥有时愿意支付的价格。认识到这3种偏见，是一个好的起点。

你可以松一口气，因为我并不打算在这里详细列出并解释几十种类似的偏见，这样做会占用大量的篇幅，而且你也不需要了解所有的细节。此处，有两个重要的事情需要强调：

- 你需要理解并承认，心理学对于你在投资方面是否能取得成功具有影响力。
- 推荐阅读范·K.撒普（Van K. Tharp）的《通向财务自由之路》。

这本书应该被列入有史以来最好的投资书之一，一个关键原因是，作者出色地解释了，你的心理和你对金钱先入为主的观念，对你的财务成功至关重要。

如果抱有错误的金钱态度和观念，那么你在财务上取得成功的可能性将大大降低。这并不是什么新观点，只是如果你相信"股市就像一个赌场"或"投资非常危险"，那么你可能会不愿意花时间去学习你需要学习的知识，你可能不会用知识来武装自己并取得成功，而且就像大多数人一样，你可能不会存钱或进行任何投资。但是如果你通过投资看到了令人惊奇的成果，你就会开始学习，并进行储蓄和投资。

"信念的魔力"

投资心理学里有一条，确信自己的资金有可能获得可观回报，是至关重要的。回顾之前在书中提到的有关短跑运动员的比喻：许多人过于关注基金或股票的平均收益率，或者某个特定指数的横盘或下跌情况。然而，随着你对投资的了解越来越深入，你会逐渐认识到，有许多投资者能够持续获得高回报，你可以向他们学习或与他们共同投资。正如撒普博士所说的：

> 财务自由实际上是一种全新的思考金钱的方式……（它）意味着你的资金为你赚取的收益要超过你每月的生活开支。

如果你认为这对你来说不现实，我要告诉你的第一件事情是，现实中已经有许多人实现了这一目标。要加入这个群体，你所需的只是知识、信念、时间和一点努力。

《通向财务自由之路》的第一部分的标题是："成功的决定因

素：你！"我们每个人都有不同的性格、风险承受能力和收益预期。当你对投资有更深入的了解时，选择适合自己的投资策略就变得非常重要。这也是我们要想投资成功必须考虑人们心理的另一个关键原因。

举个例子，你考虑的一个重要因素是，你要花多少时间来管理你的资金。和大多数人一样，当你开始这个旅程时，你可能还有一份全职工作。因此，选择一种需要你全天大部分时间监控金融市场的方法是不明智的。你需要一种可以每天只需投入几分钟或每周末投入一个小时，便可获得较好结果的方法。这也是许多投资课程失败的原因——它们倾向于教授那些需要花费大量时间坐在屏幕前的技术，而这对那些有全职工作或需要照料孩子的人来说是不现实的。

如何实现这一点超出了本书的讨论范围，但当你深入研究我即将推荐的学习资源时，你将开始了解这些内容。目前，请注意我在这里强调的基本观点：心理和态度至关重要。

> 你相信你可以通过你的钱赚钱，这是通往财务自由之路的重要一步。

如何在1周内成为一名成功的交易者？

在第3章中，我们看到了一些传统专业投资者，通过长期投资获得惊人回报的示例。这里提供另一个例子，说明一些缺乏资金管理知识的人，如何在很短的时间内取得成功。

很少有人了解，一些完全没有经验的交易者可以通过学习和运用系统化的方法，来管理资金并取得惊人的成果。其实，有许多投资者通过这种方式迅速积累了财富。一个很好的例子是，一群被称为海龟的新手交易员。

1983 年，芝加哥的两位知名交易员理查德·丹尼斯（Richard Dennis）和威廉·埃克哈特（William Eckhardt）打赌，他们能够在短短两周内教会任何人成为一名成功的交易员。据传，这场赌注的灵感来源之一，就是 1983 年的电影《交易地点》(*Trading Places*)。他们当时正在新加坡度假，碰巧参观了当地的一个海龟养殖场，这给了丹尼斯一个灵感，他确信他可以像养殖海龟一样培养交易员，因此给这个群体起了一个相当奇怪的名字——海龟。

度假回来后，丹尼斯和埃克哈特在芝加哥的一家报纸上刊登了一则广告，邀请人们参加交易知识的培训。在几周内，他们从申请者中挑选出两组没有交易经验的人。他们花了两周的时间向第一组教授基本技术分析和心理学知识，而向第二组教授相同的课程仅用了一周的时间。

接下来发生的事情，在交易界成了一个传奇。在接下来的 5 年里，海龟团队中的每个成员的年平均收益率都超过了 80%。其中表现最出色的成员之一是柯蒂斯·费思（Curtis Faith），他加入海龟队时只有 19 岁，而他每年的平均收益率超过了 100%！结果，费思在短短 4 年多的时间里，将 200 万美元增长到 3 100 万美元（按照 100% 的收益率，200 万美元变成了 400 万美元，然后是 800 万美元，接着是 1 600 万美元，最后是 3 200 万美元）。他在他的杰作《海龟交易法则》中详细描述了他是如何做到这一点的。

我们已经看到，过去有许多专业投资者持续获得良好的回报，也有一些人在短时间的学习之后就取得了惊人的回报。其中一个最重要的共同点就是，他们的态度。

正如我之前所说的，与其纠结于你的钱很难获得高回报这一统计事实，我认为一个更开放、更有效的方法是，寻找那些实现高回报的人，并研究他们是如何成功的。下面提供的学习资源将帮助你朝正确的方向迈进。

心理学学习资源

以下是一些可以帮助你真正理解心理学的学习资源：

- 如果你只看一本书，一定要花时间阅读范·K.撒普的《通向财务自由之路》。

如果你有更多时间，可以考虑阅读以下图书。记住，不着急，你读的每一本书、每一篇文章都会提高你的投资理财技能。

- 罗伯特·清崎的《富爸爸穷爸爸》。这并不是一本专门关于投资或交易的书，而是一本综合的个人理财书。这本书的一个关键观点是：穷人和中产阶级为钱工作，富人让钱为他们工作。清崎提出的另一个观点与我的观点不谋而合：世界各地关于财富管理的教育还很不足，导致许多人无法对个人财富进行良好的管理。这本书自问世以来改变了许多人的财务生活，也是迄今为止最畅销的理财书之一。

- 拿破仑·希尔的《思考致富》。在这本书中，我们会看到一个人对金钱的态度是多么重要。那些认为金钱是稀缺的、很难得到的人，是最不可能成功得到金钱的人。那些相信自己有能力变富的人，则更有可能变富。这部经典著作首次出版于20世纪30年代，自出版以来改变了数百万人的生活。《思考致富》带来的力量，绝不仅限于改善个人财务状况。
- 柯蒂斯·费思的《海龟交易法则》。这本书是对什么是可能的一次引人入胜的研究，尽管我承认书中有一些关于特定交易方法的章节可能会让一些人觉得有些复杂难懂。

这就是你需要了解的人性和对金钱的态度的一些学习资源。现在，让我们探讨一下如何提高你对时政、经济和经济史的理解，以便更快地进行自上而下分析。

自上而下分析

一旦存下一笔合理的资金，你就可以考虑更积极主动地使用其中的一部分。因此，你需要尽早构思如何运用这一部分资金进行投资。

梳理这些投资思路的第一个过滤器，可以被称为自上而下分析，即基于对当前时政、经济、技术和金融市场的了解，识别市场趋势、思考投资方向、拟定投资策略。

我们已经通过该分析方法讨论了两个主题：全球经济持续增长和全球处于明显的通货膨胀中。一旦你从投资者的角度来看待世界，你就会注意到其他类似的主题，以下是一些示例。

> **示例 11.1：发展中国家的增长**
>
> 全球人口正在显著增长，目前全球每天新增人口超过 20 万人。与此同时，许多国家的民众生活水平正在提高，越来越多的发展中国家人口已迈入中产阶级。这启发了我们去进行全球资产配置，但如果我们更深入地思考这一现实的影响，我们应该能够确定更具体的投资主题。例如，发展中国家有数百万的新增人口需要养活，这对整个农业可能是积极的，这无疑也将对能源行业和参与这些高增长经济体建设的公司产生积极影响。另一个投资主题可能是，水资源或电信基础设施的改善。如果你停下来思考一下，你可以发掘出许多从这种全球增长中受益的投资主题。

> **示例 11.2：发达国家人口老龄化加剧**
>
> 与大多数发展中国家的人口正在增长并变得富裕相比，

发达国家却面临截然相反的情况——人口老龄化。特别是在欧洲和日本，越来越多的人接近退休年龄并已经超过退休年龄。再次对这一现实进行思考，应该能够发掘出一些投资主题。例如，为老年人制造产品或提供服务的公司，可能会看到大众对这些产品和服务的需求增加。

因此，与其他行业的公司相比，在其他条件相同的情况下，它们可能更容易提升销量和利润。这包括医疗保健领域的公司，制造药物或医疗设备的公司，如制药和生物技术公司，建设养老院和医院或为其提供服务的公司。

创建专属于你的投资主题清单

我希望你能从以上两个示例中明白，这种思维方式可以帮助你寻找卓越的投资机会。一旦你开始从投资者的角度思考，你会对可能为你带来最佳回报的领域产生一种直觉。因此，每当你有新的想法时，我建议你将其记录下来，作为你投资主题清单的一部分，并列出你有意投资的项目。

根据我对当前世界的自上而下分析，我个人推荐的前10个投资主题有：

1. 贵金属和贵金属矿业的基金及公司。
2. 石油、能源和石油服务的基金及公司。
3. 医疗保健、制药和生物技术的基金及公司。

4. 新兴市场基础设施，如水、铁路、汽车和农业。
5. 潜在爆发性前沿市场，如津巴布韦、蒙古和缅甸。
6. 富裕国家的一些基金（包括债券基金和股票基金），这类国家包括新加坡、卡塔尔、挪威、加拿大和澳大利亚等。
7. 全球顶尖的科技公司，如微软、甲骨文、英特尔和苹果。
8. 全球顶尖的消费品公司，如宝洁和联合利华。
9. 烟草、赌博和酿酒业中的优秀公司（罪恶投资）。
10. 不依赖政府补贴的清洁能源和新能源技术，如铀、钍和稀土元素。

实际上，我关注的投资主题列表远比这长，因为我总是对各种新事物感到兴奋。然而，我希望你能理解，通过深入研究受益于结构性因素的数千种投资机会，你能够更好地确定回报最佳的领域。我敢说，从新闻中提升投资洞察力非常有趣。

"过于困难的问题"

在考虑投资主题时，我经常会通过放弃那些"过于困难的问题"，来节省大量时间和精力。

对我个人而言，金融服务公司（特别是大型银行）、高度依赖政府大型合同的公司（如国防公司）及整个加密资产和区块链领域，都是较为复杂的投资领域。尽管一些有经验的聪明投资者可能会从中赚取可观的回报，但对一般投资者而言，这些领域可能过于复杂。

投资的一个重要原则是，限制资产的种类，通常不超过30

种。这个限制可以使投资者实现多元化的同时保持高效。如果资产种类超过这个数量，管理起来就会变得相当复杂。

考虑到有这么多可以投资的产品（如果你选择了合适的供应商开设账户），放弃你认为过于复杂的领域，并不会造成太大的损失。机会总是存在的。因此，我会快速放弃那些需要花费过多时间和精力来理解和掌握的投资领域。虽然可能偶尔会错过某些行业的高增长，但我认为这只是一个小代价，更重要的是，可以避免涉足复杂且不透明的行业或未经验证、波动性高且风险较大的领域。

最后一步

确定投资主题清单是关键的第一步，而接下来的步骤同样重要：找到与这些主题相关的投资工具（如基金、股票等）来进行投资。

确保以适当的价格购买特定的投资工具是非常重要的，这样才更有可能取得投资成功。这就引出了我们的第三个关键点——自下而上分析，其中包括基本面分析和技术分析这两种主要类型。我们将在下一节中详细介绍这些基础知识。

实践自上而下分析的学习资源

以下学习资源[1]可以帮助你尽快理解投资成功的第二个关键

---

[1] 此处提到的学习资源更适合英国读者，中国读者可以借鉴参考，并寻找国内类似的学习资源。——编者注

点——自上而下分析。

1. 阅读《财经周刊》。如果你生活在英国，这可能是最好的金融周刊，它能为你提供最好的有关投资主题或股票、基金等投资工具的建议。这本杂志拥有出色的编辑团队，它的优质内容多年来为我带来了良好的收益。你也会惊讶于这本杂志的易读性和趣味性，它甚至包括有关葡萄酒、汽车和财产的内容。我强烈推荐这本杂志。我个人倾向于在周末早晨花费少许时间（仅需 20 分钟）来阅读它，无须花费过多时间和精力。

2. 订阅多个优秀的免费电子邮件服务。如今，关于投资最好的一点是你可以免费获取大量的信息。你需要做的，只是连接互联网和拥有一个电子邮箱。我个人订阅了几十个免费（和付费）电子邮件服务，每天收到多达 30 封电子邮件，其中大部分我会阅读或至少浏览一下。

   需要注意的是，许多免费电子邮件服务不可避免地会向你推销它们的付费产品，这可能会让一些人感到不快。然而，我认为这是获得免费信息需要付出的小小代价。在过去的几年中，我订阅了一些付费研究服务，它们也证明了自己的价值。关键在于，你确保自己订阅了高质量的服务。以下是一些免费的资源和服务，它们提供大量有用的信息，可以作为你开始探索的良好起点。

   - plainenglishfinance.co.uk。不同于其他免费服务，它不会每天或每月发送电子邮件，而是每 2~6 周更新，发信息提醒你采取一些出色的财务措施，以及分享一些特别有趣或重要的事情。

- Money Morning。这是《财经周刊》的免费每日电子邮件服务，我认为它是一流的。你也可以在其网站上订阅：moneyweek.com/money-morning-signup。
- Agora Financial、Casey Research 和 Stansberry & Associates，这些都是一流的美国投资研究服务。虽然它们提供付费的研究产品，但你也可以从它们的免费电子邮件服务中获得非常有用的信息。你可以在它们的网站上找到以下服务：Agora Financial（agorafinancial.com/），Casey Research（www.caseyresearch.com/），Stansberry Research（stansberryresearch.com/）。

3. 推荐阅读尼尔·弗格森的《货币崛起》。尼尔·弗格森2004年被《时代》周刊评为世界上最具影响力的100位人物之一。这本书是对货币史的绝佳总结，从古代一直到2007—2009年的金融危机。它帮助你对货币和各种金融产品的历史有一个基本的了解，这对你的投资生涯的发展非常重要。这是我迄今为止读过的这方面最好的图书之一。除此之外，你也可以在网络上找到相关的电视剧或纪录片，以便更加生动地了解这些内容。

自下而上分析

接下来是最重要的部分：确定具体的投资工具，提高从你的投资主题中获利的机会。这是一个具有挑战性的阶段，但一旦你开始投入其中，它会变得非常有趣。

自下而上分析还将帮助你做出关键的资产配置决策，因为基本面分析和技术分析这两种分析类型，能够帮助你找出任何时间点上最有潜力的主要资产类别，最大限度提高低买高卖的机会。

示例11.3：以石油作为投资主题

一旦确定了一个投资主题，比如石油，你需要寻找能够让你参与该主题的投资工具。现在，你可以列出在石油领域的潜在投资机会。

你可能会立即想到壳牌（Shell）和英国石油公司（BP），这些都是众所周知的石油公司。你可能还意识到，通过ETF可以持有石油本身。如果你再努力一点，可能会找到全球其他国家的石油公司，比如美国的雪佛龙（Chevron）或巴西国家石油公司（Petrobras）。后者虽然是一家巴西公司，但在美国证券交易所交易，在英国可以通过英国股票经纪人购买（前提是你已经拥有正确的账户）。如果你准备投入更多精力，还可以考虑购买石油服务公司的股票，它们是专门从事钻井或勘探石油的专家，例如在挪威有很多这样的公司。此外，还有专门针对石油公司和石油服务公司的ETF，也就是说，一只基金可以使你投资于该行业的一篮子公司股票。

虽然这听起来可能有些复杂，但如果你坚持学习实践，就会了解得越来越多。我要再次强调，不要急于行动。正确行事，一定比仓促行动更好。在寻找投资主题和合适的投资工具时，不要害怕花时间。一旦你对每个主题都有了一个合理的投资清单，就可以考虑使用哪种或哪几种投资工具，将资金投入该领域。你可以通过基本面分析和技术分析，来评估每个可能的投资选项。

股票的基本面分析

基本面分析是一种对资产进行估值的方法，我们在第5章中讨论如何对房地产估值时提到了一些基本面分析的方法，以及在第10章中讨论对股票和黄金估值时也有提及。

就股票而言，基本面分析是对可能影响公司真实价值的因素进行综合考量。通过将所有正向因素（如利润、现金、财产、库存等）相加，并减去所有负向因素（如债务、工资、其他成本），我们可以对公司估值。全球的会计师、股票经纪人、基金经理和金融分析师每天都在从事这项工作，对成千上万的公司进行基本面分析。

计算公司的内在价值，主要是会计人员的职责。一家公司至少每年公布一次财务报表（对许多上市公司来说，实际上是每季度一次），这些报表包含了与我前面描述的类似的内容，即用所有正向因素（利润和资产）减去所有负向因素（债务）来估算公司的价值。

一切看似很简单。然而，这份工作非常复杂，它需要这么多专业人士的原因主要是：

1. 对公司资产价值的争论。例如，某个工厂、办公楼或品牌的价值多少？
2. 对未来利润和资产价值预期的争论。通常，金融分析师对其进行估算。
3. 关于为这个价值支付多少钱才合理的争论。这是通过使用多种估值工具和对公司间的相互比较来完成的，也被称为同业分析。

金融行业中的许多人每天都在思考这3个问题。如果再来考虑每股收益，我们可以更详细地说明这一点（这个术语的详细说明请参阅第7章）。

总之，会计人员可以合理而准确地提供当年的利润和资产价值数据，关键是尽可能准确地估计下一年的利润和资产价值数据，然后考虑应该为这两个数据支付多少钱。

不同类型的公司，有不同的基本财务指标。一些公司是资本密集型企业，意味着它们需要大型工厂和昂贵设备来开展业务。汽车、采矿、石油、钢铁和制药公司，就属于这种类型。而如广告公司、传媒公司、律师事务所、软件公司等主要与人打交道的公司，几乎不需要大量设备。

此外，一些公司可以实现快速的销售和利润增长，尤其是那些开发新技术的公司。举个例子，15年前iPhone和iPad还不存在，而如今这些产品已经席卷全球，苹果公司也成为历史上最大的公司之一。随着苹果公司的股价一路上涨，为其产品提供零部件的许多公司的股价也随之上涨。

另一方面，一些公司发现自己处于一个正在衰退的市场，有时被称为前增长市场。影像产品及相关服务的生产和供应商柯达公司于 2012 年申请破产，便是一个典型案例，英国的音像制品零售商 HMV 也是其中之一。由于消费者购买 CD 和 DVD 的需求大幅下降，HMV 于 2013 年进入破产程序。预见这两家公司困境，对商业世界有浓厚兴趣的人来说并不难。

再谈市盈率

考虑到公司之间的差异，其利润和资产价值可能会有所不同。如果你还记得第 7 章中有关股票的内容，就会知道市盈率的概念，即股票价格 / 每股收益，代表你收回所投入本金的年限，这是对公司估值的最基本指标之一。

在其他条件相同的情况下，你可能更愿意为一家增长迅速、没有债务、不需要工厂和设备投入大规模资金的公司，支付相对较高的成本（即高市盈率）。对于一家没有增长、负债累累的公司，你只愿意支付较低的成本（即低市盈率）。然而，如果你发现了一家快速增长、技术优秀且市盈率很低的公司，那么你很可能找到了一家被低估的公司。

你观察股市的时间越长，就越能直观地感受到一家公司在基本面估值指标方面的交易价格。例如，一家只在本国成立且没有增长的乳制品公司，其市盈率可能在 5~10 倍。如果市盈率为 15 倍，那么它很可能被认为是昂贵的，并且存在贬值的风险。另一方面，一家全球软件公司具有极高的利润率和巨大的增长潜力，25 倍的市盈率也有可能被视为便宜。换句话说，如果你认为一家公司的前景是另一家公司的 5 倍（或更多），你可能愿意支付 5 倍的价格以获得相应的回报。

因此，在进行基本面分析时，考虑公司的市盈率和增长潜力，将有助于判断一家公司是被低估还是高估。

PEG 指标

进行基本面分析时，我非常喜欢使用的另一个指标是 PEG（市盈率 / 盈利增长率）。举例来说，如果一家公司的市盈率为 10 倍，而盈利增长率为 10%，那么它的 PEG 为 1 倍。如果这家公司的市盈率是 20 倍，盈利增长率不变，那么 PEG 就是 2 倍。另一家市盈率为 10 倍，盈利增长率为 20% 的公司，其 PEG 为 0.5 倍。PEG 指标越低越好，因为它表明你所花费的资金相对较少，而利润增长潜力较大。

进行基本面分析时，有许多指标需要考虑，它们各有利弊。PEG 指标只是其中一个，它也有优缺点。我提及这一指标是为了说明基本面分析工具可以非常简洁优雅，并不那么复杂。当你试图寻找适合投资的公司时，这些工具可以让你进行"苹果和苹果的对比"，也就是同业分析。

现在让我们一起来看一些其他基本面估值工具，这些工具可以为你在选择投资标的时提供真正的竞争优势。

使用基本面估值工具

当选择投资标的时，理财顾问通常使用大量指标进行分析。然而，在我看来，你可以只用相对较少的估值工具，就能完全了解一家公司的股票价格是低估还是高估。

在第 7 章中，我们简要介绍了收益率、股息收益率和账面价值。一旦你选择了一个主题，并列出了你可能考虑投资的公司名单，接下来的任务就是获取这些公司当前的财务数据。这些概念比较容易理解，你可以在一些财经网站，或公司官网上免费获得，或者通过你的股票经纪人获得这些数据。

针对每家公司，你应该寻找当前年度的市盈率、PEG、股息收益率和股价净值比（即每股账面价值）。如果可能，你还应该获取下一年度这些数据的预期。有时你甚至可以获得再之后一年的数据预期，但我不会过于依赖这些。因为对公司未来两年数据的预测存在较大不确定性，它通常会发生重大修正，除非该公司有一个明确且可预测的商业模式。

同业分析

一旦你获取了这些数据，就可以通过同业分析，以确定在特定行业中哪家公司可能是最佳选择。以石油行业为例，我们可能正在努力决定是选择壳牌还是英国石油公司（为方便说明，我们把对其他几十家公司的分析归为"过于困难的问题"）。如果我们发现壳牌的财务指标比英国石油公司更具吸引力，那么这可能会使我们决定选择壳牌作为我们长期稳定投资石油主题的工具。然而，在你做出买入决定之前，你还需要考虑：与过去相比，壳牌当前的指标如何，以及当前市场及行业的整体状况。

历史分析

在前文石油行业的示例中,我们已经得出以下结论:

- 石油是一个很好的长期投资主题。
- 壳牌可能是在这个主题中一家优秀的公司。
- 目前,壳牌的估值指标比其主要竞争对手英国石油公司更具吸引力。

这些结论都是有用的,可以让你更接近目标,真正采取行动购买一些壳牌股票。然而,还有一个需要考虑的因素是:壳牌目前的估值与过去的估值相比如何。虽然壳牌当前看起来比英国石油公司更具吸引力,但如果它的价格是过去20年中最高的呢?比如,如果壳牌在过去20年的市盈率在5~25倍,而现在的市盈率是24.5倍,那会怎样呢?如果壳牌的股息收益率曾经低至1.5%或高至6.5%,而现在为2%,又该如何处理呢?这种比较被称为历史分析。我希望大家能够意识到,当壳牌的估值在历史上具有吸引力,并且相对于同行来说也具有吸引力时,你就可以以适当的价格买入壳牌进行长期投资。但如果壳牌的估值是20年来最高的,那么现在可能不是一个好的买入时机。

然而,如果有一个令人信服的理由证明壳牌的股票交易成本非常高,那么上述观点可能就不成立。让我们举一个略显愚蠢但具有启发意义的例子,想象一下,如果壳牌的科学家宣布他们已经开发出一种将铅转变为金的技术。在这种情况下,你可能会辩称,现在的市盈率应该比过去更高。事实上,这个将铅转变为金的技术可能会使壳牌的股价突然飙升，并且市盈率会远高于以往任何时候。

壳牌显然不太可能发现如何将铅转化为黄金，但它可能会宣布一个新石油或天然气的发现——这两项发现都可能证明其高于同行、高于其过去的市盈率是合理的。你需要了解公司之间的这些定性差异，以及它们本身的财务指标。

市场及行业分析

在购买石油股票之前，另一个需要考虑的因素是，当前石油行业和整个股市的情况。正如前文所说，我们可以找到整个市场的市盈率或股息率等估值指标（在这个例子中，我们可以使用富时 100 指数或标准普尔 500 指数的市盈率），也可以找到特定行业的估值指标（我们可以找到整个石油行业的财务指标）。

在决定买入壳牌之前，我们还要做的最后一项检查是，看看该市场和行业是高估还是低估。这是因为股价与所在行业和整个市场的价值相关。尽管迄今为止的分析表明，现在是买入壳牌的好时机：石油是一个伟大的主题；与其他石油公司相比，壳牌是物有所值的；从历史上看，它也是很有价值的——你可能需要对石油行业和整个市场的走势稍加注意。例如，如果富时 100 指数和标准普尔 500 指数在过去几个月上涨了 20%，那么市场就有可能回落。当市场回落时，股价也随之下跌。

然而，在考虑对一家公司进行长期投资时，这可能是你需要进行的最不重要的分析。如果对一家公司进行以上所有分析，发现它具备很好的价值，那么它很可能是一个好的长期投资。不过，仍然值得快速检查一下，确保你不是在整个股市非常昂贵的时候购买。如果市场或行业最近大幅上涨，而你的分析告诉你接下来可能会有所回调，那么你可以在买入股票之前再等待一段时间。同样，不必着急，你有整个人生来进行"押注"。

对其他资产进行基本面分析

我们刚刚快速了解了使用基本面分析来寻找一只好股票的方法。此处要强调的是，我们用来对股票估值的指标不能应用于其他资产。

> 债券、房地产和大宗商品有其自身的特点，因此我们必须以不同的方式对其进行估值。

因此，接下来谈谈我们如何对其他资产类别进行基本面分析。

债券

我们在第7章已经讲过债券的基本概念。债券没有市盈率或账面价值，不过债券有两个至关重要的指标：信用评级和收益率。债券的信用评级是对债券质量的某种主观评估。这种评估是由评级机构的金融分析师做出的，目前全球最著名的评级机构是穆迪、标普和惠誉。这些公司评估发行债券的政府或公司的财务实力，然后公布一个评级，告诉债券投资者债券的质量。每家评级机构都有自己的评级标准。你可能在报纸上看到过一只债券被描述为3A（AAA，这是评级标准的最高等级），或者读到过某只政府债券的评级不再是3A。

收益率

收益率就是债券当前价格所隐含的年收益率——我们之前讲过。债券投资者通常希望在任何给定信用评级下获得最高收益率。如果你比较两只3A债券，发现一只收益率为2%，另一只为2.2%，在其他条件相同的情况下，你会希望持有收益率更高的那一只。当然，这是一种高度简单化的分析，因为即使是同一评级的债券之间也存在很大的差异。专业债券投资者希望利用的，正是这些差异。

关于债券，我想说的最重要的一点是，与其他任何主要资产类别相比，它是业余投资者最难理解和分析的。上文的内容是为了让你对它有一个非常基本的了解，这样你在阅读时就能稍微理解一些术语，也能更了解政府财政是如何运作的。

我认为，个人持有任何债券都应该通过债券基金来实现。直接投资债券通常只适用于大额资金，因为大多数债券的最低投资额相对较高，而且许多产品只面向专业投资者。虽然也有例外情况，特别是对美国的私人投资者来说，但我仍然认为债券分析对大多数人来说过于复杂。只有当你有相对较大规模的可投资金时，才值得深入学习直接投资债券的知识。对大多数人来说，我建议拥有一只多资产基金获得的债券比例就足够。

房地产

在第 5 章中，我们详细探讨了评估房地产价值的方法。简单回顾一下：我们可以将房地产的总收益率视为：（假设的）净租金收益率（扣除维修成本、空置期成本等）加上资本收益率。然后，可以将这个收益率与其他资产类别的收益率进行比较，例如活期存款的利率、股票的股息收益率（加上预期的资本增值）或债券的收益率等。

我们还探讨了房价收入比，我喜欢将其视为房地产市场的市盈率。就像市盈率 5 倍的股票比市盈率 10 倍的股票更便宜一样（在非常基本的水平上），如果房价收入比为 6 倍，我们认为它比房价收入比为 3 倍时更昂贵。这对于判断房地产相对于其他资产类别便宜或昂贵非常有用（同样，这仅是在合理的基本水平上，你仍然需要使用其他指标，如供需情况以及当地市场的情况）。

大宗商品

与债券和房地产一样，我们不能使用股票的估值工具对大宗商品进行基本面分析。黄金、石油、小麦、木材和铀，并不产生季度盈利数据，也不会因首席执行官因丑闻辞职而导致价格下跌。然而，大宗商品市场仍然可以进行基本面分析，并且全球有许多个人和机构投资者专注于此。最基础的，它需要追踪供需数据。对贵金属而言，全球各地的分析师试图评估矿山产量的情况，以及供应链上各个环节的库存水平，并据此估计最终需求的走向。

我们在前文已经看到了这种分析的示例，例如我们讨论了一国经济增速放缓将如何对铜、铁矿石和煤炭等大宗商品的需求产生重大影响。对于软性（农产品）大宗商品，需要考虑的因素包括全球特定农作物的种植总量的变化，以及由于天气原因世界各地收成的情况（例如，对葡萄酒爱好者和投资者来说，他们可能会关注全球葡萄作物的情况）。

与债券类似，我认为普通投资者要熟练掌握大宗商品的基本面分析是相当困难的。但正如我们在第10章中描述的，配置全球资产和跑赢通货膨胀将为你提供足够的大宗商品资产占比。如果你决定更深入地了解大宗商品交易，你可以从各种期刊和在线资源中获得大量免费的建议。最后，我认为相对于其他资产类别，尤其是石油或贵金属等更大、流动性更强的资产，大宗商品更适合使用技术分析。如果你愿意花一点时间学习技术分析，你可以开始在交易大宗商品中获得不错的回报。我们将在接下来的部分更详细地讨论这个问题。

关于外汇交易的说明

在基本面分析方面，外汇市场和债券市场有很大程度的重叠。这是因为一个国家的利率（债券收益率）和财政实力，是影响其货币表现的两个最重要因素。

与债券和大宗商品一样，我要强调的是，外汇基本面分析是相当复杂的，不是普通个人投资者一夜之间就能学会的。同样，由于持有世界各地的资产，你会自然接触到

> 各种货币，我认为这足以让你进行所需的外汇资产多元化。话虽如此，就像上述大宗商品一样，如果你拥有相当多的资金，并有兴趣利用其中一部分进行更激进的交易，那么外汇交易可能会获得巨大回报，尤其是对那些能够使用点差交易账户的英国投资者而言。就像大宗商品一样，外汇也适合进行技术分析，我们现在就来看看。

技术分析

维基百科是这样定义技术分析的：

> 技术分析是一门通过研究过去的市场数据（主要是价格和数量），来预测未来价格的证券分析学科。

用简单的语言来解释：经过长时间的研究，金融学者找到了一些方法，根据市场价格的历史走势来预测价格的未来走向。这可能听起来有些疯狂，但当我们稍微思考一下人性时，就会发现并非如此。如果一只股票或整个市场一直稳步上涨，那么它很有可能还会继续上涨，这仅仅是因为投资者群体中存在从众心理。技术分析试图基于这些规律生成一套规则，帮助投资者提高成功买入和卖出的概率。

这门学科已经发展了几十年，现在有一系列令人眼花缭乱的技术和理论可供投资者使用，它们有一些可怕的名字，比如"布林线指标""唐奇安通道""指数移动平均值"。然而，如果把它归结起来，技术分析实际上就是等待别人投资某个资产，然后跟风。这是可行的，因为导致资产价格变动的主要原因是，大量资金流入（上升）或流出（下降）。就像基本面分析一样，技术分析是一门庞大的学科，你可以花很长时间来学习它，但我坚信，你不需要知道太多就可以提高你的投资能力。让我们通过几个技术指标来看看技术分析是多么简单且强大。

相对强弱指数（RSI）

以一只在伦敦上市的白银 ETF 价格走势为例，来说明如何使用 RSI 指标。

图 11.1 可能看起来有些复杂，但别担心，我将逐步解释每部分的含义。图 11.1 的上半部分展示了银价每日的波动情况，中间部分显示了交易量，即每天白银的交易量。灰色的条形代表价格上涨的日子（收盘价高于开盘价），而暗色的条形代表价格下跌的日子。条形的长短表示该基金的交易活跃程度。通常情况下，如果交易量很大，说明市场正在发生一些变动，所以长的暗色条形（以非常基本的术语来说）意味着不太好的消息，而长的灰色条形则表示好消息。然而，最重要的是，要注意底部标题为"RSI（14）"的图形，即相对强弱指数技术指标图形。RSI 是一个简单的数学计算，它的取值范围在 0~100。你不需要了解它的详细计算方法，我只是想让你看看 RSI 和价格之间的关系。这是技术分析的一种形式。

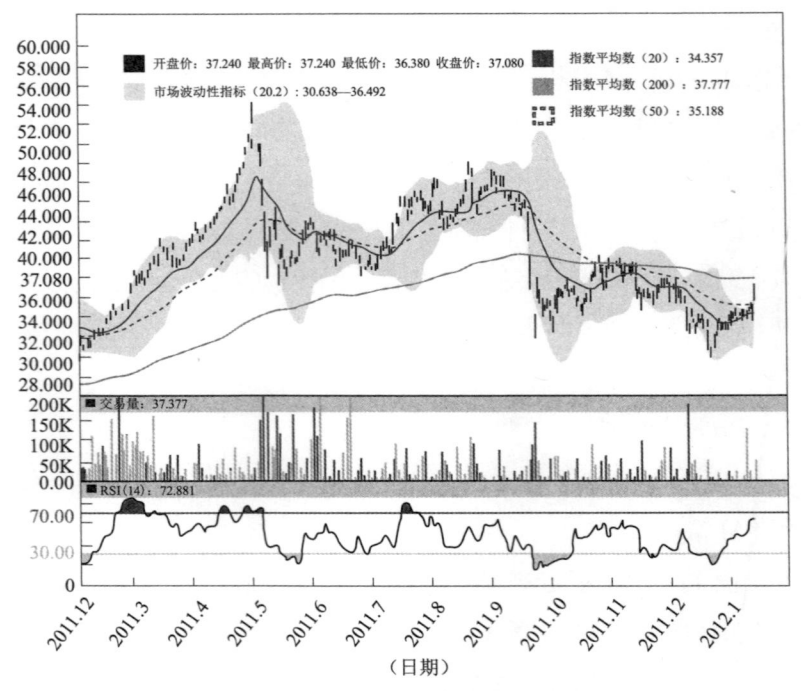

图 11.1 伦敦上市的白银 ETF 的表现

资料来源：Barchart.com。

你可以看到，当 RSI 低于 30 或高于 70 时，它就会显示阴影。RSI 低于 30 被称为超卖，高于 70 被称为超买。在其他条件相同的情况下，RIS 告诉我们，在资产被超卖时它变得便宜，所以我们应该考虑买入；在资产被超买时它变得昂贵，所以我们应该考虑卖出。因此，在这个例子中，当 RSI 低于 30 时，你可以考虑买入；当 RSI 高于 70 时，你可以考虑卖出。

在实际应用中，使用 RSI 的投资者往往会根据几年前的 RSI 来调整上述策略，即当 RSI 回到 30 时买入白银，当 RSI 回到 70 时卖出。你还可以关注交易量异常大的日子，因为较大的日常交易量更能反映趋势的变化。

现在，让我们来看看只使用一项技术指标的这个策略，在过去几年中可能对你有所帮助。在第 10 章中，我们探讨了白银可能处于长期牛市的一些基本原因。然而，像往常一样，我们应该在其价格低时买入，在价格高时卖出。一旦在宏观分析后决定买入某个资产，你就必须一直关注其价格。

按照上述策略，你应该能够看到在 2011 年 2 月当 RSI 回到 30 时，应该买入白银。你能从图 11.1 中看到，此时的白银价格大约为每股 31 美元。然后，你一直持有到 5 月初，当 RSI 超过 70 且交易量较大时，以每股 50 美元左右的价格卖出。换句话说，在大约 3 个月的时间里，你的收益率达到了 61%。

用同样的分析方法，你可能会考虑在 5 月底以每股 40 美元左右的价格再次买入，然后在 8 月以每股 48 美元左右的价格卖出（3 个月内上涨 20%）。最后，在 10 月以每股 32 美元左右的价格再次买入。在这种情况下，你可能会考虑在 2012 年 2 月再次卖出，因为当时 RSI 再次超过 70，对应的价格约为每股 37 美元（自 10 月以来上涨 16%）。事实上，你不会打算卖掉你的白银，只要它的 RSI 还没有跌破 70。值得一提的是，或许我应该提到，这不仅仅是理论——这恰恰是我当时在交易白银时所用的分析方法，并取得了一些成功。要做到这一点，我只需要关注股票价格、投资（白银）的新闻和一个广泛使用的策略——RSI，并关注交易量。

如果你认为这只是一个个例，有些反常，看看其他的例子可能会有启发意义。图 11.2 显示了对富时 100 指数进行相同的 RSI 分析。图 11.3 显示了黄金也是一样的情况。

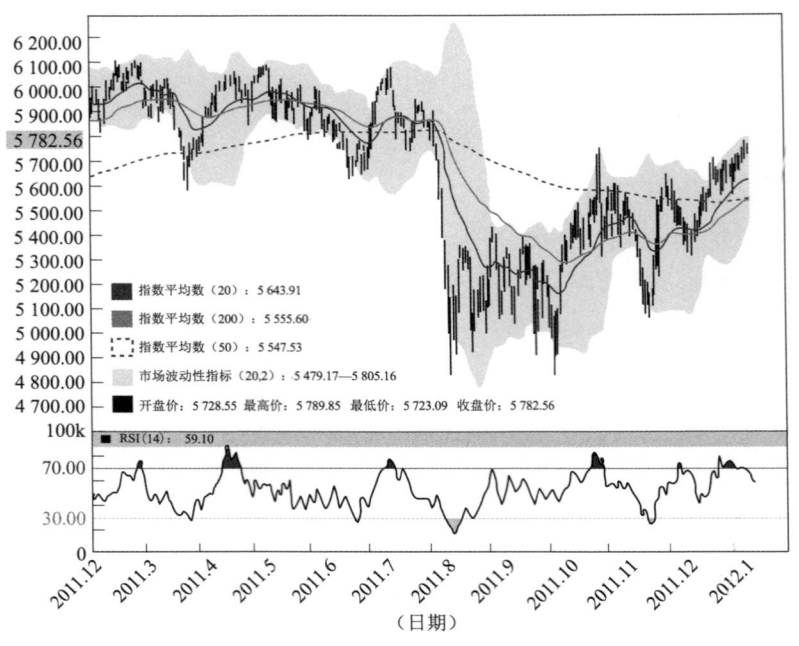

图 11.2 富时 100 指数每日 OHLC 图

资料来源：Barchart.com。

我还可以举出很多其他的例子。与其他技术分析指标一样，RSI 并不是完美的，尽管它看起来是如此引人注目。它没有 100% 的命中率，然而近年来，它一直是一个有用的工具，特别是在决定黄金和白银的交易时机上，它帮助我获得了较高的回报，这一策略比我投资的几乎任何主流基金都要高。这也是一种非常便宜的投资方式，因为你唯一需要支付的费用是伦敦上市股票较低的交易佣金。不用向理财顾问支付佣金，产品本身的费用也很低。

值得重申的是，我并没有盲目地使用这个策略。正如我在第 10 章所介绍的，我已经对贵金属进行了基本面分析。一旦我确

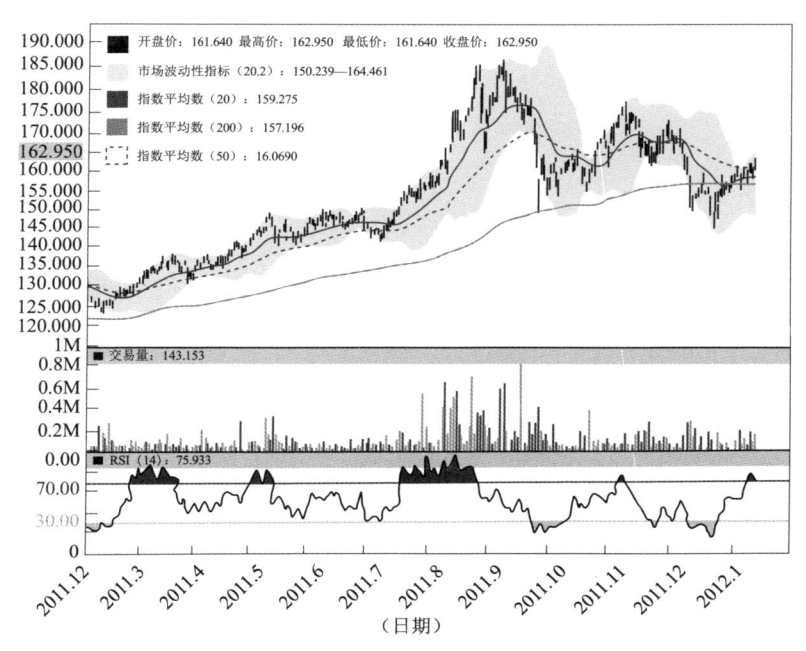

图 11.3 黄金 RSI 每日 OHLC 图

资料来源：Barchart.com。

定黄金或白银出现超买或超卖，我就会多做一点工作，考虑交易量和一年中的时间（黄金和白银都有季节性趋势）。此外，我几乎每天都要阅读市场评论员的电子邮件，其中一些人专门研究黄金和白银。在买入或卖出之前，我总是会考虑他们最新的数据和意见，以此作为最后的检查。

　　希望这个简单的例子能够说明，结合使用基本面分析和技术分析的神奇效果。有些读者可能会认为以上内容看起来相当复杂。请放心，其实你不需要研究得这么详细，也不需要投入这么多的时间和精力，来对你的财务状况产生巨大的积极影响。和本书其他章节的案例类似，我们这里使用的图及数据并不是最新的，但是我认为它们一样具有代表性，一样能说明问题。这里我想表达的是，如果做出一些努力并拥有一个开放的心态，我们是可以有所收获的。

基于公式的趋势跟踪／移动平均线

另一个简单但也非常有效的技术分析方法是，基于公式的趋势跟踪。

趋势跟踪，是将资产的当前价格（或最近的平均价格）与历史平均价格进行比较。如果当前价格（或最近的平均价格）高于选定的历史平均价格，投资者会继续持有该资产。如果发现当前价格低于历史平均价格，投资者就会卖出该资产，并将资金转换为现金（或类似的防御性资产）。举个例子，这种方法可以是将股票市场（或其他市场）昨天的收盘价与过去50、100或200个交易日的平均收盘价进行比较。或者，取股市过去20个交易日的收盘价平均值，并与过去200天的平均价格进行比较。一些长期策略甚至会比较过去30周和50周的平均价格。

例如，一些短线外汇交易员甚至将最后10分钟的价格与前1小时进行比较。没有固定的规则，许多不同的方法都可以取得成功。

这里的关键思想是，当一项资产价格开始下跌时，趋势跟踪方法会发出信号告诉你将该资产转换为现金。你将基于一个严格的、有纪律的、一致的和有规则的过程来执行这一操作。同样，当该资产的价格再次上涨时，你会重新买入。

这种方法在实践中得到了验证，并经过了100多年的测试，应用于不同国家和不同资产。如果合理运用，可以显著降低大规模市场下跌带来的风险并提高回报。

基于公式的趋势跟踪有效的证明

针对股票

通过世界各地和不同市场的历史证据，我们可以清楚地看到趋势跟踪的强大力量。图 11.4 和 11.5 说明了这一点。

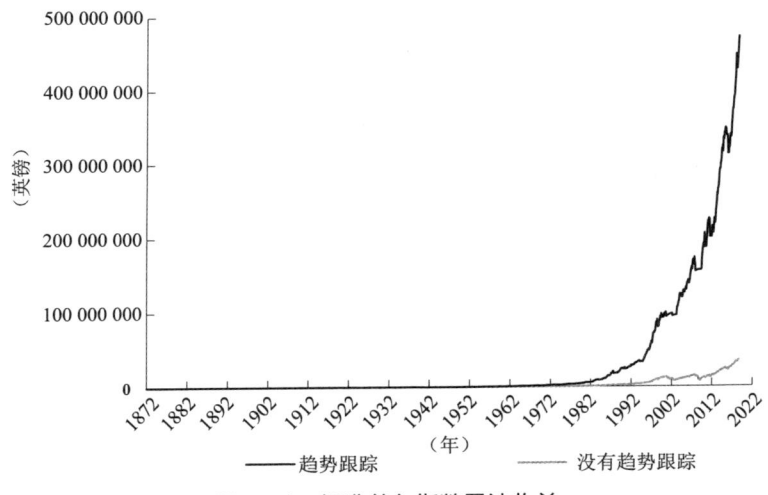

图 11.4　标准普尔指数累计收益

资料来源：Solent Systematic Investment Strategies。

图 11.4 展示了基本趋势跟踪在美国股市的长期影响有多么强大，可以追溯到 1872 年。图 11.5 展示了自 1971 年以来全球股票市场整体情况。请花一点时间考虑图中的数字，例如，在图 11.4 中，145 年来，进行简单的趋势跟踪每年业绩提高 2% 以上，波动性降低 4% 以上，最大回撤从 81.76% 降至 47.40%，这对财

富的积累有着巨大的影响。

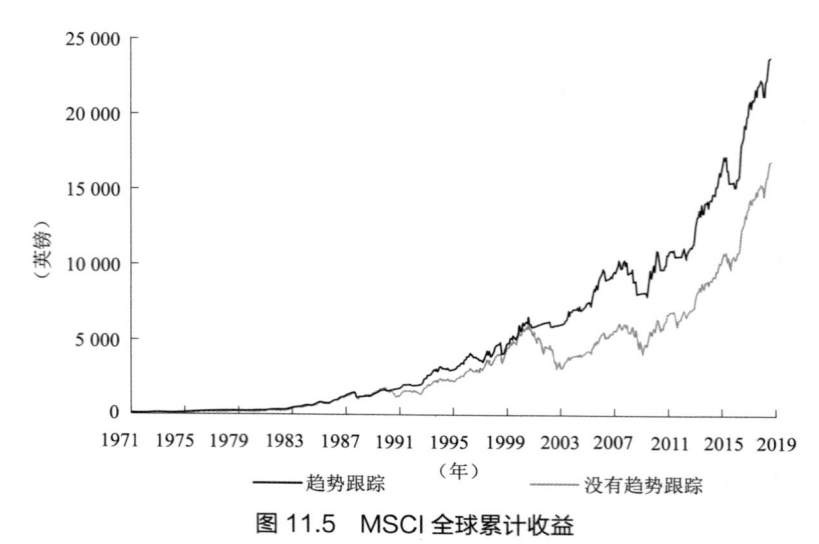

图 11.5 MSCI 全球累计收益

资料来源：Solent Systematic Investment Strategies。

针对其他资产类别

令人惊讶的是，对其他资产类别使用趋势跟踪时，同样能够产生显著的效果。图 11.6 和 11.7 展示了在大宗商品和房地产市场使用趋势跟踪所带来的业绩提高、波动性降低和回撤减少情况。

当像马克·希普曼这样的知名投资人，最开始使用趋势跟踪的方法进行投资时，他们必须自己计算移动平均线，最初是用纸和笔，后来是使用计算机和他们自己的软件或复杂的 Excel 电子表格。如今，在大多数相关财经网站上都可以免费找到这类信息。

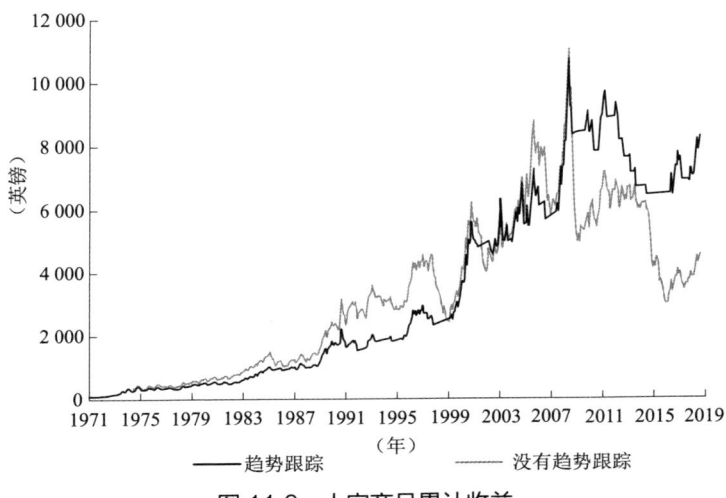

图 11.6 大宗商品累计收益

资料来源：Solent Systematic Investment Strategies。

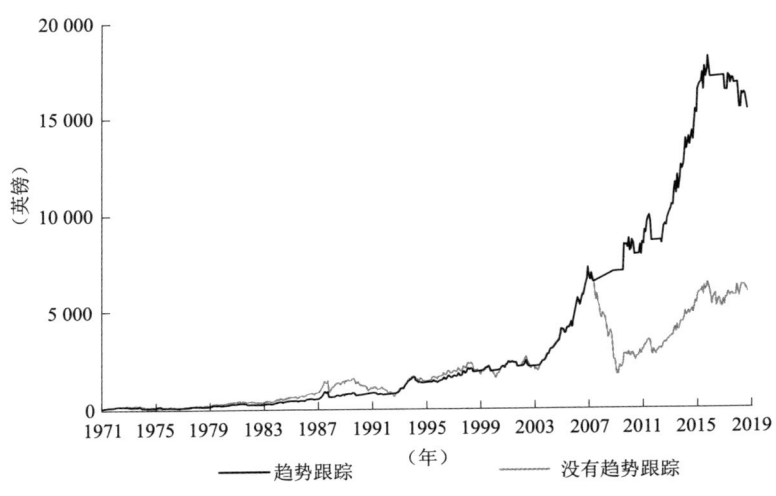

图 11.7 英国房地产累计收益

资料来源：Solent Systematic Investment Strategies。

这再次验证了我在第 3 章中提出的观点：如今的金融产品和

信息来源比以往任何时候都更丰富。事实上，你可以免费学习如何找到 RSI，或成千上万个潜在投资项目的移动平均线，这是投资领域的巨大进步，并为你提供了 20 多年前投资者梦寐以求的工具。

基本面分析资源

首先推荐的是《彼得·林奇的成功投资》。作者彼得·林奇是美国有史以来最著名的投资者之一，他在管理富达麦哲伦基金期间，有 13 年的年化收益率接近 30%。这本书告诉你，只要掌握一些知识，你就有很大的机会获得比许多专业投资者更好的投资回报。因此，我强烈推荐这本书。

然后是《财经周刊》。如果你订阅了《财经周刊》，你就会逐渐了解基本面分析的内容，因为有专栏每周都会教你这些事情，在《财经周刊》网站上也有很好的视频教程。

参考书目中列出了许多其他图书，它们将帮助你学习更多关于基本面分析的知识。

技术分析资源

马克·希普曼的《小努力，大财富》。如果关于技术分析你只读一本书，那么我推荐这本书，它更详细地解释了前文介绍的策略。我选择这本书的另一个原因是，它非常容易阅读。它用通俗易懂的语言介绍了重要的观点，几分钟的阅读，会给你带来一些非比寻常的灵感和切实可行的赚钱策略。

有许多网站使你能够对各种各样的资产进行技术分析。当你准备尝试技术分析时，barchart.com 和 stockcharts.com 是不错的选择。

与第三方机构合作

在投资时，选择最佳的第三方合作伙伴至关重要。如果你能有效与它们合作安排好你的财务事务，你将能够实现以下目标：

以低廉的成本投资各类资产

幸运的是，我们可以迅速地解决本章最后一部分的问题，因为在第 6 章中我们已经学习了优化你的财务账户的最佳方法。同时，我们也简要介绍了点差交易。在这一点上，我想强调的是，如果你想在投资中更进一步，并试图让你的资金增值，你应该真正考虑学习点差交易。

正如我已经提到的，如果你对点差交易了解不足，它可能是一种非常危险的做法，但如果你真的致力于从你的资金中获利，那么它是实现以低廉的成本投资各类资产的最佳方式之一。

在点差交易账户中，你可以在各种股票、债券、大宗商品和货币上持有多头和空头头寸，而你获得的收益将是免税的。你还可以经营价值比你初始资金高出数倍的头寸，并建立你的投资主题列表。只要你知道如何操作，就会体会到点差交易的威力极其强大。

如果你对学习点差交易感兴趣，那么一个很好的起点是阅读罗比·伯恩斯（Robbie Burns）的《裸体交易者点差交易指南》(*The Naked Trader's Guide to Spread Betting*)。《财经周刊》的网站上也有教程视频，你还可以考虑查看 www.ig.com。IG Group 是英国最大的点差交易公司（我在它那里有账户），它的网站上有关于点差交易的一些很好的信息。

获得持续的投资建议

同样，通过本章推荐的资源，我们已经满足了这一要求。如果你订阅了《财经周刊》和我所介绍的免费电子邮件服务，你将定期获得高质量的投资建议。当然也有付费服务，但如果你已经按照本章的建议去做，你应该已经得到了很好的资源覆盖，而无须花一分钱。

小结

这就是更进一步的全部内容了。《如何配置全球资产》这本书最重要的目的之一，是帮你建立对投资的强大信心。祝你在学习投资和改变生活方面一切顺利。

参考书目

Antopolous, Andreas M. *Internet of Money*, vol. 1. CreateSpace Independent Publishing Platform, 2016 [ebook].

———. *Internet of Money*, vol. 2. CreateSpace Independent Publishing Platform, 2017 [ebook].

Arnold, Glen. *Financial Times Guide to Investing: The Definitive Companion to Investment and the Financial Markets*. Harlow, England: Pearson Financial Times/Prentice Hall, 2010.

———. *Financial Times Handbook of Corporate Finance: A Business Companion to Financial Markets, Decisions & Techniques*. New York: Pearson Financial Times, 2010.

Bakan, Joel. *The Corporation: The Pathological Pursuit of Profit and Power*. New York: Free Press, 2005.

Bartholomew, James. *The Welfare State We're In*. London: Politico's, 2006.

Bastiat, Frederic. *The Law*. Lightning Source, 2007.

Berman, Morris. *The Twilight of American Culture*. New York: Norton, 2006.

Bernstein, Stefan. *Commodities in a Day*. Hawkhurst: Global Professional, 2009.

Bjergegaard, Martin, and Jordan Milne. *Winning without Losing: 66 Strategies for Succeeding in Business While Living a Happy and Balanced Life*. Pine Tribe, 2014.

Blum, William. *Rogue State: A Guide to the World's Only Superpower*. Monroe: Common Courage, 2005.

Boettke, Peter J. *Living Economics: Yesterday, Today, and Tomorrow*. Oakland: Independent Institute, 2012.

Bolton, Anthony. *Investing against the Tide: Lessons from a Life Running Money*. London: Financial Times/Prentice Hall, 2009.

———, and Jonathan Davis. *Investing with Anthony Bolton: Anatomy of a Stock

Market Winner. Petersfield, Hants: Harriman House, 2006.

Bonner, William. *Dice Have No Memory: Big Bets and Bad Economics from Paris to the Pampas*. Hoboken: John Wiley & Sons, 2011.

———, and Addison Wiggin. *Empire of Debt: The Rise of an Epic Financial Crisis*. Hoboken: John Wiley & Sons, 2006.

———, and Lila Rajiva. *Mobs, Messiahs, and Markets: Surviving the Public Spectacle in Finance and Politics*. Hoboken: John Wiley & Sons, 2007.

Bootle, R. P. The *Trouble with Europe: Why the EU Isn't Working, How It Can Be Reformed, What Could Take Its Place*. London: Nicholas Brealey, 2015.

Borthwick, Mark. *Pacific Century: The Emergence of Modern Pacific Asia*. Boulder: Westview, 2007.

Bostrom, Nick. *Superintelligence: Paths, Dangers, Strategies*, repr. edn. Oxford: Oxford University Press, 2016.

Botsman, Rachel, and Roo Rogers. *What's Mine Is Yours: The Rise of Collaborative Consumption*. New York: Harper Business, 2010.

Bower, Tom. *The Squeeze: Oil, Money and Greed in the 21st Century*. London: HarperPress, 2009.

Bradfield-Moody, James, and Bianca Nogrady. *The Sixth Wave*. London: ReadHowYouWant.com, 2010.

Browne, Harry. *Fail-safe Investing: Lifelong Financial Security in 30 Minutes*. New York: St. Martin's Griffin, 2001.

Brussee, Warren. *The Second Great Depression*. Bangor: Booklocker.com, 2005.

Bryson, Bill. *Notes from a Small Island*. London: Black Swan, 1996.

Bueno de Mesquita, Bruce. *Prediction: How to See and Shape the Future with Game Theory*. London: Vintage, 2010.

Burniske, Chris, and Jack Tatar. *Cryptoassets: The Innovative Investor's Guide to Bitcoin and Beyond*. New York: McGraw-Hill Education, 2017.

Burns, Robbie. *The Naked Trader: How Anyone Can Make Money Trading Shares*. Petersfield: Harriman House, 2007.

———. *The Naked Trader's Guide to Spread Betting: How to Make Money from Shares in Up or Down Markets*. Petersfield: Harriman House, 2010.

Buzan, Tony. *The Speed Reading Book*. London: BBC, 1997.

Carnegie, Dale. *How to Win Friends and Influence People*. London: Vermilion, 2006.

Carson, Rachel. *Silent Spring*. Boston, MA: Houghton Mifflin, 2002.

Carswell, Douglas. *The End of Politics and the Birth of iDemocracy*. London: Biteback, 2012.

Casey, Douglas R. *Crisis Investing: Opportunities and Profits in the Coming Great Depression*. New York: Stratford Press, 1980.

Cassidy, John. *Dot.con: How America Lost Its Mind and Money in the Internet Era*. New York: Perennial, 2003.

Chancellor, Edward. *Devil Take the Hindmost: A History of Financial Speculation*. New York: Farrar, Straus and Giroux, 1999.

Chang, Ha-Joon. *23 Things They Don't Tell You about Capitalism*. New York: Bloomsbury, 2011.

———. *Bad Samaritans: The Myth of Free Trade and the Secret History of Capitalism*. New York: Bloomsbury, 2008.

———. *Economics: The User's Guide*. New York: Penguin, 2014.

Chace, Callum. *The Economic Singularity*. Three Cs, 2016 [ebook].

Chomsky, Noam, and David Barsamian. *Imperial Ambitions: Conversations on the Post-9/11 World*. New York: Metropolitan, 2005.

Chomsky, Noam, John Schoeffel, and Peter R. Mitchell. *Understanding Power: The Indispensable Chomsky*. London: Vintage, 2003.

Coates, John. *The Hour between Wolf and Dog: Risk-Taking, Gut Feelings and the Biology of Boom and Bust*. London: Fourth Estate, 2012.

Conway, Mark R., and Aaron N. Behle. *Professional Stock Trading: System Design and Automation*. Waltham: Acme Trader, 2003.

Craig, David. *Squandered: How Gordon Brown Is Wasting over One Trillion Pounds of Our Money*. London: Constable, 2008.

Csikszentmihalyi, Mihaly. *Creativity: Flow and the Psychology of Discovery and Invention*. New York: HarperCollins, 1996.

Dalio, Ray. *Principles*. New York: Simon & Schuster, 2017.

Dampier, Mark. *Effective Investing: A Simple Way to Build Wealth by Investing in Funds*. Petersfield, Hants: Harriman House, 2015.

Davidson, James Dale, and William Rees-Mogg. *Blood in the Streets: Investment*

Profits in a World Gone Mad. New York: Summit, 1987.

———. *The Great Reckoning: Protect Yourself in the Coming Depression.* New York: Simon & Schuster, 1993.

———. *The Sovereign Individual.* New York: Touchstone, 1999.

Davies, Ewan. *Made in Britain,* rev. edn. London: Abacus, 2012.

De Botton, Alain. *Status Anxiety.* London: Penguin, 2005.

Deffeyes, Kenneth S. *Beyond Oil: The View from Hubbert's Peak.* New York: Hill and Wang, 2005.

Dennis, Felix. *How to Get Rich.* London: Ebury, 2007.

Dent, Harry S. *Demographic Cliff: How to Survive and Prosper during the Great Deflation Ahead,* repr. edn. London: Penguin, 2015.

——— *The Great Depression Ahead: How to Prosper in the Crash following the Greatest Boom in History.* New York: Free Press, 2009.

Diamandis, Peter H., and Steven Kotler. *Abundance: The Future Is Better than You Think.* New York: Free Press, 2012.

———. *Bold: How to Go Big, Create Wealth, and Impact the World.* New York: Simon & Schuster, 2015.

Diamond, Jared. *Guns, Germs, and Steel: The Fates of Human Societies.* New York: W. W. Norton & Company, 2005.

———. *Collapse: How Societies Choose to Fail or Survive.* London: Penguin, 2006.

———. *The Third Chimpanzee: The Evolution and Future of the Human Animal.* New York: HarperCollins, 1992.

Dicken, Peter. *Global Shift: Reshaping the Global Economic Map in the 21st Century.* New York: Guilford Press, 2003.

Dobelli, Rolf. *The Art of Thinking Clearly.* London: Sceptre, 2017.

Doyen, Robert, and Meg Elaine Schneider. *Making Millions for Dummies.* Hoboken: John Wiley & Sons, 2009.

Einhorn, David. *Fooling Some of the People All of the Time: A Long Short Story.* Hoboken: John Wiley & Sons, 2008.

Elder, Alexander. *The Complete Trading for a Living: The Legendary Approach to Trading.* New York: John Wiley & Sons, 2006.

Ellenberg, Jordan. *How Not to Be Wrong: The Power of Mathematical Thinking.* London: Penguin, 2015.

Estrada, Javier. *Finance in a Nutshell: A No-nonsense Companion to the Tools and Techniques of Finance.* London: Financial Times/Prentice Hall, 2005.

Faber, Mebane T. *The Ivy Portfolio: How to Invest Like the Top Endowments and Avoid Bear Markets.* Hoboken: John Wiley & Sons, 2011.

Faith, Curtis M. *Way of the Turtle: The Secret Methods that Turned Ordinary People into Legendary Traders.* New York: McGraw-Hill, 2007.

Feierstein, Mitch. *Planet Ponzi: How Politicians and Bankers Stole Your Future.* London: Bantam Press, 2012.

Ferguson, Niall. *The Ascent of Money: A Financial History of the World.* New York: Penguin, 2008.

———. *The Cash Nexus: Money and Power in the Modern World, 1700–2000.* New York: Basic Books, 2001.

———. *Civilization: The West and the Rest.* London: Allen Lane, 2011.

———. *High Financier: The Lives and Time of Siegmund Warburg.* New York: Penguin, 2010.

Fergusson, Adam. *When Money Dies: The Nightmare of the Weimar Hyper-Inflation.* London: Old Street Publishing, 2010.

Ferriss, Timothy. *The 4-hour Work Week: Escape the 9–5, Live Anywhere, and Join the New Rich.* London: Vermilion, 2007.

———. *Tools of Titans: The Tactics, Routines, and Habits of Billionaires, Icons, and World-Class Performers.* London: Vermilion, 2016.

Fischer, David Hackett. *The Great Wave: Price Revolutions and the Rhythm of History.* New York: Oxford University Press, 1996.

Fisher, Philip A. *Common Stocks and Uncommon Profits and Other Writings.* New York: John Wiley & Sons, 2003.

Fitz-Gerald, Keith. *Fiscal Hangover: How to Profit from the New Global Economy.* Hoboken: John Wiley & Sons, 2010.

Franken, Al. *Lies and the Lying Liars Who Tell Them: A Fair and Balanced Look at the Right.* New York: Dutton, 2003.

Freeman-Shor, Lee. *The Art of Execution: How the World's Best Investors Get It*

Wrong and Still Make Millions. Petersfield, Hants: Harriman House, 2015.

Frieden, Jeffry A., and David A. Lake. *International Political Economy: Perspectives on Global Power and Wealth*. New York: St. Martin's Press, 1987.

Friedman, Thomas L. *The World Is Flat: A Brief History of the Twenty-First Century*. New York: Farrar, Straus and Giroux, 2006.

Frisby, Dominic. *Bitcoin: The Future of Money?* London: Unbound, 2014.

———. *Life after the State*. London: Unbound, 2013.

Fukuyama, Francis. *The End of History and the Last Man*. New York: Free Press, 1992.

———. *Trust: The Social Virtues and the Creation of Prosperity*. New York: Free Press, 1996.

Funnell, Warwick, Jane Andrew, and Robert E. Jupe. *In Government We Trust*. London: Pluto Press, 2009.

Galbraith, Kenneth. *The Affluent Society*. London: Penguin, 1991.

———. *The Great Crash 1929*. London: Penguin, 1992.

Garrett, Garet. *A Bubble That Broke the World*. Boston, MA: Little, Brown, 1932.

Getty, J. Paul. *How to Be Rich*. New York: Jove Books, 1983.

Gladwell, Malcolm. *Blink: The Power of Thinking Without Thinking*. New York: Little, Brown, 2005.

———. *David and Goliath: Underdogs, Misfits, and the Art of Battling Giants*. Penguin, 2014.

———. *Outliers: The Story of Success*. New York: Little, Brown, 2008.

———. *The Tipping Point: How Little Things Can Make a Big Difference*. Boston MA: Back Bay Books, 2002.

Goleman, Daniel. *Emotional Intelligence: Why It Can Matter More Than IQ*. New York: Bantam Press, 2006.

Goodman, Leah McGrath. *The Asylum: The Renegades Who Hijacked the World's Oil Market*. New York: William Morrow & Company, 2011.

Gough, Leo. *How the Stock Market Really Works: The Guerrilla Investor's Secret Handbook*. London: Financial Times/Prentice Hall, 2001.

Graham, Benjamin, and Jason Zweig. *The Intelligent Investor: The Definitive Book on Value Investing*. New York: HarperBusiness, 2003.

Green, Alexander. *The Gone Fishin' Portfolio: Get Wise, Get Wealthy – and Get on with Your Life*. Hoboken: John Wiley & Sons, 2010.

Greenblatt, Joel. *You Can Be a Stock Market Genius: Uncover the Secret Hiding Places of Stock Market Profits*. New York: Simon & Schuster, 1999.

Greene, Robert, and Joost Elffers. *The 48 Laws of Power*. London: Profile Books, 2002.

Griffis, Michael, and Lita Epstein. *Trading for Dummies*. Hoboken: John Wiley & Sons, 2009.

Haakonssen, Knud. *Adam Smith: The Theory of Moral Sentiments*. Cambridge: Cambridge University Press, 2002.

Hagstrom, Robert G. *The Warren Buffet Way: Investment Strategies of the World's Greatest Investor*. New York: John Wiley & Sons, 1995.

Hale, Tim. *Smarter Investing: Simpler Decisions for Better Results*. Harlow: Financial Times/Prentice Hall, 2006.

Harari, Yuval Noah. Sapiens: *A Brief History of Humankind*. New York: Vintage, 2015.

———. *Homo Deus: A Brief History of Tomorrow*. New York: Vintage, 2017.

Harbour, Jeremy. *Go Do!: For People Who Have Always Wanted to Start a Business*. Chichester: Capstone, 2012.

Hawken, Paul. *The Ecology of Commerce: A Declaration of Sustainability*. New York: HarperBusiness, 2010.

Hayek, Friedrich von. *The Road to Serfdom: Text and Documents*. Chicago: University of Chicago, 2007.

———. *A Tiger by the Tail: A 40-years' Running Commentary on Keynesianism by Hayek*. London: Institute of Economic Affairs, 1972.

Hazlitt, Henry. *Economics in One Lesson: 50th Anniversary Edition*. Little Rock: Laissez Faire, 1996.

Heinberg, Richard. *The Party's Over: Oil, War and the Fate of Industrial Societies*. Gabriola: New Society, 2003.

Hill, Napoleon. *Think and Grow Rich*. Los Angeles: Highroads Media, 2008.

Hobbes, Thomas. *Leviathan*. New York: Pearson Longman, 2008.

Hobsbawm, Eric. *Industry and Empire: From 1750 to the Present Day*. New York: The New Press, 1999.

Huntington, Samuel Phillips. *The Clash of Civilizations and the Remaking of World Order.* New York: Free Press, 2002.

Hutton, Will. *The State We're In.* London: Vintage, 1996.

———. *The World We're In.* London: Abacus, 2007.

Ivins, Molly. *Who Let the Dogs In?: Incredible Political Animals I Have Known.* New York: Random House, 2004.

Jackson, Tim. *Prosperity without Growth: Economics for a Finite Planet.* London: Earthscan, 2010.

James, Oliver. *Affluenza.* London: Vermilion, 2008.

———. *Britain on the Couch: How Keeping up with the Joneses Has Depressed Us since 1950.* London: Vermilion, 2010.

———. *The Selfish Capitalist: Origins of Affluenza.* London: Vermilion, 2008.

Johnson, Luke. *Start It Up: Why Running Your Own Business is Easier Than You Think.* Portfolio Penguin, 2011.

Kahn, Michael N. *Technical Analysis Plain and Simple: Charting the Markets in Your Language.* Upper Saddle River: FT Press, 2010.

Kahneman, Daniel. *Thinking, Fast and Slow.* London: Penguin, 2011.

Kawasaki, Guy, and Peg Fitzpatrick. *The Art of Social Media: Power Tips for Power Users.* Portfolio Penguin, 2014.

Kay, J. A. *The Truth about Markets: Their Genius, Their Limits, Their Follies.* London: Penguin, 2004.

Keen, Steve. *Debunking Economics: The Naked Emperor of the Social Sciences.* Annandale: Pluto Australia, 2001.

Kelly, Kevin. *The Inevitable: Understanding the 12 Technological Forces That Will Shape Our Future,* rep. edn. London: Penguin, 2017.

Kennedy, Paul. *The Rise and Fall of the Great Powers: Economic Change and Military Conflict from 1500 to 2000.* New York: Random House, 1987.

Kerr, James M. *Legacy.* London: Constable, 2013.

Keynes, John Maynard. *The General Theory of Employment, Interest, and Money.* BN Publishing, 2008.

Kiyosaki, Robert T. *Rich Dad, Poor Dad: What the Rich Teach Their Kids about*

Money That the Poor and Middle Class Do Not! New York: Warner Business, 2000.

Klein, Naomi. *No Logo: No Space, No Choice, No Jobs.* New York: Picador, 2010.

Kroijer, Lars. *Investing Demystified: How to Invest without Speculation and Sleepless Nights.* London: FT Publishing International, 2013.

Kunstler, James Howard. *The Long Emergency: Surviving the Converging Catastrophes of the Twenty-First Century.* New York: Atlantic Monthly, 2005.

Lanchester, John. *Whoops!: Why Everyone Owes Everyone and No One Can Pay.* London: Allen Lane, 2010.

Lee, John. *How to Make a Million Slowly: My Guiding Principles from a Lifetime of Successful Investing.* London: FT Publishing International, 2013.

Lefèvre, Edwin. *Reminiscences of a Stock Operator.* Hoboken: John Wiley & Sons, 2006.

Levitt, Steven D., and Stephen J. Dubner. *Freakonomics: A Rogue Economist Explores the Hidden Side of Everything.* New York: William Morrow & Company, 2006.

———. *Superfreakonomics.* Moosic, PA: HarperCollins Canada, 2009.

Lewis, Michael. *The Big Short: Inside the Doomsday Machine.* New York: W. W. Norton & Company, 2010.

———. *Flash Boys: A Wall Street Revolt.* Penguin, 2015.

———. *Liar's Poker: Rising through the Wreckage on Wall Street.* New York: W. W. Norton & Company, 2010.

———. *The New New Thing: A Silicon Valley Story.* New York: Penguin, 2001.

Lieven, Anatol, and John Hulsman. *Ethical Realism: A Vision for America's Role in the World.* New York: Pantheon, 2006.

Lovelock, James. *The Revenge of Gaia: Earth's Climate in Crisis and the Fate of Humanity.* New York: Basic Books, 2007.

Lowenstein, Roger. *When Genius Failed: The Rise and Fall of Long-term Capital Management.* New York: Random House, 2000.

Luce, Edward. *The Retreat of Western Liberalism.* New York: Little, Brown, 2017.

Lynch, Peter, and John Rothchild. *Beating the Street.* New York: Simon & Schuster, 1993.

———. *One Up on Wall Street: How to Use What You Already Know to Make Money in the Market.* New York: Simon & Schuster, 2000.

Lyons, Gerard. *The Consolations of Economics: How We Will All Benefit from the New World Order.* Faber & Faber, 2015.

MacDonald, Michael, and Christopher Whitestone. *The Silver Bomb: The End of Paper Wealth Is upon Us.* CreateSpace, 2012.

Machiavelli, Niccolò. *The Prince.* London: Penguin, 2003.

Mackay, Charles. *Extraordinary Popular Delusions.* New York: Dover Publications, 2003.

McKenna, Paul. *I Can Make You Rich.* New York: Bantam, 2008.

McLean, Bethany, and Peter Elkind. *The Smartest Guys in the Room: The Amazing Rise and Scandalous Fall of Enron.* New York: Portfolio, 2004.

Mainelli, Michael, and Ian Harris. *The Price of Fish: A New Approach to Wicked Economics and Better Decisions.* London: Nicholas Brealey, 2014.

Mallaby, Sebastian. *More Money than God: Hedge Funds and the Making of a New Elite.* New York: Penguin, 2010.

———. *The World's Banker: A Story of Failed States, Financial Crises, and the Wealth and Poverty of Nations.* New York: Penguin, 2006.

Marcus Aurelius. *Meditations.* London: Penguin, 2006.

Markusen, James R., James R. Melvin, Keith E. Maskus and William H. Kaempfer. *International Trade: Theory and Evidence.* Boston, MA: McGraw-Hill, 1995.

Marx, Karl, and Friedrich Engels. *The Communist Manifesto.* London: Penguin, 2002.

Marz, Eduard. *Joseph Schumpeter: Scholar, Teacher, and Politician.* New Haven: Yale University Press, 1991.

Mauldin, John. *Bull's Eye Investing: Targeting Real Returns in a Smoke and Mirrors Market.* Hoboken: John Wiley & Sons, 2004.

———, and Jonathan Tepper. *Endgame: The End of the Debt Supercycle and How It Changes Everything.* Hoboken: John Wiley & Sons, 2011.

Mayer, Christopher W. *World Right Side Up: Investing across Six Continents.* Hoboken: John Wiley & Sons, 2012.

Mill, John Stuart. *On Liberty and Other Essays.* Oxford: Oxford University Press, 1991.

Mill, John Stuart, and Jeremy Bentham. *Utilitarianism and Other Essays.* Harmondsworth: Penguin, 1987.

Mobius, Mark. *The Little Book of Emerging Markets: How to Make Money in the World's Fastest Growing Markets.* Singapore: John Wiley & Sons Singapore, 2012.

Monnery, Neil. *Safe as Houses?: A Historical Analysis of Property Prices.* London: London Partnership, 2011.

Moody, James, and Bianca Nogrady. *The Sixth Wave: How to Succeed in a Resource-Limited World.* North Sydney: Random House Australia, 2010.

Moore, Michael. *Dude, Where's My Country?* New York: Warner Books, 2003.

———. *Stupid White Men, and Other Sorry Excuses for the State of the Nation!* New York: ReganBooks, 2001.

Moore, Rob. *Money: Know More, Make More, Give More.* London: John Murray Learning, 2018.

More, Thomas. *Utopia.* London: J. M. Dent, 1994.

Mount, Ferdinand. *The New Few: A Very British Oligarchy.* London: Simon & Schuster, 2012.

Moyo, Dambisa. *Winner Take All: China's Race for Resources and What It Means for the World.* New York: Basic Books, 2012.

Naish, John. *Enough: Breaking Free from the World of More.* London: Hodder & Stoughton, 2008.

Needleman, Lionel. *The Economics of Housing.* Staples Press, 1965.

Oldfield, Richard. *Simple but Not Easy: An Autobiographical and Biased Book about Investing.* London: Doddington Publishing, 2007.

Olen, Helaine. *Pound Foolish,* repr. edn. London: Portfolio, 2019.

Olsen, Jeff. *The Slight Edge,* 3rd rev. edn. Lancaster, UK: Gazelle, 2013.

O'Neil, William J. *The How to Make Money in Stocks Complete Investing System: Your Ultimate Guide to Winning in Good Times and Bad.* New York: McGraw-Hill, 2011.

O'Shaughnessy, James P. *What Works on Wall Street: The Classic Guide to the Best-Performing Investment Strategies of All Time.* Maidenhead: McGraw-Hill, 2011.

Pape, Scott. *The Barefoot Investor: Five Steps to Financial Freedom in Your 20s and 30s.* Chichester: Capstone 2006.

Parker, Christopher. *Harriman's Book of Investing Rules: The Do's and Don'ts of the World's Best Investors.* Petersfield, Hants: Harriman House, 2017.

Penn, Mark J., and E. Kinney Zalesne. *Microtrends: The Small Forces Behind Tomorrow's Big Changes.* New York: Twelve, 2007.

Perkins, John. *Confessions of an Economic Hit Man.* New York: Plume, 2006.

Piketty, Thomas, and Arthur Goldhammer. *Capital in the Twenty-First Century.* Harvard University Press, 2014.

Pilger, John. *The New Rulers of the World.* London: Verso, 2003.

Porritt, Jonathon. *Capitalism as if the World Matters.* London: Earthscan, 2005.

Ramsey, David.*Total Money Makeover,* repr. edn. Nashville: Thomas Nelson, 2013.

Rand, Ayn. *Atlas Shrugged.* London: Penguin, 2007.

Reich, Robert B. *Supercapitalism.* New York: Vintage, 2008.

Rickards, James. *Currency Wars: The Making of the Next Global Crisis.* New York: Portfolio, 2011.

———. *Death of Money: The Coming Collapse of the International Monetary System.* New York: Portfolio, 2014.

———. *New Case for Gold.* New York: Portfolio, 2016.

Ridley, Matt. The Rational Optimist: *How Prosperity Evolves.* New York: Harper Collins, 2010.

Robbins, Anthony. *Money: Master the Game: 7 Simple Steps to Financial Freedom.* Simon & Schuster, 2014.

Roberts, J. M., and Odd Arne Westad. *The New Penguin History of the World.* London: Penguin, 2007.

Robin, Vicki. *Your Money or Your Life: 9 Steps to Transforming Your Relationship with Money and Achieving Financial Independence: Revised and Updated for the 21st Century,* 2nd edn. New York: Penguin, 2008.

Robinson, Lee. *The Gathering Storm.* Monaco: Derivatives Vision, 2010.

Rockefeller, Barbara. *Technical Analysis for Dummies.* Hoboken: John Wiley & Sons, 2011.

Rogers, Jim. *Adventure Capitalist: The Ultimate Road Trip.* Chichester: John Wiley & Sons, 2004.

———. *A Bull in China: Investing Profitably in the World's Greatest Market.* Hoboken: John Wiley & Sons, 2009.

———. *A Gift to My Children: A Father's Lessons for Life and Investing.* Chichester: John Wiley & Sons, 2009.

———. *Hot Commodities: How Anyone Can Invest Profitably in the World's Best Market.* New York: Random House, 2007.

———. *Investment Biker: Around the World with Jim Rogers.* New York: Random House, 2003.

Rosefielde, Steven, and Daniel Quinn Mills. *Masters of Illusion: American Leadership in the Media Age.* Cambridge: Cambridge University Press, 2007.

Rosling, Hans, and Ola Rosling. *Factfulness: Ten Reasons We're Wrong about the World – And Why Things Are Better Than You Think.* London: Sceptre, 2018.

Roubini, Nouriel, and Stephen Mihm. *Crisis Economics: A Crash Course in the Future of Finance.* New York: Penguin, 2010.

Rousseau, Jean-Jacques. *A Discourse on Equality.* London: Penguin, 2003.

———. *The Social Contract.* Harmondsworth, Penguin: 1975.

Sachs, Jeffrey. *Common Wealth: Economics for a Crowded Planet.* New York: Penguin, 2008.

———. *The End of Poverty: Economic Possibilities for Our Time.* New York: Penguin, 2005.

———. *The Price of Civilization: Reawakening American Virtue and Prosperity.* New York: Random House, 2011.

Sampson, Anthony. *The Seven Sisters: The Great Oil Companies and the World They Shaped.* New York: Viking, 1975.

Sandel, Michael J. *What Money Can't Buy: The Moral Limits of Markets.* New York: Farrar, Straus and Giroux, 2012.

Sardar, Ziauddin, and Merryl Wyn Davies. *Why Do People Hate America?* Cambridge: Icon Books, 2003.

Schiff, Peter D. *The Real Crash: America's Coming Bankruptcy – How to Save Yourself and Your Country.* New York: St. Martin's Press, 2012.

———, and John Downes. *Crash Proof 2.0: How to Profit from the Economic Collapse.* Hoboken: John Wiley & Sons, 2009.

———, and Andrew J. Schiff. *How an Economy Grows and Why It Crashes: A Tale.* Hoboken: John Wiley & Sons, 2010.

Schilit, Howard, and Jeremy Perler. *Financial Shenanigans,* 3rd edn. New York: McGraw-Hill Education.

Schlosser, Eric. *Fast Food Nation: The Dark Side of the All-American Meal.* New York: Perennial, 2002.

———. *Reefer Madness: Sex, Drugs, and Cheap Labor in the American Black Market.* Boston, MA: Houghton Mifflin, 2003.

Schwager, Jack. *Hedge Fund Market Wizards: How Winning Traders Win.* Hoboken: John Wiley & Sons, 2012.

——— *Market Wizards: Interviews with Top Traders.* Columbia: Marketplace, 2006.

Sculley, John. *Moonshot!: Game-changing Strategies to Build Billion-dollar Businesses.* Rosettabooks, 2014.

Sethi, Ramit. *I Will Teach You to be Rich, rev. edn.* New York: Workman, 2019.

Shaxson, Nicholas. *Treasure Islands: Tax Havens and the Men Who Stole the World.* London: Bodley Head, 2011.

Shiller, Robert J. *Finance and the Good Society.* Princeton: Princeton University Press, 2012.

Shipman, Mark. *Big Money, Little Effort a Winning Strategy for Profitable Long-Term Investment.* London: Kogan Page Publishers, 2008.

———. *The Next Big Investment Boom: Learn the Secrets of Investing from a Master and How to Profit from Commodities.* London: Kogan Page Publishing, 2008.

———. *EQ vs IQ: The Reason Why Not Every Intelligent Trader or Investor Is Rich.* CreateSpace, 2014.

Siegel, Jeremy J. *Stocks for the Long Run: The Definitive Guide to Financial Market Returns and Long-Term Investment Strategies.* New York: McGraw-Hill, 2008.

Silver, Nate. *Signal and the Noise: The Art and Science of Prediction.* London: Penguin, 2013.

Simmons, Matthew R. *Twilight in the Desert: The Coming Saudi Oil Shock and the World Economy.* Hoboken: John Wiley & Sons, 2005.

Slater, Jim. *The Zulu Principle: Making Extraordinary Profits from Ordinary Shares.* London: Orion, 1992.

Smith, Adam: *The Theory of Moral Sentiments.* Cambridge: Cambridge University Press, 2002.

———. *The Wealth of Nations.* London: Penguin, 1999.

Smith, David. *The Age of Instability: The Global Financial Crisis and What Comes Next.* London: Profile, 2010.

Smith, James. *Zero to £1 Million: My Stock Market Lessons and Techniques.* CreateSpace, 2016.

Smith, Roy C., and Ingo Walter, *Street Smarts: Linking Professional Conduct with Shareholder Value in the Securities Industry.* Brighton, MA: Harvard Business School Press, 1997.

Smith, Terry. *Accounting for Growth: Stripping the Camouflage from Company Accounts.* London: Century Business, 1992.

Soros, George. *The Age of Fallibility: The Consequences of the War on Terror.* New York: PublicAffairs, 2006.

———. *The Alchemy of Finance.* Hoboken: John Wiley & Sons, 2003.

———. *The Bubble of American Supremacy: Correcting the Misuse of American Power.* New York: PublicAffairs, 2004.

———. *The Crash of 2008 and What It Means: The New Paradigm for Financial Markets.* New York: PublicAffairs, 2009.

———. *The Crisis of Global Capitalism: Open Society Endangered.* New York: PublicAffairs, 1998.

———. *On Globalization.* New York: PublicAffairs, 2002.

———. *Open Society: Reforming Global Capitalism.* New York: PublicAffairs, 2000.

———. *Soros on Soros: Staying Ahead of the Curve.* New York: John Wiley & Sons, 1995.

———. *Underwriting Democracy.* New York: Free Press, 1991.

St. Clair, Jeffrey. *Grand Theft Pentagon: Tales of Corruption and Profiteering in the War on Terror.* Monroe: Common Courage, 2005.

Stanley, Thomas J., and William D. Danko. *The Millionaire next Door: The Surprising Secrets of America's Wealthy.* Atlanta: Longstreet, 1996.

Stiglitz, Joseph E. *Globalization and Its Discontents.* New York: W. W. Norton & Company, 2003.

———. *The Price of Inequality.* New York: W.W. Norton, 2012.

Strauss, William, and Neil Howe. *The Fourth Turning: An American Prophecy.* New York: Broadway, 1998.

Sullivan, Paul. *The Thin Green Line: The Money Secrets of the Super Wealthy.* New York: Simon & Schuster, 2015.

Sun Tzu. *The Complete Art of War.* Boulder: Westview, 1996.

Suskind, Ron. *The Way of the World: A Story of Truth and Hope in an Age of Extremism.* New York: Harper, 2008.

Sutherland, Stephen. *Liquid Millionaire: How to Make Millions from the Up and Coming Stock Market Boom.* Milton Keynes: AuthorHouse, 2008.

Swensen, David. *Pioneering Portfolio Management,* 2nd edn. New York: Free Press, 2009.

Taleb, Nassim. *Antifragile: Things that Gain from Disorder.* London: Penguin, 2013.

——— *The Black Swan: The Impact of the Highly Improbable.* New York: Random House, 2010.

———. *Fooled by Randomness.* London: Penguin, 2007.

Tannehill, Morris, and Linda Tannehill. *The Market for Liberty: Is Government Really Necessary?; Is Government Our Protector ... or Our Destroyer?* New York: Laissez Faire, 1984.

Templar, Richard. *The Rules of Wealth: A Personal Code for Prosperity.* Harlow: Pearson/Prentice Hall Business, 2007.

———. *The Rules of Work: A Definitive Code for Personal Success.* Harlow: Pearson/Prentice Hall Business, 2010.

Tharp, Van K. *Super Trader: Make Consistent Profits in Good and Bad Markets.* New York: McGraw-Hill, 2011.

———. *Trade Your Way to Financial Freedom.* New York: McGraw-Hill, 2007.

Thiel, Peter A., and Blake Masters. *Zero to One: Notes on Startups, or How to Build the Future.* Virgin Books, 2015.

Toffler, Alvin. *Future Shock.* Toronto: Bantam Books, 1971.

———. *Powershift: Knowledge, Wealth, and Violence at the Edge of the 21st Century.* New York: Bantam Books, 1990.

Toffler, Alvin. *The Third Wave.* Toronto: Bantam Books, 1981.

Turk, James, and John A. Rubino. *The Collapse of the Dollar and How to Profit from It: Make a Fortune by Investing in Gold and Other Hard Assets.* New York: Doubleday, 2007.

Vaitilingam, Romesh. *Financial Times Guide to Using the Financial Pages.* Harlow: Financial Times/Prentice Hall, 2006.

Vanhaverbeke, Frederik. *Excess Returns.* Petersfield, Hants: Harriman House, 2014.

Vonnegut, Kurt. *A Man Without a Country.* New York: Random House, 2007.

Wapshott, Nicholas. *Keynes Hayek: The Clash That Defined Modern Economics.* New York: W. W. Norton & Company, 2011.

Webb, Merryn Somerset. *Love Is Not Enough: A Smart Woman's Guide to Making (and Keeping) Money.* London: Harper Perennial, 2008.

Weiner, Eric J. *The Shadow Market: How a Group of Wealthy Nations and Powerful Investors Secretly Dominate the World.* New York: Scribner, 2010.

Weissman, Richard L. *Mechanical Trading Systems: Pairing Trader Psychology with Technical Analysis.* Hoboken: John Wiley & Sons, 2005.

Wiggin, Addison. *The Demise of the Dollar ... and Why It's Even Better for Your Investments.* Hoboken: J. Wiley & Sons, 2008.

———. *The Little Book of the Shrinking Dollar: What You Can Do to Protect Your Money Now.* Hoboken: John Wiley & Sons, 2012.

———, and Justice Litle. *Gold: The Once and Future Money.* Chichester: John Wiley & Sons, 2006.